宣敎의 聖書的 基礎

김 명 혁

- 서울대 문리대 사학과 졸(B.A.)
- 총회 신학교 수학
- Faith 신학교 졸(B.D.)
- Westminster 신학원 졸(Th.M.)
- Yale대 신학원(S.T.M.)
- Aquinas 신학원 졸(Ph.D.)
- Yale대 신학원(Research Fellow)
- Fuller 선교신학원(Research Associate)
- Tübingen 대학교(연구)
- Billy Graham Center(Scholar in Residence)
- 총신대 신학원 부교수 역임
- 현 합동신학교 교수
- 현 강변교회 담임 목사
- 현 한국복음주의협의회 부회장

■ 역 서 ■
　현대 기독교 선교(성광문화사)

■ 저 서 ■
　기도의 인물(성광문화사)
　현대교회의 동향(성광문화사)
　빌립보서 성경공부(엠마오)
　신앙과 현실(성광문화사)
　복음과 세상(성광문화사)
　통일과 선교(성광문화사)
　신앙생활의 ABC(성광문화사)
　초대교회의 형성(성광문화사)

■ 편 저 ■
　선교의 성서적 기초(성광문화사)

■ 편 집 ■
　복음의 소리(엠마오)
　서울 케직의 메시지(엠마오)
　현대와 크리스챤의 삶(성광문화사)
　현대교회와 결혼문제(엠마오)
　현대교회와 국가(엠마오)
　동반자선교(엠마오)

宣敎의 聖書的 基礎

金 明 赫 편역

성광문화사

Biblical Foundation for Mission

edited and translated
by
Myung Hyuk Kim

1 9 8 3
Sung Kwang Publishing Co.,
Seoul, Korea

서 문

　1970년대부터 한국교회 안에 선교의 각성이 일어나기 시작했다. 교회마다 신학교마다 선교를 말하고 선교를 가르치기 시작하게 되었다. 기독교 전래 100주년을 맞는 한국교회는 이제 선교의 사명을 다해야 한다고 저마다 부르짖고 있다. 그러나 선교가 무엇이냐에 대한 성서적 정립이 아직 분명히 되지 않고 있다. 자유주의 진영에서는 선교를 정치 경제 사회적 차원에서의 민권운동의 수행으로 이해하고 있다. 일부 복음주의 진영에서는 선교를 문화 민족주의적 차원에서의 탈서구적 민족 복음화운동으로 이해하고 있다. 전통적 보수진영에서는 선교를 이원론적 차원에서의 영혼구원의 정복운동으로 이해하고 있다. 제국주의적 심리와 한국의 영적 및 물질적 번영에 대한 우월감마저 가지고 약소 민족들에게 대한 가부장적 태도를 나타내기도 한다.
　여기 실리는 글들은 필자가 지난 수년 동안 신학교 교단에서 선교신학을 강의하며 참고해온 선교의 성서적 기초에 대한 몇몇 선교신학자들의 글이다. 이 글들이 한국교회가 성서적 선교신학을 정립하는데 도움이 되기를 바란다.

1983년 6월 20일

횟튼, 암스텔담, 뱅쿠버대회를
향한 노스웨스트 기상에서

목 차

1. 宣敎의 聖書的 基礎 / 요하네스 바빙크
   구약에서의 선교의 기초 ·· 9
   신약에서의 선교의 근거 ··· 20

2. 宣敎의 聖書的 基礎 / 헐버트 케인
   서   론 ·· 41
   선교의 구약적 기초 ··· 43
   선교의 복음서적 기초 ·· 68
   선교의 사도행전적 기초 ··· 92
   선교의 바울사역적 기초 ·· 125

3. 宣敎의 聖書的 基礎 / 요하네스 베르쿠일
   구약의 의미 ·· 162
   중간시대 ··· 174
   신약의 의미 ·· 176

4. 宣教의 聖書的 基礎 / 피터 바이어하우스
   선교의 기초:부활 ································· 201
   선교의 내용:구속 ································· 220
   선교의 수행:성령 ································· 232
   선교의 목적:종말 ································· 247

5. 宣教는 왜, 무엇을, 어떻게 / 김명혁
   선교는 왜? ··· 261
   선교는 무엇을 어떻게 할 것인가? ········· 275
   선교사가 갖추어야 할 자격 ··················· 286
   맺음말 ·· 298

참고도서 ·· 301
찾아보기 ·· 304

宣敎의 聖書的 基礎

요하네스 바빙크
(Johannes Bavinck)

여기 실린 글은 화란의 저명한 개혁주의 신학자 헤르만 바빙크(Herman Bavinck)의 조카인 요하네스 바빙크(Johannes H. Bavinck)가 1954년 화란어로 출판한 명저 「宣敎學 入門」(Inleiding in de Zendingswetenschap, 1960년에 An Introduction to the Science of Missions으로 영역됨)의 제 2, 3, 4장을 번역(곳에 따라 요약 번역)한 것이다. 요하네스 바빙크는 친히 인도네시아에서 선교사로 활동했고 화란 브라야 대학(Vrije Universiteit)의 선교학과를 창설한 저명한 선교학자이다.

1. 구약에서의 선교의 기초

1. 선교활동의 토대

구약은 일견 선교개념의 기초를 전혀 제공해 주지 않는 것처럼 보인다. 구약에서는 이방 세계가 항상 이스라엘에 위협과 유혹을 가하는 것으로 묘사되어 있다. 이스라엘이 이방 종교들에게 쉽게 매료되어 주변 국가들의 우상들(idols)을 열정적으로 숭배했던 역사적 사실 때문에 이방인들과 이스라엘 사이에는 적대와 분리의 장벽이 하늘 높이 치솟아 있었다.

그럼에도 불구하고 구약을 더 자세히 조사해 보면 열방의 장래가 최대의 관심사로 등장하고 있음을 분명히 볼 수 있다. 이방 열국들도 장차 구원을 얻으리라는 주제가 구약 첫 페이지부터 마지막 페이지까지 펼쳐져 있다. 하나님의 구원 계획이 전 세계에 관계된 것으로 나타나 있다. 이제 여기서 구약에 나타난 선교의 기초를 다음과 같이 관찰해 보고자 한다(선지서들은 계시사에 있어서 독특한 위치를 차지하고 있으므로 다음 항목으로 다루기로 한다).

(1) 성경은 전 세계가 하나님의 피조물임을 지적하고 있다. 땅 위에 거하는 모든 인간들이 하나님의 피조물이라는 사실은 선교 원리 중 가장 심오하고 기초적인 원리가 된다. 창 1:1은 마 28:19, 20의 대위임령의 필수적인 기초이다. 창세기와 연관하여 행 17:26의 인류를 한 혈통으로 만드셨다는 말씀은 선교분야에 있어서 깊은 의미를 지니고 있다. 하나님이 전 세계의 창조주이시며 전 세계는 하나님의 피조물이라는 사실이 선교의 가장 기초적인 토대인 것이다.

(2) 하나님이 전 세계의 창조주이시라는 사실은 필연적으로 그가 전 세계의 통치자이심을 시사한다. "땅과 거기 충만한 것과 세계와 그 중에 거하는 자가 다 여호와의 것이로다"(시 24:1). "여호와께서 하늘에서 감찰하사 모든 인생을 보심이여"(시 33:13). 하나님께서 이방 민족들을 내버리신 것처럼 보이지만 사실은 그렇지 않다. 모든 인생들이 하나님의 감찰의 대상이다. 하나님은 전 세계의 의로운 재판관이시다. 따라서 하나님은 이방인들이라 하여 그의 의로운 통치로부터 제외시키신 것이 아니라 그들에게서도 그의 통치에 대한 복종을 요구하셨고, 복종하지 않고 변절하고 부패할 때는 그것에 대한 책임을 추궁하셨다.

(3) 하나님께서 전 세계의 통치자이시기 때문에 하나님을 숭배하지 않고 우상을 숭배하는 것이 철저하게 금지되었다. 하나님은

유일하신 창조주요 재판관이시므로 만민들이 그를 섬겨야 한다. 따라서 그들이 그렇게 하도록 선교할 필요가 있다. "그런즉 너는 오늘날 상천 하지에 오직 여호와는 하나님이시요 다른 신이 없는 줄을 알아 명심하라"(신 4:39).

(4) 이스라엘의 구별이 만민에 대한 관심을 배제한 것이 아니다. 그것은 일시적인 구분으로서 하나님의 구원 계획상 필요한 것이었으나 하나님의 때가 차면 폐지될 것이었다. 아브라함이 우르에서 구별되어 나올 때도 아브라함 속에서 만민이 복받을 것이라 하였다(창 12:3). 이처럼 축복의 약속은 아브라함의 씨와 관련하여 더 강력하게 반복되었다(창 22:18). 이스라엘의 구별이 일시적이라는 사실은 이방 구원에 관한 예언들의 씨앗이 되었다.

(5) 여기서 가장 중요한 것은 이스라엘 종교의 독특한 언약 구조이다. 이스라엘 주변 국가의 이교도들은 신들이 자기 나라 속에 성육(成肉)해 있는 것으로 생각했다. 그래서 한 민족의 정복은 동시에 그들의 신을 비하시키는 것이었다. 예루살렘 성문에서의 랍사게의 조롱이 바로 이것을 보여준다. "하맛과 아르밧의 신들이 어디 있느냐? 스발와임의 신들이 어디 있느냐?" 이렇게 한 민족의 멸망은 그들이 섬기는 신들의 멸망과 동일시 되었다.

그러나 이스라엘의 상황은 전혀 달랐다. 여호와께서 이스라엘과 맺은 관계는 이교 국가들처럼 동일시의 관계가 아니라 언약 관계였다. 여호와께서는 자기 백성을 징계하고, 대적들에게 넘기고, 진노하여 질병과 기아로 괴롭히고, 타민족의 압제 밑에서 오랫동안 신음하게 하는 등 자기 민족을 징계하셨으나 여호와 자신은 결코 패배를 당하지 아니하셨다. 오히려 자기 백성이 곤고에 빠질 때에 그는 이스라엘의 거룩하신 자로 드러났으며 자기 백성을 대대토록 측량할 수 없는 성실로써 인도하시는 분으로 스스로 입증하셨다.

선교활동은 이러한 언약의 개념 안에서만 가능하다. 이방 종교들은 피정복민들에게 강요될 수 있었다. 한 국가의 신들과 다른 국가의 신들은 명칭이 다를 뿐 동일시 될 수 있었다. 따라서 혼합주의가 이방종교에서는 가능했다. 그러나 영적인 증거를 통하여 다른 민족을 그 민족의 종교에 대한 신앙으로 전향시키려는 진지한 노력은 불가능했다. 이러한 일은 오로지 언약의 구조 속에서만 가능하다. 만일 여호와께서 이스라엘과 언약을 맺으셨기 때문에 이스라엘의 하나님이시라면 타국가들도 장차 그 언약 속에 포함될 수가 있다. 이스라엘만이 하나님을 부를 수 있는 독특한 특권을 가진 것이 아니었다. 그들의 특권은 하나님의 선택 은총에 기인한 것일 뿐이다. 그들이 이방 민족들보다 나은 것이 아니라 다만 더 큰 영광과 더 큰 책임을 지니고 있을 뿐이었다. 이스라엘은 오직 타민족들이 장차 이스라엘 하나님의 구원을 받게 될 수단이 될 것이었다.

(6) 이스라엘 역사는 주변 국가들의 눈 앞에서 하나님의 영광을 위하여 표본적으로 엮어진 역사였다. 하나님께서 구원을 베푸신 것은 타민족들로 그것을 보고 이스라엘의 하나님에게 영광을 돌리도록 하기 위한 것이었다. 모세도 이것을 의식하고 있었다. "어찌하여 애굽 사람으로 이르기를 여호와가 화를 내려 그 백성을 산에서 죽이고 지면에서 진멸하려고 인도하여 내었다 하게 하려 하시나이까?"(출 32:12). 아성에게 패전당한 여호수아의 고백도 그런 것이었다. "가나안 사람과 이 땅 모든 거민이 이를 듣고 우리를 둘러싸고 우리 이름을 세상에서 끊으리니 주의 크신 이름을 위하여 어떻게 하시려나이까"(수 7:9). 히스기야의 기도도 그런 의미에서 드린 것이었다. "우리 하나님 여호와여 이제 우리를 그의 손에서 구원하사 천하 만국으로 주만 여호와이신 줄을 알게 하옵소서"(사 37:20). 경건한 이스라엘 시인은 자기 백성에게 하

나님께서 은혜와 축복을 주시기를 간구한 다음 덧붙여서 이렇게 말했다. "주의 구원을 만방 중에 알리소서"(시 67:2).

하나님께서는 세계에 대한 그의 구원 계획을 위하여 이스라엘의 실패와 승리, 위대함과 비천함, 놀라운 구원과 무거운 고통 등 역사를 이용하셨다. 하나님께서는 이스라엘의 역사적 사건들 속에서 그의 팔을 온 세계에 펴셨다.

(7) 이런 모든 사건들을 이스라엘은 하나님 중심적으로(theocentrically) 체험했다. 이스라엘은 일상생활 속에서 이방인들의 부단한 위협과 유혹을 겪어서 이방종교의 마귀적 요소에 대한 거룩한 공포마저 가지고 있었다. 이스라엘은 이방인의 교만 그 엄청난 죄악과 불의와 완악을 목격했다. 심지어 이런 외마디 소리도 발할 때가 있었다. "여호와여 일어나사 인생으로 승리를 얻지 못하게 하시며 열방으로 주의 목전에 심판을 받게 하소서 여호와여 저희로 두렵게 하시며 열방으로 자기는 인생 뿐인 줄 알게 하소서"(시 9:19, 20). 이스라엘은 하나님께 영광만 돌아간다면 압제와 추방도 능히 참을 수 있었다. 땅의 백성들이 하나님을 온 땅의 통치자이신 참 하나님으로 알기만 한다면 어떠한 사건들도 감당할 수 있었다. 이와 같이 이스라엘은 역사적 사건들 속에서 하나님에게만 관심을 두었다.

(8) 여호와께 영광을 돌리도록 열방에게 호소하는 시편의 많은 표현들도 다 이런 관점에서 보아야 한다. "여호와께서 통치하시니 만민이 떨 것이요"(시 99:1). "너희 만민들아 손바닥을 치고 즐거운 소리로 하나님께 외칠지어다"(시 47:1). 물론 이런 외침이 엄밀한 의미에서 선교적 선포는 아니었다. 단 한 사람의 이교도도 그 외침을 듣지 않았을 것이기 때문이다. 그러나 이런 계속적인 간증을 통하여 이교의 치명적 마력에 사로잡혀 있는 자들에 대하여 하나님께서 관심을 두고 계시다는 것과 이스라엘이 계속

전 세계 앞에서 살고 있다는 것을 상기시킨 것이다. 이스라엘은 포로생활을 통하여, 전쟁의 쓴잔들을 통하여 하나님께서 자기 이름을 이방 중에 알리신다는 것을 깨달았다. 선교의 불길은 하나님께서 이스라엘을 무거운 고통의 멍에를 통하여 이방인들과 더 가까이 접촉하게 하셨을 때 활활 타오를 수 있었다. 다니엘은 포로 중에 바벨론과 페르샤 제왕들에게 여호와의 영광을 증거했고 어린 이스라엘의 소녀는 그 주인에게 이스라엘의 거룩한 자의 능력을 전해 주었다(왕하 5:1-3).

이상의 사항들을 종합해 볼 때 구약에 나타난 하나님의 계시가 선교의 개념을 내포하는 근본 원리들을 담고 있음이 분명하다. 선교개념은 하나님 자신의 때가 완전히 찼을 때 두드러지게 나타난 것이 사실이지만 구약 사상 속에서도 그 원리를 찾을 수 있는 것이다. 하나님은 그의 구원 계획상 이스라엘을 구별하셨으나 때가 되자 분리의 장벽이 허물어지고 세계에의 문호는 사방으로 개방되게 되어 있었던 것이다.

2. 선지서에 나타난 구원 약속들

선지 시대에 이스라엘의 입장은 여러면에서 매우 곤란해졌다. 팔레스틴의 지리적 위치는 지중해 연안의 메소포타미아와 애굽 사이에 있는 상업의 요충지로서 대제국이 형성될 때마다 그들의 영토확장의 제물이 될 수밖에 없었다.

따라서 이스라엘의 영적인 독특성마저도 유지하기가 대단히 어려웠다. 주변 국가들이 다 이방 세력들이라 그들과 왕래가 잦아짐에 따라 영적인 오염도는 가공할 정도로 높아 갔고 마침내 예루살렘과 사마리아 등 주요 도시들마저도 영적으로 혼탁해져 갔다. 설상 가상으로 앗시리아와 바벨론과 애굽 등 세계적인 대제국에 흡수될 위험을 항상 안고 있는 이스라엘로서는 영적 독특성을 유지한다는 것이 정치적 독립이 어려운 것과 마찬가지로 인간으로서는 거의 불가능한 초인간적 과제가 되기 시작했다.
　이러한 판국에 이스라엘의 영적 재산의 보호자들인 선지자들이 나타나 거듭 회개할 것을 호소했다. 선지자들은 언약의 백성인 이스라엘을 위협하는 이교 사상과 풍습의 침투를 목격하고 열정적인 반기를 들었다. 영적인 독립이 없는 이상 이스라엘의 정치적 통일이란 아무런 의미가 없는 것이었다. 여호와에 대한 섞이지 않고 더러워 지지 않은 신앙을 포기하는 이상 이스라엘은 존재이유가 없는 것이었다. 이스라엘이 계속 이교화의 위기에 봉착해 있는 것을 보고 선지자들은 이스라엘의 성결성 보존을 부지런히 역설했다. 선지자들이 볼 때 이교주의란 하나님의 영광을 갈취하려는 가증스런 사람의 유혹이었다. 선지자들의 주요 관심은 이스라엘 백성이 침몰하지 않을까 하는 데 있는 것이 아니라 이스라엘 하나님의 거룩하고 영광스런 이름이 전쟁과 포로의 먹구름 속에서 사라지지는 않을까 하는 데 있었다. 따라서 그들은 우리를 전율케 할 만큼 단호하고 격렬한 어조로 그들의 고뇌와 우려를 표현했다. 다니엘은 포로생활의 와중에서 이렇게 기도드렸다. "주여 들으소서. 주여 용서하소서. 주여 들으시고 행하소서. 지체치 마옵소서. 나의 하나님이여 주 자신을 위하여 하시옵소서. 이는 주의 성과 주의 백성이 주의 이름으로 일컫는 바 됨이니이다"(단 9:19).
　이와 같은 관점에서 볼 때 과연 선지자들이 우리들에게 건전하고 객관적이고 심리적인 측면에서 이교주의를 바로 소개할 수 있었겠느냐고 의심할 자들이 있을지 모르겠다. 그러나 이스라엘 주변의 세계 강국들에 대한 하나님의 목적이 무엇일까 하는 데 대한 대답을 우리는 선지서에서 기대할 수 있다. 바벨론과 앗시리아와 페르샤의 운명은 어찌될 것인가? 영적인 독특성이 엄밀한 의미에서 점점 더 유지 불가능한 상황 속에서 세계에 대한 하나님의 궁극적 계획은 무엇인가? 선지자들은 매일 그들의 의식 속에 부딪쳐 오는 이런 문제들을 도저히 피할 수 없었다. 우리가 선지서들을 읽으면서 이러한 문제에 착안할 때 우리는 다음과 같은 결론에 도달하게 된다.

(1) 선지자 자신들은 하나님께서 새로운 시대를 접어들게 하시고 계신다는 사실을 인식하고 있었다. 암몬과 모압과 에돔과 같은 모든 작은 국가들이 과거에는 이스라엘과 부단히 투쟁해 왔으나 이제는 세계적인 대왕국 속으로 하나씩 흡수되어 가고 있었다. 작은 국가들은 이제는 설 땅이 없었다. 문화와 정치 영역에서 광범위하게 대규모적인 단위에로의 통합 작용이 진행 중에 있었다. 여러 이 민족들의 종교 구조들 역시 상호침투되어 동화되기 시작했다. 이렇게 되자 이스라엘의 구별 문제가 새로운 위기에 부딪치게 된 것이다. 이런 점을 깊이 생각한 자들에게는 두가지 가능성이 존재했다. 하나는 이스라엘이 영적으로 또 정치적으로 당시 세계 속에서 흡수되어 들어 가는 길이다. 또 하나는 이스라엘 자체가 하나의 생명있는 세력이 됨으로써 타국가들이 이스라엘의 하나님의 구원의 빛으로 이끌려오는 길이다. 하나님께서는 계속적으로 후자의 가능성이 세계에 대한 하나님의 구원계획의 성취라는 것을 선지자들에게 지적해 주셨다. 따라서 선지자들은 이스라엘에게 회개를 촉구했으며 불신앙에 대한 무서운 심판과 아울러 이스라엘에게 그토록 심한 괴로움을 안겨 주었던 이교 세계 강국들에 대한 무서운 심판도 선포했다. 뿐만 아니라 그들은 그들의 메세지를 통하여 보편적인 구원의 약속들을 전달했다. 아직 소망은 있으니 이교 세계조차도 이 소망 중에 포함된다는 것이었다.

(2) 이러한 구원 약속 성취의 첫째 조건은 이스라엘 자체의 진

정한 회개이다. 암흑과 무지 속에 비틀거리던 이스라엘, 하나님의 무서운 심판을 겪었던 이스라엘이 마침내 완전히 변화될 것이다. 이런 진실한 회개야말로 하나님의 은혜로운 관심의 열매로 이루어질 것이었다. 렘 31:31 이하에서 하나님께서는 새 언약을 맺으시고 자기 백성의 마음 속에 그의 법을 새기실 것이라고 말씀하셨다. 시험과 타락의 세계가 지나간 뒤 소망의 새 아침은 밝아올 것이었다.

(3) 이런 회개는 장차 올 메시아와 연관해서 이루어질 것이다. 모든 예언들이 거듭 메시아 중심으로 이루어졌으며 메시아는 임마누엘, 평화의 왕, 나무가지, 인자, 여호와의 종 등으로 지칭되고 있다. 때로는 능력과 영광으로 묘사되어 있으며 또 때로는 비천한 존재로 모양도 형체도 없는 자로 나타나 있다. 그는 다윗의 위대한 아들이요 장차 올 왕이요, 위대한 목자다. 하나님이 만드실 새 언약의 비밀인 이스라엘의 영적 갱생이 단지 메시아를 통해서만 가능한 것이다. 시험과 유혹, 위협과 좌절의 시대는 지나가고 하나님께서 그의 나라의 보좌를 이 세상에 수립하실 새 시대가 접어들 것이었다.

(4) 메시아와 연관하여 이방 열국들이 심판 받을 것이 기록되어 있는데 이것은 놀라운 것이 아니다. 이 심판은 피비린내 나는 전쟁과 무시무시한 학살로 나타날 것이며 땅 위에 열왕들이 여호와의 종 앞에서 멸절될 것이다. 이스라엘에 있어서 메시아가 도래하는 날은 크고 영광스러운 날이며 말할 수 없는 기쁨의 날이 될 것이다. 이스라엘조차도 메시아의 도래를 기대하며 전율하게 될 것이다. "오호라 그 날이여 여호와의 날이 가까왔나니 곧 멸망같이 전능자에게로서 이르리로다"(욜 1:15). "그의 임하는 날을 누가 능히 당하며 그의 나타나는 때에 누가 능히 서리요"(말 3:2).

(5) 선지서는 이러한 미래상을 펼쳐보이면서 동시에 열국들의

구원을 묘사하고 있다. 바벨론과 앗시리아와 애굽의 심판을 경고하는 마당에서도 선지자들은 그들에게 이를 구원을 보고 돌연 기쁨의 함성을 지르게 된다. 이스라엘과 열국들에 대한 메시아의 불붙은 심판이 지나간 후에 다시 영광의 자리에 오를 이스라엘은 땅 위의 백성들이 모여들게 될 구원의 집합점이 될 것이다. "말일에 여호와의 전의 산이 모든 산 꼭대기에 굳게 설 것이요. 모든 작은 산 위에 뛰어나리니 만방이 그리로 모여 들 것이라 많은 백성이 가며 이르기를 오라 우리가 여호와의 산에 오르며 야곱의 하나님의 전에 이르자"(사 2:2-3).

(6) 구약 예언에 있어서 이러한 열방 구원은 항상 자발적인 것으로 나타나 있다. 이스라엘 편에서의 선교활동이 전혀 없을 것이라고 말한 것은 아니지만 이스라엘이 말할 수 없는 영광을 얻게 되어 열국이 이 영광을 바라보고 이스라엘 속으로 물흐르듯 자발적으로 흘러 들어올 것이 강조되어 있다. "만군의 여호와가 말하노라 그 날에는 방언이 다른 열국 백성 열 명이 유다 사람 하나의 옷자락을 잡을 것이라 곧 잡고 말하기를 하나님이 너희와 함께 하심을 들었나니 우리가 너희와 함께 가려 하노라 하리라 하시니라"(슥 8:23). 이처럼 열국 백성들은 자석에 이끌리듯이 이스라엘로 스스로 돌아오게 될 것이다. 물론 이스라엘이 그들을 불러들이는 선교의 활동이 있기는 하겠으나(사 55:5), 선교 활동이 강력하고 효과적으로 이루어지는 것은 구원에의 요청 때문이 아니라 하나님께서 이스라엘을 영광스럽게 하신 사실 때문이다.

(7) 여기서 열국의 자발적인 행위가 하나의 종말론적인 사실임을 명시해야 한다. 그것은 새로운 시대, 마지막 날에 이루어질 일이다. 이러한 관점에서 요엘선지는 마지막 날에 만인에게 성령을 물붓듯 부어 주실 것을 예언했다(욜 2:28). 그러나 이러한 일이 이루어질 때 이스라엘은 축복의 초점이 될 것이다.

(8) 마지막으로 이스라엘과 전 세계에 이르게될 구원은 전 포괄적인 구원이 될 것이다. 그것은 하나님과의 화해, 사죄 및 무수한 다른 축복들을 포함하는 구원이다. "만군의 여호와께서 이 산에서 만민을 위하여 기름진 것과 오래 저장하였던 포도주로 연회를 베푸시리니 곧 골수가 가득한 기름진 것과 오래 저장하였던 맑은 포도주로 하실 것이며 또 이 산에서 모든 민족의 그 가리워진 면박과 열방의 그 덮인 휘장을 제하시며 사망을 영원히 멸하실 것이라 주 여호와께서 모든 얼굴에서 눈물을 씻기시며 그 백성의 수치를 온 천하에서 제하시리라 여호와께서 이같이 말씀하셨느니라"(사 25:6-8). 장차 나타날 이스라엘의 영광이 물질적인 축복과 연관해서 밝은 색채로 묘사되어 있다. 이 영광 때문에 열국들의 구미가 당겨져 그들도 역시 거기에 참여하게 될 것이다.

요컨대 구약 선지자들은 열국들이 마지막 날에 메시아에 의하여 일단 패전을 겪은 다음 구원을 받게 될 것을 내다 보았다. 그 때에 열국들은 영적으로 다시 태어난 이 새로운 이스라엘로 온유하게 쏟아져 들어올 것이며 여호와의 산에서 경배할 것이다. 이 구원은 하나님에 대한 관계의 갱생과 은혜로운 칭의 뿐만 아니라 생활의 전 영역을 포함하는 포괄적인 구원이 될 것이다. 하나님의 냉혹한 징계를 받았던 이스라엘이 이제는 자석처럼 세계 백성들을 자기들에게로 인도하게 될 것이다. 이 위대한 구원에 있어서 이스라엘의 역할은 현저하게 수동적인 것이다. 이스라엘 자체가 열국들을 매력으로 사로잡는 것이 아니라 이스라엘이 하나님 안에서 영적인 부를 누림에 따라 이방 민족이 시기하게 되는 것이다. 메시아가 나타나 이방 민족들의 반역을 깨닫게 할 것이며 그 때까지 불명예의 치욕을 겪었던 하나님의 영광스런 위대한 이름이 하늘과 땅에서 모든 이름 위에 찬란히 빛날 것이다. 이와 같이 이 우주적 구원은 이스라엘 중심적 형태로 성취될 것이다. 그

깊이에 있어서 하나님과 하나님의 이름과 영광을 중심한 하나님 중심이 될 것이다. "그러므로 너는 이스라엘 족속에게 이르기를 주 여호와의 말씀에 이스라엘 족속아 내가 이렇게 행함은 너희를 위함이 아니요 너희가 들어간 그 열국에서 더럽힌 나의 거룩한 이름을 위함이라 열국 가운데서 더럽힘을 받은 이름 곧 너희가 그들 중에서 더럽힌 나의 큰 이름을 내가 거룩하게 할지라 내가 그들의 목전에서 너희로 인하여 나의 거룩함을 나타내리니 열국 사람이 나를 여호와인 줄 알리라 나 주 여호와의 말이니라"(겔 36:22-23).

2. 신약에서의 선교의 근거

1. 복음서

구약의 배경에 비추어 예수 그리스도의 생애를 연구하는 자는 누구나 몇가지 커다란 문제점에 부딪치게 된다. 구약의 선지자들은 여러 차례에 걸쳐서 고난의 메시아(가령 이사야 53장)에 대하여 예언하였다. 그러나 일반적으로 선지자들은 메시아가 도래함으로 세계 질서가 근본적으로 변화될 것과 구원의 그 질서 변화에 영향을 미칠 것을 언급했다. 예수님 당시의 신학자들은 메시아 예언의 몇몇 세부적인 측면들을 지나치게 강조한 나머지 구약 전체가 보여주는 메시아의 모습을 왜곡하는 경향이 있었다. 이것이 복음서에 나타난 메시아 수수께끼의 배경적인 상황이다.

예수 그리스도의 전파 사역이 시작되면서부터 나타난 현상은 예수께서 위대한 구원이 당장 이루어질 것을 기대한 것처럼 보인다는 점이다. 마가는 예수 그리스도의 전파의 핵심이 "때가 찼고 하나님 나라가 가까왔으니 회개하고 복음을 믿으라"(막 1:15)는

데 있음을 밝혔다. 마태복음 10장에서 예수께서 제자들에게 이렇게 말씀하셨다. "이 동네에서 너희를 핍박하거든 저 동네로 피하라 내가 진실로 너희에게 이르노니 이스라엘의 모든 동네를 다 다니지 못하여서 인자가 오리라"(마 10:23). 마태복음 16:28은 이렇게 말하고 있다. "진실로 너희에게 이르노니 여기 섰는 사람 중에 죽기전에 인자가 그 왕권을 가지고 오는 것을 볼 자들도 있느니라." 이와 같은 말씀들을 보면 예수께서 초기 사역 때부터 그 큰 구원의 신속한 도래를 기대한 것처럼 보인다. 예수께서는 그 후에 그런 말씀을 그렇게 강한 용어로 표현하지 아니하시고 다만 그의 임박한 수난과 죽음에 대해서 자주 언급하셨다. 알버트 슈바이쳐는 위와 같은 난제를 두고 예수께서 그의 사역의 초기에는 이스라엘과 세계의 위대한 구원으로 나타날 재림의 임박성을 믿었으나 후기에 이르러서 비로소 본래 기대와 어긋나는 실망적인 상황을 철저하게 체험한 후에 커다란 수난을 당할 준비를 하셨다고 궁색하게 설명했다. 리델보스(H.N. Ridderbos)는 지적하기를 예수 그리스도의 예언을 두가지로 구분해야 한다고 했다. 그 하나는 재림을 정점으로 하는 것이고 다른 하나는 고난과 죽음을 정점으로 하는 것이다. 그리스도의 제자들도 처음에는 이것을 이해하지 못했다. 예수께서는 자기의 초림이 말세의 시작이라는 것과 예언들이 성취되기 시작했다는 평범하게 자주 지적하시다가 점차적으로 제자들의 눈을 열어 고통스럽고 공포스러운 일들이 먼저 일어나야 할 사실을 보게 하셨다. 하나님의 나라는 실로 예수 그리스도 안에서 가까와 왔다. 예수 그리스도 안에서 하나님의 왕국은 이 세상속으로 뚫고 들어왔다. 그 왕국의 징조들이 도처에서 나타난다. 그러나 그리스도의 임박한 수난과 죽음이 먼저 있어지기 전에는 이 왕국이 완전히 실현될 수 없다.

 이와 같은 이유로 후기의 비유들은 그 왕국이 완전히 나타나기 전에 중간기가 있어야 할 것을 묘사해 준다.

　누가복음 14장 15-24절에서 보여준 큰 잔치 비유가 바로 그러한 의미이다. 어떤 사람이 큰 잔치를 배설하고 사람들을 초대하면서 "모든 것이 준비되었습니다"고 한다. 이 말은 객관적으로 볼 때 모든 필요한 조건들이 사실상 구비되어 있는 것을 말한다. 주께서 완전한 수난을 당하셨고 화목이 이루어졌으므로 하나님 편에서는 더 하실 것이 없다. 모든 것이 준비된 것이다. 그럼에도 불구하고 잔치는 시작될 수가 없다. 초대를 받은 사람들이 이러저러한 이유로 그것을 거절한다. 주인은 할 수 없이 마침내 종들을 길거리로 내어 보내어 거지들과 불구자들과 맹인들을 초대하게 한다. 이런 탓으로 잔치가 대단히 지연된다. "혼인 잔치는 예비되었으나 청한 사람들은 합당치 아니하다", 여기서 청한 사람들이란 이스라엘의 공적인 지도자들을 의미하는 것이다. 모든 것은 준비되었으나 집에 손님들이 채워져야 잔치가 시작될 수 있는 것이다. 여기서 잔치가 시작되기까지의 기간이 소위 중간기임에 틀림 없다.

　이러한 중간기가 불의한 농부 비유에서 더 예리하게 다루어졌다(마 21:33-44). 포도원 주인이 처음에는 종들을 보내다가 나중에는 그의 아들을 보내어 포도원의 소출을 거두어 들이게 하였다. 그러나 농부들이 처음에는 종들을 죽이고 다음에는 그의 아들을 죽였다. 이 비유 마지막에서 예수께서는 이렇게 무서운 말씀을 하셨다. "그러므로 내가 너희에게 이르노니 하나님의 나라를 너희는 빼앗기고 그 나라의 열매 맺는 백성이 받으리라"(마 21:43). 여기서 「너희들」이란 공식적인 이스라엘의 지도자들만 언급한다. 「나라의 본 자손들」(마 8:12)인 이스라엘은 밖으로 추방 당하고 새로운 백성에게 그 나라가 주어지는 것이다. 하나님의 나라들이 새로운 백성들에게 실제적으로 주는데 필요한 중간기가 여기서 뚜렷이 부각되어 있다. 누가복음 19장 11-27절(마 25:14-30 참조)의 므나 비유도 중간기를 아주 선명하게 보여준다. 어떤 귀족이 왕위를 받아 가지고 오려고 외국에 나가면서 종들에게 자기가 돌아오기까지 자기의 소유를 관리할 책임을 주었다. 여기서 암시되고 있는 것은 이미 왕국은 준비되어 있고 어떤 의미에서 모든 것이 왕국의 완성을 위해서 성숙해 있으나 주님의 종들이 주께서 남겨 두신 달란트들을 가지고 일해야 할 한 시기가 먼저 있어야 한다는 점이다. 종들의 활동기간이 바로 중간기인 것이다. 중간기가 아무리 오래 지속된다 할지라도 종들은 이 기간 동안에 주님의 은사들을 가지고 일해야 한다.

여기서 일한다는 것은 특별히 길거리로 나가서 모든 사람들을 왕의 결혼잔치에 초대하는 것을 말한다. 따라서 중간기는 선교의 명령으로 충만해 있는 것이다. 중간기에 의미를 부여하는 것은 바로 선교 명령이다.

하르낙(Harnack)은 예수께서 유대인들에게만 그의 선교를 지시했다고 강조하여 주장하면서 이방인들에 대한 공식적인 선교는 예수 그리스도의 전망 밖에 있었다고 했다. 그러나 앞서 지적한 비유들을 볼 때 하르낙의 입장은 옳지 못하다. 복음 전체가 보편적인 선교 명령으로 가득차 있기 때문이다. 여기서 몇가지만 취급해 보겠다.

시므온의 찬양 속에서 예수는 「이방을 비추는 빛」이라 불리운다(눅 2:32). 동방 박사들이 찾아온 것은 구약에서 거듭거듭 예언했던 것이 성취되기 시작하는 하나의 증거이다. 즉 이방인들이 자발적으로 하나님의 영광을 안고 있는 이스라엘로 돌아올 것이라는 것이다.

예수님의 여러 말씀들도 보편적인 의미를 내포하고 있다. "너희는 세상의 소금이다", "너희는 세상의 빛이다", "하나님이 세상을 이처럼 사랑하셨다" 등의 말씀들이 그것을 보여준다. 예수께서 가버나움에서 백부장을 만났을 때 구약의 예언들을 회상하여 이렇게 말씀하셨다. "동서로부터 많은 사람이 이르러 아브라함과 이삭과 야곱과 함께 천국에 앉을 것이다"(마 8:11). 예수 그리스도의 공생애가 끝날 무렵에 어떤 헬라인들이 그를 보러 왔을 때 예수께서는 인자가 높이 들리우리라는 것을 생각하셨다(요 12:23). 이와 같이 만국이 돌아오는 것은 언제나 메시아 징조들 중의 하나였다. 복음 전체에 걸쳐서 예수께서는 항상 자기의 생애를 구약의 구원예언들의 커다란 문맥 속에서 고찰하셨으며 구원 예언들 중의 한 요소가 이방제국들로부터 사람들이 접근해오는 것이었다.

그러나 물론 어떤 표현들은 선민 사상을 나타내는 것처럼 보이는 것도 사실이다. 예수께서 사마리아 여자에게 구원은 유대인에게 속했다고 했으며(요 4:22), 가나안 여자에게는 「이스라엘의 잃어버린 양들에게」만 그가 보내심을 받았다고 하셨다(마 15:24). 그러나 이 두 본문은 바로 그 당시에는 복음을 전 세계에 전파할 시기가 아직 이르지 아니했음을 시사하는 것 뿐이다. 사도들이 이방인들에게나 사마리아인들의 어떤 마을에 가지 못하도록 금지받은 것도 바로 이와 같은 이유에서였다(마 10:5). 때가 아직 이르지 아니한 것이다. 그러나 예수께서는 그 후에 보편적으로 선교해야 할 것을 말씀하셨다. 베다니의 마리아가 그에게 기름을 부었을 때 그는 이렇게 선언하셨다. "내가 진실로 너희에게 이르노니 온 천하에 어디서든지 이 복음이 전파되는 곳에는 이 여자의 행한 일도 말하여 저를 기념하리라"(마 26:13), 여기서 전 세계라는 것은 시야에 들어오게 된다. 이러한 사상은 마지막 때의 징조에 관한 위대한 말씀 속에서 더 강력하게 표현되어 있다. "이 천국 복음이 모든 민족에게 증거되기 위하여 온 세상에 전파되리니 그제야 끝이 오리라"(마 24:14). 여기서 선교 활동이 마지막 시대와 관련되어 있는데 그것은 구약의 예언들도 마찬가지이다.

이렇게 고찰해 볼 때 선교의 개념이 복음의 초기에는 명백하게 나타난 것이 아니라는 사실이 뚜렷해 진다. 왜냐하면 복음의 초기에는 예수 그리스도의 생애가 신비의 베일로 덮여져 있었기 때문이다. 예수께서는 복음의 초기에는 그의 제자들에게 그의 생애가 어떻게 될 것인가를 나타내 보이실 수가 없었다. 예수님의 수난이 가까와 옴에 따라 제자들과 군중들의 본래 기대가 무너지기 시작했다. 이렇게 됨에 따라 중간기가 부각되었고 그와 함께 선교 개념이 두드러졌다. 선교와 중간기는 불가분의 관계가 있다. 복음서는 예수께서 보편적 의미를 지닌 사역을 감당하셨다는 것을 선명하게 보여주는 표현들로 차고 넘친다. 그는 이스라엘의 빛일 뿐만 아니라 세계의 빛이다. 이상에서 지적한 것은 예수 그리스도의 수난과 죽음 이전 시기에 적용되는 것이다. 부활 이후에는 중간기와 선교의 명령이 보다 더 공개적으로 언급될 수 있었다. 예수께서 40일 동안 제자들에게 나타나시면서 제자들에게 자주 선교의 필요성을 새겨 주셨다. 부활하신 당일에도 열한 제자에게 나타나 이렇게 명백히 말씀하셨다. "죄사함을 얻게 하는 회개가 예루살렘으로부터 시작하여 모든 족속에게 전파될 것이 기록되었다"(눅 24:47). 예수께서는 그의 명령이 성경에 입각해 있음을 가르치셨다. 성경은 이방인들이 자발적으로 돌아올 것을 강조하여 말하고 있으며 이것이 교회의 활동에 내포되어 있음을 말하고 있다.

마태복음은 선교의 명령을 예수의 능력과 권위에 강력한 근거를 두고 있는 것으로 지적하고 있다. 이와 같은 구원의 능력은 만민에게 전파되어야 하며 만민은 그 앞에 머리를 숙여야 한다.

"그러므로 너희는 가서 모든 족속으로 제자를 삼으라." 복음은 왕이 위임하신 영광을 내포하고 있다. 따라서 그것은 전 세계에 그리스도의 왕권을 선포해야 할 것을 마지막으로 호소하는 것이다.

요한복음에 있어서 선교 명령은 본질적으로 그리스도의 초림과 관련되어 있다. "아버지께서 나를 보내신 것 같이 나도 너희를 보내노라"(요 20:21), 은혜와 사랑의 물결이 예수 그리스도 안에서 하나님으로부터 흘러 내려와서 그리스도에 의하여 보내심을 받은 자들 속에 차고 넘치는 것이다.

그리스도께서는 또한 이와 같은 사실을 승천하기 전에 제자들에게 설명하여 주셨다. 제자들은 생각하기를 세상에서의 그들의 임무가 다만 그리스도께서 이스라엘 왕국을 회복하실 때까지 기다리는 것 뿐이라고 생각했다. 그들은 미래를 이스라엘 중심적으로 내다보았으며 자기들의 역할을 수동적인 것으로만 간주했다. 그리스도께서는 이와 같은 오해를 시정하시기 위해서 그의 제자들에게 성부 하나님에게만 속한 시기 문제에 관계하지 말 것을 말씀하신 후에 제자들의 역할이 수동적인 방관자들의 역할이 아니라 땅끝까지 이르는 능동적인 증인들의 역할임을 지적하셨다. 그러면서 예수께서는 성령의 능력을 주실 것으로 약속하시면서 모든 절망의 그림자를 제거하셨다(행 1:6-8).

이상에서 지적한 바와 같이 복음서의 선교관을 요약하면 예수 그리스도의 교훈에 있어서 선교사상이라는 것은 메시아적 구원 기대로부터 조심스럽게 그리고 점진적으로 유래되고 있음을 본다. 구약의 예언은 메시아 구원을 이스라엘의 영적인 부흥과 영광, 그리고 이방인의 자발적인 접근과 세계 질서의 근본적 변화와 관계된 것으로 본다. 이러한 메시아 구원은 예수 그리스도께서 오심으로 원칙적으로 도달되었다. 예수께서는 나사렛 회당에서 구약의 메시아 예언 하나를 서슴없이 이렇게 지적했다. "오늘날 이 성경이 너희 귀에 응하였다"(눅 4:21). 새로운 시대는 시작되었고 재림은 여기에 있으며 나라는 가까이 왔다. 그러나 그것이 밖으로 나타남에 있어서 여러가지 다른 요소들이 부각되게 된다. 예수님께서 행하신 기적들은 실로 이 큰 구원의 힘찬 징조들이기는 하나 그것들이 당장 위대한 메시아 기적이 되어 세계가 변화되고 이리와 양이 함께 눕게 되는 현상이 빚어질 것은 아니다. 이스라엘의 영적 부흥은 실로 접어들어 왔으나 그것이 아직 능력있게 뚫고 들어온 것은 아니었다. 계속 영광을 받으신다는 것 대신에 예수께서는 큰 수난을 공포하셨다. 그리고 부활 후에까지도 이 큰 구원은 완전히 실현될 수는 없었다. 모든 것이 준비되었으나 아직 초대된 손님들이 합당하지 못하다. 하나님의 나라는 이스라엘의 공적인 지도자들로부터 빼앗아 다른 백성들에게 주어진 것이다. 여기에 신비스러운 지연(delay)이 있다. 구원은 실로 원칙적으로 현존해 있으나 구원이 100% 완전하게 당장 나타날 수는 없다. 이와 같이 선교는 선지자들이 미리 예언한 메시아적 구원으로부터 발전되어 나오되 지연을 특징지워줄 요소로 부각된 것이다. 이러한 지연은 다른 백성들에게 하나님의 나라를 주어야 하기 때문에 불가피 해지는 것이다. 이리하여 천국 복음이 온 세계에 전파된 후에야 비로소 마지막이 올 것이다. 이렇게 선교는 복음서 교훈에 있어서 점차적으로 중요한 위치를 확보하게 된 것이다. 이 큰 구원의 완전한 성취는 선교 임무가 완성되는 순간까지 대기 상태에 있다.

2. 사도행전

사도행전은 최고의 선교 기록이다. 사도행전은 선교 각 분야에 대한 자료들이 풍부하다. 즉 선교적 접근과 선교 현장에서의 전파와 신생 교회들의 조직 등 여러 분야의 풍부한 자료를 제공해 준다. 그러나 여기서 우리의 관심사는 다만 선교의 기초에 관한 것이다. 우리는 누가가 선교를 어떻게 보았으며 선교와 하나님의 말씀과 어떻게 연관시켰는가 하는 것을 조사 하고자 한다.

(1) 우선 두드러지는 것은 사도행전에서 선교 역사는 영광스럽게 된 그리스도의 역사로 묘사되어 있다는 점이다. 이런 의미에서 사도행전이란 명칭이 부적합하다. 그것은 오히려 사도들을 통한 그리스도의 행전이라 해야 마땅하다. 만사를 그리스도께서 행한 것으로 거듭 강조하고 있기 때문이다.

만사를 그리스도께서 행했다는 것은 사도행전 서두에서 강조되어 있다. 누가가 누가복음에서 예수께서 행하시며 가르치시기를 시작한 모든 것에 관하여 기록했다는 것을 회상하면서 이 두 번째 책에서는 예수께서 계속 행하시며 가르치신 것을 다루고 있다.

우리는 이 점을 몇가지 사례를 들어 지적할 수 있다. 오순절날 성령이 모여든 신자들에게 쏟아 부어졌을 때, 베드로는 "너희 보고 듣는 이것을 부어 주신" 분은 바로 그리스도라고 말했다(행 2:33).

사도들은 그리스도의 이름이 큰 이적들을 행한다고 거듭 선포했다. 그리스도의 이름이란 말만의 이름이 아니라 그리스도 자신이 살아계셔서 임재하신 것이다. 그의 이름은 절름발이를 걷게 했다(행 3:16, 4:10). 표적과 기사들이 이 이름을 통해서 일어났다(행 4:30). 거듭 거듭 실제적인 능력으로 언급되는 것은 바로 이 이름이다. 사도들은 이 이름을 받들어 봉사하는 자들로 나타나 있다.

선교활동에 있어서 그리스도께서 그의 교회를 지도하시는 것은 주목할 만하다. 일곱 집사 중의 하나인 스데반이 예루살렘에 있는 헬라어를 사용하는 유대인들에게 선교를 하다가 순교를 당하게 된다. 스데반의 죽음이 그 당시에는 하나의 엄청난 재앙으로 보였으나 후에는 그것이 예수 그리스도의 위대한 승리로 입증되었다. 박해로 인하여 교회가 흩어지게 되자 많은 기독교인들이 도처에서 복음을 전파하게 되었는데 그의 교회를 강한 손으로 이끌어가시는 분은 영광의 주님이었다.

사도들이 아무도 이방 세계의 선교의 위대한 인물을 위하여 준비되어 있지 아니할 때 그리스도께서 사울을 사도로 세워 "내 이름을 이방인과 임금들과 이스라엘 자손들 앞에 전하기 위하여 택한 나의 그릇으로 삼으셨다"(행 9:15).

예루살렘의 사도들이 이미 하나님을 섬기고 있으나 할례 받지 못한 자들을 접근하지 아니할 때 그리스도는 그의 종 베드로에게 고넬료의 집으로 가서 그에게 세례를 주게 하셨다(행 10:1-23).

예루살렘이 선교 임무 수행에 나태할 때 그리스도께서는 안디옥 교인들을 사용하셨다. 여기서 그리스도께서 친히 바나바와 사울을 파송하는 일에 주도권을 잡으셨다.

바울은 선교 여행중 한걸음 한걸음 그리스도에 의하여 인도를 받았다. 바울이 아시아에서 복음을 전하려하자 그리스도께서 그것을 금지하셨으며 비두니아로 가려고 할 때도 역시 막으셨다(행 16:6, 7). 또 한 경우에는 바울이 유럽의 문호를 개방하는 환상을 받기도 했다(행 16:9, 10). 밤 중에 그리스도의 말씀이 바울을 격려한 때도 있었다. "밤에 주께서 환상 가운데 바울에게 말씀하시되 두려워 하지 말며 잠잠하지 말고 말하라. 내가 너와 함께 있다." 사도행전을 들춰 보면 매 페이지마다 바울은 그리스도께서 주도권을 잡으시고 자기는 다만 그의 도구에 불과하다는 것을 그의 전체 활동을 통해서 체험하게 된 것이 분명하다(행 18:9, 10).

(2) 사도행전에서 우리의 뇌리를 두둘기고 지나가는 또 하나의 생각은 선교활동이 종말적인 사건들과 관련된 일련의 사건들 속

에 속한 것으로 간주되고 있다는 점이다. 선교는 하나의 종말적인 사건이다. 선교는 마지막 시대의 징조 중의 하나임에 틀림없다. 베드로는 요엘서 2장의 말씀들을 들어서 그의 유명한 오순절 연설에서 성령강림의 종말적 성격을 강력하게 표현했다. 선지자들이 묘사한 미래의 구원에 있어서 성령강림은 메시아를 핵으로 하고 일어나는 사건으로서 이방인들이 자발적으로 돌아오는 일의 원동력이 된다. 이방인들이 영광스러운 이스라엘로 돌아오는 것은 이스라엘 속에 하나님이 살아계시다고 느끼기 때문이다. 이와 같은 점에서 오순절의 결과로 나타난 선교의 계속적인 활동은 마지막 날의 현상으로 간주되어야 한다.

(3) 사도행전 속에서 그리스도 자신이 선교의 주인이지 교회가 선교의 주인이 아니라는 사실이 크게 강조되어 있다. 안디옥 교회가 선교사를 파송할 때도 성령이 주도적으로 파송한 것으로 나타나 있고 안디옥 교회는 뒷전에 숨겨져 있다. 그러나 교회의 임무가 점차 분명하게 두드러진 것도 사실이다. 바나바와 바울이 1차 선교여행을 다녀온 후에 안디옥과 예루살렘에 선교 보고를 했다. 이때 바로 예루살렘 교회가 할례 문제에 관하여 선교 일선에서 어떤 방침을 따라 가야 할 것인지에 관한 지시를 주었다. 이렇게 교회가 선교 일선에서 발생하는 문제에 대한 공식적인 책임을 지게 된 것이다. 그럼에도 불구하고 3차 선교 여행을 마친 후 바울은 예루살렘 장로들에게「하나님이 자기의 봉사로 말미암아 이방인 가운데서 하신 일」에 관하여 선교 보고를 하였다(행 21:19). 시간이 흐름에 따라 조직체로서의 교회가 선교 활동에 더욱 더 개입한 것은 사실이나 선교 활동 자체는 하나님께서 하신 일이었다.

(4) 특별히 주목할 것은 평신도 전파자들의 활동을 사도행전은 자주 언급한다는 점이다. 스데반의 순교 이후 박해가 심해지자

피난 성도들이 도처에서 복음을 전파했다(행 8:4). 그들 중에는 뵈니게와 구브로와 안디옥까지 이른 자들이 있었다(행 11:19). 또한 헬라인들에게 복음을 전파하기 시작한 자들도 있었다(행 11:20). 이렇게 그들은 이방인들의 장벽을 뚫고 들어가 전파하기 시작한 것이다. 바울에게는 또한 일련의 동역자들이 있었다. 제2차 선교여행 중 루스드라에서 만난 디모데와 더베의 가이오, 아시아의 두기고, 소바드와 브리스길라와 아굴라 등이 바울의 동역자이었다. 여기에는 여인들이라고 해서 제외된 것이 아니다. 빌립보서 4장 2, 3절에서 우리는 유오디아와 순두게가 복음전파에 있어서 바울과 함께 일했음을 본다. 로마서 16장 1, 6, 12 절에서도 역시 여인들의 이름이 언급되어 있다. 이러한 남녀 동역자들을 공식적인 직분자들로 볼 것인가, 아니면 비공식적인 평신도 전파자들로 볼 것인가. 우리는 초대 교회의 선교 활동에 있어서 아무런 공식적인 직분을 가지지 아니한 많은 남녀들이 주요한 역할을 담당하고 있었다는 인상을 받게 된다. 평신도들이 독자적으로 선교활동을 할 때 여러가지 혼돈에 말려들 위험이 짙은데 사실 사도행전 역사상 그러했다. 그러나 바울은 이러한 자발적인 복음 전파를 억누르는 대신에 그것을 이용하고 조직화하였다.

(5) 사도행전은 복음 전파에 중요한 역점을 두고 있으면서도 새로 형성된 교회생활에 매력을 느끼고 자발적으로 그 생활에 참여하는 사람들에게도 주의를 환기시킨다. 산 위에 있는 동네는 숨겨질 수 없었다. 물론 교회에 가입하기를 거부하는 자들이 있었지만 "믿고 주께로 나아오는 자가 더 많으니 남녀의 큰 무리더라"(행 5:14). 이것은 선지자들의 혀를 통해서 예언된 것이 실제로 초대 교회에서 성취된 것을 말한다.

사도행전은 선교의 근거 면에서 복음서에 덧붙여 많은 것을 지적하지는 않는다. 그러나 그것은 성령 강림의 기적이 지니는 의미를 강조하며 그리스도께서 계속 그의 교회의 중앙에 살아계심을 보여준다. 초대 교회에 성령이 없었다면 초대 교회는 비겁한 신자들의 불쌍한 작은 그룹에 불과했을 것이다. 그러나 성령의 능력으로 그들은 세계 속으로 들어가서 하나님의 일상적인 기적을 선교활동 속에서 체험했다. 그들이 다만 그리스도의 손에 붙잡힌 도구들이었기 때문에 그러한 엄청난 일을 성취할 수 있었다. 그리고 그들은 이 모든 일들이 마지막 시대의 한 부분이라는 것을 느꼈으나 동시에 그들은 마지막 시대가 하나의 지속적인 기간이 될 것이라는 것을 인식하지 않을 수 없었다. 그들은 그러한 관점에서 자기들의 수고가 주 안에서 헛되지 않은 줄은 알고 주의 일을 함으로써 안식을 찾은 것이다.

3. 서 신

(1) 교회의 임무로서의 선교

서신들과 계시록은 선교 현지에서 기록된 책들이니 만큼 선교적 소명의 본질과 기능에 관하여 많이 취급하고 있을 것 같으나 사실은 선교 문제가 우리의 기대만큼 많이 다루어지지는 않았다. 여기서는 서신들이 제공하는 선교의 기초를 조사해 보고자 한다.

① 바울 서신의 두드러진 특징은 바울이 강렬한 사도적 소명의식을 가졌다는 데 있다. 그는 사도로서 하나님을 반대하는 불신앙과 반역의 세력에 대하여 영적인 전쟁을 치루는 전사의 소명의식이 있었다. 바울은 그리스도의 명령을 선교의 동기로 직접 언급하지는 않았으나 선교의 사명이 사도인 그에게 그리스도에 의하여 맡겨졌다는 의식이 있었다. "내가 복음을 전할지라도 자랑할 것이 없음은 내가 부득불 할 일임이라. 만일 복음을 전하지 아니하면 내게 화가 있을 것임이로라"(고전 9:16).

宣教의 聖書的 基礎·33

② 그리스도에 의하여 보냄을 받은 사도 바울은 선교의 임명을 띤「그리스도의 대사」였다. 그는 그리스도의 대사이기 때문에 비록 그가 말한다고 할지라도 사실상 그의 입을 통해서 말씀하시는 분은 그리스도이시다. "내가 모든 사도보다 더 많이 수고하였으나 내가 아니요 오직 나와 함께 하신 하나님의 은혜로라"(고전 15:10). 내가 수고하지만 내가 아니요 하나님의 은혜라는 의식이 선교를 가능하게 한다.

③ 바울은 항상 하나님에게 깊이 의존하고 있었다. 선교의 문이 열리기를 소원한 사실이 그것을 보여 준다. 여기서 문이란 하나님께서 선교의 방해물들을 신비스럽게 제거하시므로 열려지는 말씀에 대한 개방성을 말한다. 하나님께서 열어 주셔야만 선교가 가능하다. 따라서 선교는 하나님의 역사에 전적으로 의존하는 것이다. "내가 그리스도의 복음을 위하여 드로아에 이르매 주 안에서 문이 내게 열렸다"(고후 2:12). "또한 우리를 위하여 기도하되 하나님이 전도할 문을 우리에게 열어주사 그리스도의 비밀을 말하게 하시기를 구하라"(골 4:3). 선교사가 아무리 초라하다 할지라도 그가 하는 선교가 그를 보내신 주님의 손에 잡힌 강력한 무기이기 때문에 주님에게 전폭적으로 의지하는 선교사업은 매우 중요하다.

④ 바울이 선교에 대해서 언급할 때 자기 자신이나 자기의 동역자들에 대하여 많이 언급하면서도 일반 교인들의 위치도 역시 매우 중요한 것을 지적했다. 그들은 선교를 위하여 부단히 기도할 중요한 임무를 띠고 있다. "종말로 형제들아 너희는 우리를 위하여 기도하기를 주의 말씀이 너희 가운데에서와 같이 달음질하여 영광스럽게 되고"(살후 3:1). 그들은 또한 빛의 자녀들 답게 행동함으로 불신자들의 관심과 선망의 대상이 되어야 한다. 그리스도께서는 성도들을 산 위에 있는 동네나 세상의 빛으로 비유했

다. 그것은 불신자들로 하여금 그 영광스러운 교회의 모습을 보고 그리스도에게로 돌아오게 하기 위함이다. 이러한 주제가 서신들 중에도 역시 나타나고 있다. 신자들이 빛의 자녀들로 행동하기 위하여 먼저 소극적인 면에서 불신자들에게 피해를 주어서는 안된다. 어디를 가나 불신자들의 반감과 비방을 산다는 것은 선교의 방해물이다. "유대인에게나 헬라인에게나 하나님의 교회에나 거치는 자가 되지 말고 나와 같이 모든 일에 모든 사람을 기쁘게 하여 나의 유익을 구치 아니하고 많은 사람의 유익을 구하여 저희로 구원을 얻게 하라"(고전 10:32, 33).

교회는 적극적으로 그리스도 밖에 자들을 이끌기 위하여 모범적인 생활을 해야 한다. "외인을 대하여 단정히 행하고 또한 아무 궁핍함이 없게 하려 함이라"(살전 4:12). "삼가 누가 누구에 게든지 악으로 악을 갚지 말게 하고 오직 피차 대하든지 모든 사람을 대하든지 항상 선을 좇으라"(살전 5:15). "외인을 향하여서는 지혜로 행하라"(골 4:5). 교회는 결코 고립될 것이 아니라 세상의 눈 앞에서 살아야 한다.

교회의 직분이 지닌 기능도 항상 복음의 진보에 기여하도록 해야 한다. "이는 성도를 온전케 하며 봉사의 일을 하게 하며 그리스도의 몸을 세우려 하심이라"(엡 4:12). "오직 사랑 안에서 참된 것을 하여 범사에 그에게까지 자랄지라 그는 머리니 곧 그리스도라 그에게서 온 몸이 각 마디를 통하여 도움을 입음으로 연락하고 상합하여 각 지체의 분량대로 역사하여 그 몸을 자라게 하며 사랑 안에서 스스로 세우느니라"(엡 4:15, 16). 교회는 영적인 유기체로서 상호적인 사랑의 비밀을 발견하고 몸을 자라게 하기 위하여 총력을 기울여야 한다.

교회가 이런 모범을 보임으로 불신자들에게 얼마만한 선망의 대상이 되느냐에 따라 선교의 성패가 좌우된다. 교회의 모범적인 행동과 피차간의 뜨거운 사랑과 모든 사람을 대하여 자비를 보이는 행동을 통하여 그리스도의 위대하심을 비추어 줄 때에 선교가 활발히 전개되며 교회는 자라게 된다.

교회는 적극적으로 복음을 전하는 일에 참여해야 한다. 빌립보 1장 27절은 "내가 너희를 가보나 떠나 있으나 너희가 일심으로 서서 한 뜻으로 복음의 신앙을 위하여 협력하는 것"을 말하고 있다. 교회는 항상 교회 밖의 세계와 대화를 나눔으로 예수 그리스도를 전파해야 한다. "너희 말을 항상 은혜 가운데서 소금으로 고루게 함같이 하라 그리하면 각 사람에게 마땅히 대답할 것을 알리라"(골 4:6).

⑤ 교회 선교적 사명은 그리스도의 임박한 재림과 연결되어 있다. "하늘에 있는 것이나 땅에 있는 것이 다 그리스도 안에서 통일되게 하려 하심이라"(엡 1:10). 하나님의 목적은 모든 것을 그리스도 아래 통일되게 하는 것인데 이런 일은 「그리스도 안에서 때가 찬 경륜」에 따라 되는 것이다. 선교는 이런 일을 위한 준비 작업이다.

모든 선교 활동은 이러한 목적을 지향하고 있다. 바울의 기록들을 보면 모든 선교 활동이 본질상 하나의 목적을 향해서 전진하고 있음을 지적하고 있다. 그 목적은 장차 나타날 시대에 가견적으로 완성될 것이다.

(2) 하나님의 구원 계획에 있어서의 이스라엘의 위치

구약 선지자들은 이방 열국들이 자발적으로 돌아올 것을 강조하면서 그것이 이스라엘을 중심으로 일어날 하나의 구속적인 사건임을 내다 보았다. 이렇게 열방의 구원은 이스라엘 중심적(Israel-centered)이었다.

그러나 복음서에서는 이스라엘이 이러한 높은 지위에 합당하지 않은 것으로 나타나 있다. 하나님의 나라를 이스라엘로부터 철수시켜 열매 맺는 백성에게 주리라는 말씀이 있다(마 21:43). 그렇다면 이스라엘 중심적으로 이루어질 열방 구원에 대한 선지자들의 예언은 무효로 돌아간 것인가?

바울은 그의 서신에서 다각도로 이 문제를 다루고 있다. 그 유일한 강조점은 이스라엘에게 대한 하나님의 모든 약속들이 예수 그리스도 안에서 성취되었다는 점이다. 하나님께서 아브라함에게 하신 약속이 옛 언약의 약속들의 상속자이시며 참 이스라엘인 그리스도 안에서 실현되었다는 것이다. "이 약속들은 아브라함과 그 자손에게 말씀하신 것인데 여럿을 가리켜 그 자손들이라 하지 아니하시고 오직 하나를 가리켜 네 자손이라 하였으니 곧 그리스도라"(갈 3:16).

바울은 로마서 9장에서 11장까지 이스라엘의 구원 문제를 깊이 있고 광범위하게 다루고 있다. 바울은 이 문제로 씨름한 결과 「하나님의 말씀이 폐하여진 것 같지 않도다」고 하는 하나의 대전제에 이르게 된다(롬 9:6). 하나님께서 구약에서 그 언약의 백성에게 약속하신 것들이 이러저러한 방식으로 성취되었거나 앞으로 성취될 것이다.

그것이 성취됨에 있어서 이방 백성들도 이스라엘의 자손 중에 포함되어 있다는 점을 간과할 수 없다. "유대인이나 헬라인이나 차별이 없음이라 한 주께서 모든 사람의 주가 되사 저를 부르는 모든 사람에게 부요하시도다. 누구든지 주의 이름을 부르는 자는 구원을 얻으리라"(롬 10:12, 13).

그것이 성취되는 또 한 면은 이스라엘에 남은 자들이 있다는 점이다. "그런즉 이와 같이 이제도 은혜로 택하심을 따라 남은 자가 있느니라"(롬 11:5). 모든 이스라엘이 배도자들이 된 것이 아니라 예수 그리스도를 신뢰하는 남은 자들이 있다는 것이다. 이러한 소수의 남은 자들 주변에 이방인들이 몰려들어 그들의 옷자락을 잡고「우리도 당신들과 함께 가겠소」하고 고백한 것이다. 이방인들이 이렇게 구원에 참여하는 것을 보고 이스라엘이 시기하여 그들도 역시 돌아오게 된다는 것이다. "이방인의 충만한 수가 들어오기까지 이스라엘의 더러는 완악하게 된 것이라 그리하여 온 이스라엘이 구원을 얻으리라"(롬 11:25, 26).

여기서「온 이스라엘」이 무엇을 가리키는가? 이스라엘 백성들을 가리키는가? 아니면 새 언약에 속한 교회를 가리키는가? 칼빈은 그것이 모든 시대의 교회를 가리킨다고 해석했다. 그렇다면 문제가 생긴다. 같은 구절에서 이스라엘 백성을 또 한번은 모든 시대의 교회를 가리킨다는 것은 문맥상 무리이다.「온 이스라엘」이란 새 언약의 교회를 말하는 것이 아니라 이스라엘 백성을 말하는 것이며 영생을 얻도록 선택된 이스라엘 자손 전체를 가리킨다.

이방인들의 충만한 수가 들어옴으로 이스라엘이 자극받고 시기하여 그들도 역시 하나님께로 돌아오게 될 것이다. 여기서는 물론 정치적 의미에서의 이스라엘을 다루는 것이 아니라 언약 백성으로서의 이스라엘을 다루는 것이다.

(3) 이방인 문제

이방인에 대한 심판은 매우 심각하게 다루어져 있다. 에베소서 2장에서 이방인들을 가리켜 소망도 없고 하나님도 없는 자라 했다. 또한 그들은 공중의 권세 잡은 자 사탄의 조정을 받으며 총명이 어두어지고(롬 1:31), 색욕에 자신을 던진 자들이며(롬 1:24) 어두움에 속한 자들이다(엡 5:8). 이렇게 이방인들은 사탄의 휘두르는 치명적인 악영향 하에 속해 있는 것이다.

그럼에도 불구하고 이방인들에 대한 하나님의 일반 계시를 간과할 수 없다. 이방인들에게도 도덕 의식이 있어서 그것이 강력한 억제력을 행사하고 있다. 그것은 하나님께서 그들 속에 마음의 법을 새겨 주셨기 때문이다. 그리하여 아무리 타락한 사람이라 할지라도 짐승일 수는 없다. "율법 없는 이방인이 본성으로 율법의 일을 행할 때는 이 사람은 율법이 없어도 자기가 자기에게 율법이 되나니 이런 이들은 그 양심이 증거가 되어 그 생각들이 서로 혹은 송사하며 혹은 변명하여 그 마음에 새긴 율법의 행위를 나타내느니라"(롬 2:14, 15).

이러한 측면에서 볼 때 이방인들이 스스로 그리스도를 찾을 것처럼 기대하기 쉽다 그러나 성경 어디에도 그런 사실이 나타나 있지 않다. 바울이 드로아에서 마게도니아 인을 환상 중에 보았을 때 바울은 그것이 하나님의 부르심이라는 것을 곧 깨달았다 (행 16:10). 이방인들이 스스로 부르는 것이 아니라 하나님께서 부르신다. 선교는 초대에 대한 응답이 아니라 그리스도의 명령에 순종이다. 선교 활동은 하나님에 의하여 추진되는 것이지 인간에 의하여 이끌리는 것이 아니다.

(4) 전 포괄적인 구원

서신에 나타난 구원은 인간 생활 전반을 포함한다. 하나님과 인간의 화목이 그리스도 안에서 회복되므로 인생 전체가 새로워지고 고상한 차원으로 높아지는 것이다. "그런즉 누구든지 그리스도 안에 있으면 새로운 피조물이라. 이전 것은 지나갔으니 보라 새 것이 되었도다"(고후 5:17). 그리스도께서 한 사람 위에 손을 얹으실 때 그의 인생 전체가 변하는 것이다. 따라서 서신들은 대인관계, 결혼, 자녀교육, 정부와의 관계, 노사 관계, 장래 문제, 고민 문제, 기쁨과 슬픔, 돈과 명예 등을 취급하고 있다. 그리스도께서 사랑하시는 자들에게 주는 은혜로운 구원으로부터 소외된 인간, 구원으로부터 소외된 인간 구석이란 있을 수 없다.

인간생활 전반이 다루어지는 만큼 그것이 시대적 환경에 깊이 관련되어 있는 것이 사실이나 그 메세지가 너무도 근본적이며 너무도 깊은 측면을 다루고 있기 때문에 모든 시대에 적용될 수 있다. "경건은 범사에 유익하니 금생과 내생에 약속이 있느니라" (딤전 4:8). 내적인 생활이 갱신될 뿐 아니라 우리가 맺고 있는 모든 관계가 근본적으로 변화되어 사회 전반이 새롭게 된다. 인간 생활 중에 죄의 세력에서 벗어난 구석이 없듯이 하나님의 구원으로부터 제외된 구석도 없다. 하나님께서는 우리의 존재 전체를 밑바닥부터 재건하실 것이다. 실로 그리스도의 안에 있는 자는 모든 면에서 새로운 피조물이다.

宣教의 聖書的 基礎

헐버트 케인
(J. Herbert Kane)

여기 실린 글은 미국 트리니티(Trinity) 신학교의 선교학 교수 헐버트 케인 박사의 저서 「基督敎 宣敎의 聖書的 立場」(*Christian Missions In Biblical Perspective*, Baker Book House, 1976)의 제1부 "宣敎의 聖書的 基礎"(The Biblical Basis of Missions)를 번역한 것이다. 케인 교수는 15년동안 중국에서 선교사로 활동했고 현재 트리니티 신학교에서 선교학을 교수하고 있다.

서 론

기독교 선교는 성경에 뿌리를 박고 있다. 오직 성경만이 사람으로 "구원에 이르는 지혜"(딤후 3:15)가 있게 할 수 있다. 성경에서 우리는 선교의 메세지와 명령과 동기와 방법론을 끌어 낸다. 하나님의 말씀을 떠난 선교운동은 전혀 의미가 없다.

현대의 선교사들이 기독교 신학을 옳게 파악하는 것이 절대로 필요하다. 특별히 급변하는 현대 세계에 있어서 문화권을 넘어 범세계적으로 복음을 선포하는 일에 있어서는 더욱 그러하다. 19세기에는 거의 모든 선교사들이 성경의 보수적인 해석을 고수하였다. 이젠 그렇지 않다. 옛 지계표(land marks)가 옮겨지고 있다. 그 결과로 "새로운 신학"과 "새로운 복음화"가 등장하고 있다. 이 양자는 기독교 선교의 위력과 핵심을 변질시킬 위험을 안고 있다.

오늘날은 인간의 사상이 하나님의 말씀의 자리를 차지해 가고 있다. 인간학과 사회학이 급속도로 신학을 대치시키고 있으며 그것은 무서운 결과를 초래하고 있다. 기독교 선교의 수직적 차원이 상실되고 수평적 차원만이 남아 있다.

新神學에 의하면 인간은 영원히 상실된 존재가 아니다. 그것은 사랑이 많으신 아버지께서는 히틀러같은 사람도 지옥에 보내지 않을 것이라는 간단한 이유 때문이다. 하나님의 지극한 사랑과 하나님의 불가항력적 은혜는 마침내 승리할 것이고, 만인이 구원을 받을 것이다. 사실 만인은 이미 구원을 받았다. 예수 그리스도의 구원의 公布는 인간의 태도나 이해에 무관하게 인류 전체에게 보편적으로 적용된다. 따라서 현대 선교의 임무는 비기독교 세계에 다음과 같은 사실을 알리는 데 있다. 즉 만인은 그리스도를 알거나 받아 들이지 않아도 "그리스도 안에" 있으며 만인은 그 자체로서 그리스도를 머리로 하는 새로운 인류에 속해 있다는 것이다.

이러한 이유 때문에 구원이 완전히 곡해되어 버렸다. 오늘날 구원은 개인적인 것이 아니라 사회적인 것이다. 구속(redemption)이 아니라 인간화(humanization)가 구호가 되었다. 인간은 자기 자신의 죄의 형벌과 세력으로부터 구출될 필요가 없고 다만 그의 진정한 인간성을 파괴하여 그를 그의 이웃으로부터 분리시킨 악마적 세력구조로부터 구출될 필요만 있다. 따라서 발전의 신학, 해방의 신학, 그리고 심지어 혁명의 신학이 강조되고 있다.

세계 복음화에 지대한 관심을 가지고 있는 선교사들과 목회자들과 기타 모든 사람들은 기독교 선교의 성경적 근거를 이해하기 위하여 성경을 연구할 의무가 있다.

1. 宣敎의 舊約的 基礎

　일부 성경학자들은 구약에서 선교의 목적과 내용과 활동을 찾는다고 주장한다. 그런가 하면 구약에서는 아무것도 찾지 못하는 학자들도 있다. 여기서 문제는「선교」의 정의가 어떠하냐에 달려 있다. 만일「선교」를 정치적 문화적 경계선을 넘어서 유일한 참 하나님의 메세지를 그를 모르는 자들에게 전달하는 것으로 이해한다면 요나의 경우를 제외하고는 구약에서「선교」에 대하여 별로 찾아 볼 것이 없을 것이다.

　그러나 선교의 개념이 구약에 없다는 말은 아니다. 실상 그 개념은 구약에서 충분한 증거를 찾을 수 있는 보편주의(universalism) 교리에 노골적으로 나타난 것은 아니나 암시적으로 나타나 있다. 자유주의 신학자들은 구약에서 다신론으로부터 유일신론을 거쳐 보편주의로 그리고 마침내 선교에로의 사상적 발전을 찾아낸다. 보수주의 학자들은 이러한 접근 방법을 거부하고 유일신론과 보편주의가 동시에 창세기 벽두에서 발견된다고 주장한 것이다. 보편주의와 구별되는 선교의 개념은 후기에 나타난 것이며 신약에 와서야 참으로 완전히 꽃을 피운다. 로울리(H.H. Rowley)는 구약에서 선교의 개념을 쉽사리 발견하고 모세를 최초의 선교사라고 하였다. 동시에 그는 이스라엘이 현대적 의미에서 선교적 단체가 된 것은 아니었다는 사실을 상기시켜 준다.

　"구약이 선교서(宣敎書)라는 점은 이미 충분히 논증되었다. 그러나 부인할 수 없는 사실은 유대교가 본질적으로 선교적 종교가 아니었다는 점이다. 물론 선교적 자극이나 개종 권유의 열정을 유대주의에서 찾아 볼 수 없는 것은 아니나 그래도 역시 유대주의는 선교적 종교가 아니었다. 유대교가 세계 종교가 될 가능성은 조금도 없었다. 기독교 만이 그것이 발생한 1세기부터 세계 종교가 되었다."[1]

1. 구약에서의 하나님의 선교적 역할
(God's Missionary Role in the Old Testament)

구약은 선교서(a missionary book)이다. 여호와가 선교적 하나님이기 때문이다. 하나님은 처음부터 세계의 영적 행복과 물질적 행복에 지극한 관심을 가지고 계셨다. 미국을 건국한 선조들이 지적하기 오래 전에 이미 하나님은 그의 모든 피조물에 대하여 『생명과 자유와 행복의 추구』에 관심을 두셨다. 이 사실은 구약에 묘사된 하나님의 계시 속에 분명히 나타나 있다.

(1) 하나님은 물리적 우주의 창조자이시며 동시에 보존자이시다.

구약은 다음과 같은 장엄한 선언으로 시작된다. "태초에 하나님이 천지를 창조하시니라." 이것이 우리가 가진 유일한 구절이라 할지라도 이것만으로 기독교 선교의 충분한 근거가 될 것이다.

물질은 영원한 것이 아니다. 우주는 어떤 계획이나 목적이 없이 스스로 작용하는 전기의 충격이나 기계적인 힘의 소산이 아니다. 우리가 원자핵을 조사하거나 항성계의 운행을 연구해 보더라도 동일한 결론에 이른다. 만물을 만드신 손은 하나님의 손이다.

하나님은 세계를 만드셨으므로 그것을 소유하고 계시다. "땅의 깊은 곳이 그 위에 있으며 산들의 높은 것도 그의 것이로다. 바다가 그의 것이라, 그가 만드셨고 육지도 그의 손이 지으셨도다" (시 95:4-5). 그리고 하나님이 그것을 소유하고 계시기 때문에 그것을 통제하시고 보전하신다(사 40:28). 그는 인간이건 짐승이건

---

[1] H.H. Rowley, *The Missionary Message of the Old Testament*(London: Cary Kingsgate Press, 1944), p. 76.

간에 모든 생명체에게 손을 펴서 필요한 것을 공급하신다(시 145:16). 인간은 특별히 하나님과 독특한 관계를 유지하고 있다. 인간은 하나님에 의하여, 하나님을 위하여 창조되었으며 오늘날까지 창조주의 형상을 지니고 있다(창 1:26, 약 3:9). 인간이 최고의 행복을 자기 자신에게나 자기 환경에서나 자기 업적에서 찾을 것이 아니라 하나님에게서 찾도록 하신 것이 하나님의 의도였다(마 22:37). 우리는 그의 백성이며 그의 기르시는 양이다(시 100:3). 우리는 그의 안에서 살며 움직이며 존재한다(행 17:28). 그의 인자하심은 생명보다 낫다(시 63:3). 그의 선하심은 공로에 관계없이 그의 모든 피조물에게 차별없이 나타나 있다(마 5:45).

우주 전체는 그 창조주의 능력과 지혜의 현현이다. "하늘이 하나님의 영광을 선포하고 궁창이 그 손으로 하신 일을 나타내는도다. 날은 날에게 말하고 밤은 밤에게 지식을 전하니 언어가 없고 들리는 소리도 없으나 그 소리가 온 땅에 통하고 그 말씀이 세계 끝까지 이르도다"(시 19:1-4). 바울은 하나님의 창조 능력에 관해 이렇게 말했다.

"창세로부터 그의 보이지 아니하는 것들 곧 그의 영원하신 능력과 신성이 그 만드신 만물에 분명히 보여 알게 되나니"(롬 1:20). 그는 또 말하기를 하나님께서 "자기를 증거하지 아니하신 것이 아니니 곧 너희에게 하늘로서 비를 내리시며 결실기를 주시는 선한 일을 하사 음식과 기쁨으로 너희 마음에 만족케 하셨느니라"고 했다(행 14:17).

(2) 하나님은 도덕적 우주의 통치자이시며 재판관이시다.

성경은 하나님을 도덕적「존재」로 묘사한다. 그의 두드러진 특징은 성결이다. "나 여호와 너희 하나님이 거룩함이니라"(레 19:2). 더욱이 그는 그의 백성에게 성결을 요구하신다(벧전 1:16). 성결 없이 아무도 하나님을 볼 수 없다(히 12:14). 하나님의 형상으로 창조된 인간도 역시 도덕적 존재이다. 하나님은 그에게 이성과 자유 의지와 도덕적 성품을 주셨다. 하나님은 그에게 엄청난 권위를 입히사 동물 세계 전체를 다스리게 하셨다(창 1:28). 인간은 에덴동산에 배치되어 그것을 개간하라는 명령을 받았다(창 2:15). 인간은 생육하고 번성하여 땅에 충만하라는 말씀도 받았다(창 1:28). 하나님의 통치는 이런 방식으로 지구 전체에 확대될 것이었다.

인간은 그의 창조주인 하나님에게 대한 책임이 있었다. 그에게는 하나의 금령이 주어졌다. 그가 그것을 어김으로써 파멸에 이르렀다. 인간 구조의 각 부분에 혼돈이 초래되었다. 인간의 마음이 어두워지고(엡 4:18), 인간의 정서가 약화되고(요 3:19), 인간의 의지가 예속되었다(롬 7:9-21). 한마디로 그는 전적으로 부패되었다. 사람은 그런 일이 일어나지 않으리라고 말했으나 기어이 그렇게 되고 말았다. 인간은 도덕적 우주를 지배하는 법도 물리적 우주를 지배하는 법처럼 불가항력적이라는 엄연한 사실을 배우게 되었다. 아무도 자기 악행의 결과를 모면할 수 없다. 인간은 자유로운 도덕적 존재로 자기가 원하면 범죄할 수도 있는 존재이다. 그러나 그 범죄의 책임을 피할 수는 없다. 범죄에는 징벌이 반드시 뒤따른다. 모세는 이스라엘 자손에게 이렇게 경고했다. "너희 죄가 정녕 너희를 찾아낼 줄 알라"(민 32:23). 바울도 이렇게 선언했다. "죄의 삯은 사망이라"(롬 6:23). 이것은 인간의 법이 아니다. 더욱이 종족의 법도 아니다. 그것은 우주적인 법으로서 우주의 도덕적 구조 속에 한겹 두겹 짜여 들어가 있다. 그러므로 그것은 우주적 효력을 발생한다(롬 5:12).

죄는 항상 그것을 범하는 자를 하나님의 심판 앞에 노출시킨다. 여기에는 개인이나 도시나 국가가 다 적용된다. 모두 다 하나님에게 속하고 심판 아래 있기 때문이다. 아모리인의 죄가 관영했을 때 심판이 떨어졌다(창 15:16). 소돔과 고모라의 도덕적 부패가 전에 없이 극치에 이르렀을 때 하늘로부터 불과 유황이 떨어져 그들은 멸망되었다(창 19장). 애굽의 첫 태생은 파괴하는 천사의 칼 아래 쓰러졌다(출 12장). 다니엘은 벨사살 앞에 서서 하늘의 주님을 거스리는 교만을 책망했다. "왕의 호흡을 주장하시고 왕의 모든 길을 작정하시는 하나님께는 영광을 돌리지 아니한지라"(단 5:23). 다니엘은 벨사살 왕의 나라가 멸망할 것을 선언하며 이렇게 말했다. "하나님이 이미 왕의 나라에 시대를 세어서 그것을 끝나게 하셨다"(단 5:26). 니느웨성도 회개하지 않으면 곧 멸망할 것이라는 경고를 받았다(욘 3장).

하나님은 그의 모든 길에 있어서 의로우시며 그의 모든 행위에 있어서 거룩하시므로(시 145:17) 편애가 없으시다(신 10:17). 그는 이스라엘 자손들도 편애하시지 않으셨다. 그들도 역시 우상숭배의 절정에 이르렀을 때 그의 심판을 받았다. 과연 심판은 하나님의 집에서 시작된다(벧전 4:17). 하나님은 흔히 자기 자신의 자녀들보다 이방인들에게 더 관용하신다. 그는 이스라엘에게 이렇게 말씀하셨다. "내가 땅의 모든 족속 중에 너희만 알았나니 그러므로 내가 너희 모든 죄악을 너희에게 보응하리라"(암 3:2).

한편 우리는 하나님께서 복수하시지 않는다는 사실을 명심해야 한다. 그는 악인의 죽음을 기뻐하지 않으신다(겔 18:23). 심판이 그에게는 '이상한' 일이다(사 28:21). 그는 상처를 주시기보다 싸매시기를 더 좋아하신다. 그리고 그가 심판하실 때에는 언제나 그 사람이나 그 나라가 회개하기를 기다리신다. 심판은 징벌의 의미만이 아니라 치료의 의미를 가지고 있다. 니느웨성이 전형적인 예이다. 그 악한 큰 성의 왕과 백성들이 회개했을 때 하나님은 심판을 거두셨다(물론 요나는 아주 싫어했지만). 그는 진노 중에

라도 긍휼을 기억하시고(합 3:2), 가급적이면 긍휼을 원하는 자들에게 피할 길을 제공하신다. 그는 홍수로 세상을 멸망시키셨으나 방주의 형태로 구원을 베푸셨다. 노아는 120년간 사람들에게 재앙을 피하도록 설득하려고 했다.

만인이 하나님의 형상으로 창조되었으므로 만인은 궁극적으로 하나님에게 책임이 있다(롬 1:18). 인류는 하나이다(행 17:26). 인류의 모든 족속들은 하나님의 대가족에 속해 있다(엡 3:14-15). 만인은 하나님의 사랑과 보호의 대상이다. 하나님은 하나라도 멸망하기를 원치 않으시고(벧후 3:9), 모든 사람이 진리의 지식에 이르기를 원하신다(딤전 2:4).

하나님은 심판보다 구원을 더 좋아 하신다. 여기에 선교적 요소가 있다. 하나님의 진노는 복음을 불가피하게 하며 하나님의 사랑은 복음을 가능케 한다. 이러한 사실이 구약에서 이스라엘과 이방국가들을 다루시는 하나님의 방식 속에 나타나 있다.

(3) 하나님은 이방 나라들의 왕이시며 통치자이시다.

「나라」란 말이 창 10:20에 처음으로 나타난다. 히브리어 「고임」(goyyim)은 구약에서 「이방」과 같은 의미이다. 이 말은 정치적인 의미보다 종교적인 의미를 함유하고 있다. 인류가 하나로 남아 있는 것이 하나님의 본래 의도였을 것이다. 그러나 홍수 이후의 인간들의 땅에 '충만하라'는 하나님의 명령을 어기고 바벨탑을 쌓았을 때 하나님은 그들의 언어를 혼잡케 하셨다. 그 결과 그들에게는 혼돈이 왔고, 각기 제길로 가서 곧 땅에 흩어졌다.

동시에, 하나님께서 이러한 나라들을 창조하셨다는 의미도 있다. 나라들은 하나님의 손의 작품들이다(시 86:9). 모세는 열국의 흩어짐을 하나님의 행위로 묘사했다. 그것이 이스라엘 백성의 수효대로 정해진 것이라 하였다(신 32:8). 구약에서는 나라들이 언급될 때마다 보통 이스라엘과 관련하여 언급되었다.

"이스라엘의 하나님이 과거에 모든 나라들의 하나님이셨으므로 그는 현재에도 그렇고 미래에도 그럴 것이다. 이스라엘의 하나님은 모든 나라들의 창조자이실 뿐 아니라 천지와 인간과 짐승의 창조자이시므로 그는 장차 창조주로, 더 구체적으로 말하면 전 세계의 구속자로 자신을 제시하실 것이다."[2]

셈과 함께 야벳의 아들들이 널리 흩어졌을 때 그들은 곧 홍수의 교훈을 망각해 버렸다. 그들은 하나님의 통치에서 벗어나려고 여호와를 섬기고 경배하는 일을 포기하고 자기들이 만든 우상들을 숭배하였다(롬 1:21-25). 그들은 그들의 영적 유산을 잃어버린 것을 보충하려고 도시들과 성곽들을 세우고 제국들과 왕조들을 세우되 모두 하나님을 떠난 상태에서 세웠다. 아브라함 시대에는 그들의 도덕적, 영적 타락이 절정에 이르렀다. 그들은 문자 그대로「고임」이방 나라들이었다.

그러나 그들이 여호와를 거절하였다 하더라도 여호와의 통치로부터 결코 벗어난 것은 아니었다. 그들은 이방나라들로서 그릇된 우상을 섬기고 이교의 풍습을 따라갔으나 여전히 여호와의 우주적 통제 하에 있었다. 그들은 여호와께 속하여 그들이 인정하든 말든 여호와께 책임이 있었다.

하나님의 통치는 전 세계에 미친다. "여호와께서 그 보좌를 하늘에 세우시고 그 정권으로 만유를 통치하시도다"(시 103:19). "땅과 거기 충만한 것과 세계와 그 중에 거하는 자가 다 여호와의 것이로다"(시 24:1). 시편 47편은 이 점을 명백히 드러낸다. "지존하신 여호와는 엄위하시고 온 땅에 큰 임금이 되심이로다"(2절). "하나님이 열방을 치리하시며"(8절).

---

2) Johannes lauw, *The Missionary Nature of the Church* (New York: McGraw Hill, 1962). p. 36.

구약 여러 구절에서 우리는 하나님께서 열방이 자기에게 속했다고 말씀하신 것을 찾아 볼 수 있다. 하나님은 길르앗과 므낫세와 에브라임과 유다를 자기의 것으로 주장하신 후 이렇게 말씀을 이으셨다. "모압은 내 목욕통이라 에돔에는 내 신을 던질지며 블레셋 위에 내가 외치리라"(시 108:9). 다니엘은 느부갓네살의 왕국과 위엄과 영광과 명예가 다 하나님의 선물이라고 선언했다(단 5:18).

이사야와 아모스의 예언들 속에는 그 어느 곳보다, 여호와의 열방 통치가 명백하게 드러나 있다. 아모스는 1, 2장에서 다메섹과 두로와 모압에 대한 심판을 하나님께서 선언하셨음을 말했다. "내가 서너가지 죄로 인하여 그 벌을 돌이키지 아니하리라." 이사야는 13장-23장에서 열국에 대한 경고를 차례 차례로 언급했다. 바벨론, 모압, 다메섹, 애굽, 그리고 두로가 경고를 받았다. 그 나라들은 사마리아와 유다와 함께 하나님의 법에 지배를 받고 있었고, 따라서 그의 진노를 받게된 것이었다. 다음과 같은 한 구절에서는 애굽과 앗수르가 이스라엘 나라와 동일한 범주 내에서 언급되었다.

"나의 백성 애굽이여, 나의 손으로 지은 앗수르여, 나의 산업 이스라엘이여, 복이 있을지어다"(사 19:25).

더 놀라운 사실은 여호와께서 고레스를 언급하신 사실이다. 고레스는 이방 나라의 이교적 왕으로서 유일한 참 하나님에 대한 분명한 지식이 없었다(사 45:4). 그러나 하나님께서는 그를 이스라엘을 위한 하나님의 목적 성취의 도구로 사용하셨다. 고레스가 이런 의미에서 하나님의 "목자"(사 44:28)와 하나님의 "기름부음 받은 자"(사 45:1)로 언급되어 있다.

(4) 하나님은 이스라엘의 아버지와 구속자이시다.

우리는 지금까지 보편주의(universalism)를 다루었다. 즉 지구 전체에 대한 하나님의 주권적, 보편적 지배를 살펴 보았다. 이제 특수주의(particularism)를 다루어 보자. 보편주의는 하나님의 범세계적 목적과 관계되어 있고 특수주의는 하나님께서 그것을 성취하시는 방법과 관계되어 있다. "의심할 여지없이 구약은 하나님의 구원과 하나님을 경배하는 것이 특수한 하나의 민족에 국한되어 있다는 점에서「특수주의적」이다. 그러나 이「특수주의」는 세계에 대한 하나님의 보편적 목적을 위한 도구이다."[3]

이스라엘은 땅 위의 모든 나라들 가운데서 여호와와 독특한 관계를 유지하였다. 다른 나라들도 하나님에 의하여 창조되고(시 86:9), 하나님에 의하여 통치되었지만(시 103:19), 이스라엘만은 하나님에 의하여 '구속'되었다고 되어 있다.

"야곱아 너를 창조하신 여호와께서 이제 말씀하시느니라. 이스라엘아 너를 조성하신 자가 이제 말씀하시느니라 너는 두려워 말라, 내가 너를 구속하였고 내가 너를 지명하여 불렀나니 너는 내 것이라"(사 43:1). 이사야서 후반부에서 13회나 여호와가 이스라엘의 "구속자"로 언급되어 있다.

창세기 12장에서 시작하여 구약 역사는 이스라엘의 역사이다. 이스라엘의 역사는 구속의 역사이다. 다른 나라들이 무시되거나 망각되지는 않았으나 이스라엘과의 관계 속에서만 묘사되었다(신 32:8). "그 나라들도 구약에 여러번 나타나고 있으나 항상 하나님의 백성인 이스라엘과 관련하여 나타난다. 따라서 그 나라들에 대한 일률적인 심판은 있을 수 없는 일이었다. 심판은 항상 이스라엘에 대한 구체적인 관계로 다룰 문제였다."[4]

창세기 12장에 나타난 아브라함의 소명은 하나님께서 세상을

---

3) *Ibid.*, p. 24.
4) *Ibid.*, p.25.

다루시는데 있어서의 전환점이다. 캄벨 모르간(Campbell Morgan)은 창세기를 창조(1-2), 타락(3-11), 그리고 중생(12-50) 등 세부분으로 구분했다. 아브라함과 이스라엘은 자기 자신들을 위해서 하나님께 선택된 것이 아니라 더 광범위한 목적, 즉 세상의 구원을 위하여 선택된 것이었다. "네 속에서 땅의 열국들이 복을 받을 것이다"는 약속이 아브라함에게 두번(창 12:3, 22:18), 야곱에게 한 번(창 28:14) 주어졌다. 이스라엘은 다른 나라들보다 힘이 약하고 소수였지만 하나님의 포괄적인 구원 계획에 불가결한 존재였다. 세계를 구속하실 하나님의 계획이 이스라엘을 중심으로 이루어졌다. 구속사는 아담이나 노아나 모세로부터 시작된 것이 아니라 아브라함으로부터 시작되었다. 예수님께서도 "구원은 유대인에게서 난다"고 인정하셨다(요 4:22).

하나님은 이스라엘을 선택하시는데 있어서 세가지 목적을 가지고 계셨다. 첫째, 이스라엘은 세상에 대한 하나님의 특수계시의 수령자임과 동시에 보존자가 될 것이었다(히 1:1-3). 둘째, 이스라엘은 "구속자"가 인류 역사의 흐름 속으로 들어 오실 통로가 될 것이다. 구속자는 아브라함의 자손(마 1:1), 유다의 족속(창 49:10). 다윗의 가문(롬 1:3)에 속한 자였다. 셋째, 이스라엘은 열국 가운데 하나님의 종(사 44:1-2)과 증인(사 44:10)이 될 것이었다.

선택이 특권과 우월성을 주는 것으로 간주되기가 일쑤였다.

"이스라엘의 선택에서 주권적으로 한 나라를 골라 그것을 편애하시려고 모든 다른 나라들을 버려 두신 자율적인 하나님의 임의적 행위를 찾는 것은 엄청난 오해일 것이다. 이스라엘의 선택은 엄밀하게 열국을 향하신 하나님의 계획이다. 그것은 하나님의 선교의 부분이요 단편이었다. 이 선택을 통하여 다른 나라들도 역시 하나님의 약속에 포함되어 있었다(창 12:1 이하). 이스라엘은 열국을 위한 약속의 보존자며 축복의 중계자임과 동시에 열국의

구원을 받아 구원에 참여할 수 있을 것이라는 사실에 대한 고상한 표시였다."⁵⁾

이스라엘의 선택은 그 자체가 목적이 아니라 목적을 위한 수단이었다. 하나님은 이스라엘을 이스라엘 자체를 위하여 선택하신 것이 아니라 세상을 위하여 선택하셨다. 선택의 목적은 특권을 주는 데 있는 것이 아니라 책임을 부여하는 데 있었다. 물론 선택에는 특권도 포함된다. 그러나 책임없는 특권이란 있을 수 없다. "선택의 목적은 봉사이다. 봉사가 이루어지지 않을 때 선택은 그 의미를 상실하여 실패하고 만다."⁶⁾ 우리들은 이스라엘의 후기 역사로부터 바로 그러한 현상을 찾아 볼 수 있다. 이스라엘은 불신앙 때문에 거절 당했고 극히 작은 '남은 자'만이 살아 남았다(사 1:9, 롬 11:5).

우리가 이미 언급한대로 하나님의 두드러진 속성은 구약에서 의와 거룩으로 나타났다. 이스라엘에 대한 하나님의 최초의 말씀은 "주 너희 하나님이 거룩하니 너희도 거룩하라"(레 19:2)는 것이었다. 이스라엘이 "제사장 국가와 거룩한 나라"(출 19:6)가 되는 것이 하나님의 의도였다. 그들은 이렇게 하여 의의 제사를 드리고(신 33:19), 성결의 아름다움으로써 하나님을 섬겨야 했다(시 29:2). 그들은 일상생활을 통하여 정의를 행하고 자비를 사랑하며 하나님과 겸손하게 동행해야 했다(미 6:8). 이방 나라들의 우상 숭배와 부도덕에 아주 대조적으로 이스라엘은 유일신교와 도덕적 순결을 보전해야 했다. 이렇게 하여 여호와의 영광이 전 세계에 알려져야 했다(사 62:2).

---

5) George F. Vicedom, *The Mission of God* (St. Louis: Concordia Publishing House, 1965), p. 48.
6) H.H. Rowely, *The Biblical Doctrine of Election*(London: Lutter worth, 1952), p. 52.

이스라엘을 하나의 민족으로 구원한 역사적 사건은 물론 속박의 집 애굽으로부터의 구원이었다(신 13:5). 출애굽이 이스라엘 역사상 가장 큰 사건이었던 것은 의심할 여지가 없다. 구약 전체에서 그것이 거듭 언급되었다. 그것은 하나님께서 영원토록 자기 백성을 이방 나라들로부터 구별하셔서 그들을 자기 자신의 특수한 보배(출 19:5)로 삼으시는 최고의 사건이었다. 출애굽은 홍해 횡단으로 결정을 이루었다. 홍해 횡단은 두 가지 결과를 가져왔다. 하나는 그들의 대적이 죽고 멸망하는 것이요, 다른 하나는 그들 자신이 구원과 자유를 얻는 것이었다. 그것이 그들의 역사에 있어서 결정적인 전환점이 되었다는 사실은 바울의 다음과 같은 말에서 분명히 나타났다. "우리 조상들이 다 구름 아래 있고 바다 가운데로 지나며 모세에게 속하여 다 구름과 바다에서 세례를 받고"(고전 10:1-2).

출애굽은 애굽에서 나온 사건으로 이스라엘과 애굽 만이 관계된 것이었으나 거기에는 하나님의 범세계적인 목적이 있었다. 모세를 통해 바로를 경고하신 하나님의 경고를 읽어 보면 그것을 분명히 알 수 있다. "내가 손을 펴서 온역으로 너와 네 백성에게 쳤다면 네가 세상에서 끊어졌을 것이나 내가 너를 세웠음은 나의 능력을 네게 보이고 내 이름이 온 천하에 전파되게 하였음이라"(출 9:15-16). 바울은 동일한 주제를 로마서 9장에서 전개하였다.

하나님은 자기 언약민을 두가지 방법으로 다루셨다. 은혜와 심판이 바로 그것이었다. 이스라엘은 은혜에 있어서나 심판에 있어서 열국들에게 증거가 되었다. 시편 기자는 이렇게 말했다. "하나님은 우리를 긍휼히 여기사 복을 주시고 그 얼굴 빛으로 우리에게 비추사 주의 도를 땅 위에 주의 구원을 만방 중에 알리소서"(시 67:1-2). 이스라엘이 계속 충실하게 순종하는 동안에는 하나님의 은혜를 받았다. 하나님은 이스라엘의 모든 대적들로부터 이스라엘을 보호하사 번성케 하실 것을 약속하셨다(신 28:1-14). "여호와께서 그들을 네 앞에서 패하게 하시리니 그들이 한 길로 너를 치러 들어왔으나 일곱 길로 도망하리라"(7절). "너를 여호와의 이름으로 일컬음을 세계 만인이 보고 너를 두려워하리라"(10절).

하나님은 수 세기를 거쳐 오면서 그의 약속을 지키셨다. 이스라엘의 모든 잠재적인 대적들에 대한 그의 경고는 이러했다. "나의 기름부은 자를 만지지 말며 나의 선지자를 상하지 말라"(시 105:15). 감히 이스라엘을 만지는 자는 하나님의 눈동자를 만지는 자였다(슥 2:8). 이스라엘은 민족적 재난을 만나 파멸 직전에 이르렀을 때 구사일생으로 하나님으로부터 구원을 받은 적이 한 두 번이 아니었다. 바로는 그들을 물에 빠뜨려 죽이려 하였고(출 1장), 하만은 그들을 나무에 달아 죽이려 하였고(에 3-7장), 느부갓네살은 그들을 불에 태워 죽이려 했다(단 3장). 그러나 그 때마다 그들은 파멸되지 않는 존재로 입증되었다. 하나님은 그의 은혜로 개입하셔서 그들을 대적들의 손으로부터 구원하셨다. 이스라엘은 이런 방식으로 여호와의 구원 능력을 열국에 알리는 증인이 되었다(시 66:1-7, 사 52:10).

그러나 이스라엘이 항상 충실하지는 못했다. 이스라엘의 전 역사를 통하여 이스라엘은 적대하는 이방 국가들에 둘러싸여 있었다. 그들의 정치적인 세력은 이스라엘의 주권에 위협을 가했고 그들의 이교 풍습은 우상 숭배의 유혹을 주었다. 우상 숭배는 정치적 위협보다 더 무서운 재앙으로 나타났다. 이스라엘은 여러 차례 유혹에 빠져 우상 숭배로 전락하였다. 그렇다고 이스라엘이 하나님의 증인이 되지 않았는가? 결코 그렇지 않다.

모세는 이러한 사태를 미리 내다 보고 불순종의 비참한 결과에 대하여 이스라엘을 경고하였다(신 28장). 모세가 순종의 축복을 열거하는 데는 14절을 할애했으나 불순종의 재앙을 묘사하는 데는 44절을 할애했다는 사실은 주목할만 하다. 37절에 이런 경고가 있다. "여호와께서 너를 끌어 가시는 모든 민족 중에서 네가 놀램과 속담과 비방거리가 될 것이라." 이스라엘이 불순종 했을 때 하나님은 심판하셨고 마침내 적국들의 포로로 잡혀 가게 하셨다. 그러나 포로기간 중에도 이스라엘은 이방 제국들에게 여호와의 도덕적 성격을 상기시키는 국가였다. 여호와는 그 모든 길에 있어서 의로우시며, 그 모든 행위에 있어서 거룩하시고, 죄를 용납치 아니하시되 자기의 친백성의 죄도 용납하지 아니하시는 자로 나타나셨다.

이스라엘은 순종하든 불순종하든 간에 주변 이방 국가들에게 하나님의 증인이 되었다. 물론 그것은 선포에 의한 것이 아니라 존재에 의한 것이었다. 이스라엘은 세계에 존재하는 것 자체로서 천지의 창조자이시며 세계의 재판관이며 통치자이신 유일한 참 하나님을 지시하는 증인이었다. 이스라엘은 이렇게 수동적인 방법으로 '선교적' 역할을 감당하고 있었다.

2. 포로시대 이전 이스라엘의 선교적 역할
(Israel's Missionary Role Before the Captivity)

하나님은 구약에서 이스라엘의 아버지와 구속자로 계시되어 있지만 하나님의 구원이 이스라엘에 국한되지 않았다는 것은 분명하다. 이스라엘은 하나님의 언약민으로서 이방 나라들로부터 구별되어 있어야 했다. 이스라엘은 그들의 신들을 섬기지 말고 그들의 자녀들과 결혼하지 않아야 했다(신 11:16, 신 7:3). 동시에 이스라엘이 하나님의 구원을 "땅끝까지 이르게"(사 49:6) 하기 위하여 "열국에 빛"(사 42:6)이 되도록 하는 것이 하나님의 의도였다. 이러한 이중적인 임무는 수행하기가 어려웠다. 포로시대 이전에 이스라엘의 선교 활동은 구심적(centripetal)이었다. 열국들이 이스라엘에게로 왔으나 이스라엘은 그들에게로 나가지 않았다. 니느웨로 간 요나의 선교만이 예외였다. 그런데 요나의 메세지는 구원의 메세지가 아니라 심판의 메세지였다. 포로시대 이전에 이스라엘의 선교활동은 다음과 같은 세가지 단계로 발전되었다.

(1) 이방인들이 이스라엘 회중에 가담할 수 있도록 허용되었다.

이러한 예들을 출애굽 시대에서부터 찾아 볼 수 있다. 이스라엘 자손들이 애굽에서 떠나올 때, '섞인 무리들'이 그들에게 가담했다(출 12:38). 다른 이방인들도 그 후에 계속 가담할 수 있도록 허용되었다. 솔로몬 시대에는 이방인들이 153,600명에 이르렀으며(대하 2:17), 그들은 성전 건축을 위해 솔로몬에 의해 고용된 자들이었다. 이런 경우에 몇가지 제한이 있기는 했다. 가령 에돔 족속은 세번째 세대가 될 때까지 기다려야 했다(신 23:7-8). 암몬 족속과 모압 족속 같은 자들은 열번째 세대가 될 때까지 이스라엘 회중에 가담할 수 없었다(신 23:3).

한편 일단 이러한 이방인들이 이스라엘 회중에 가담하고 나면 그들은 상당한 혜택을 누렸다. 그들은 유월절을 지킬 수 있도록 허용받았고(민 9:14), 안식일도 지켜야 했다(출 20:10). 그들은 심지어 제사도 지낼 수 있었다(레 17:8). 그러나 그들은 왕이 될 수는 없었다(신 17:5). 이스라엘은 그들 중에 있는 그러한 이방인들을 다루는 문제에 있어서 엄격한 교훈을 받고 있었다. 즉 그들은 이방인들을 압제하는 일이 엄금되어 있었다(출 22:21). 그 이유는 그들 자신도 애굽에서 나그네들이었기 때문이다(대상 16:19, 20). 더욱이 그들은 이방인들을 관대하게 다루어야 했다. 추수 때에 이방인들을 위하여 의도적으로 이삭을 남겨야 했다(레 9:9, 10).

이런 점에 있어서 하나님의 경고는 분명했다. "타국인이 너희 땅에 우거하여 함께 있거든 너희는 그를 학대하지 말고 너희와 함께 있는 타국인을 너희 중에서 낳은 자 같이 여기며 자기 같이 사랑하라 너희도 애굽 땅에서 객이 되었더니라"(레 19:33-34).

룻기는 이러한 이방인들이 이스라엘 회중에 동화되어 들어온 것을 보여 주는 좋은 실례이다. 모압의 과부 룻은 자기 시어머니 나오미에게 너무 감동을 받아서 유다 땅으로 돌아오는 동안에 시어머니를 떠나기 싫어했다. 나오미가 따라 오지 말라고 만류했으나 소용이 없었다. 룻은 아주 아름답고 시적인 말로 나오미에게 이렇게 단호하게 말했다.

"나로 어머니를 떠나며 어머니를 따르지 말고 돌아가라 강권하지 마옵소서. 어머니께서 가시는 곳에 나도 가고 어머니께서 유숙하시는 곳에서 나도 유숙하겠나이다. 어머니의 백성이 나의 백성이 되고 어머니의 하나님이 나의 하나님이 되시리니 어머니께서 죽으시는 곳에서 나도 죽어 거기 장사될 것이라"(룻 1:16, 17). 룻은 이스라엘 회중의 정식 회원으로 받아들여졌을 뿐만 아니라 다윗 왕의 증조모가 되었고(룻 4:21, 22), 우리 주님의 조상이 되었다(마 1:5).

룻과 라합의 이야기에서 우리는 선지시대 이전의 이스라엘의 선교적 관심을 엿볼 수 있다. '디아스포라'(Diaspora) 훨씬 전에 선교 활동의 경향이 있었다. 이방인들을 이스라엘 집단으로 받아들인 것이 제1단계 즉 유대 선교에 이르는 첫단계가 되었다고 생각하는 것이 옳다.[7]

구약에서 이방인들의 영적인 고통과 이스라엘의 하나님에 대한 그들의 관계를 가장 분명하게 다루는 구절은 성전 봉헌식 때

---

7) Blauw, *Missionary Nature of the Church*, p. 56.

솔로몬의 기도에 나타나 있다.

"주의 백성 이스라엘에 속하지 않은 이방인에 대하여도 저희가 주의 큰 이름과 능한 손과 펴신 팔을 위하여 먼 지방에서 와서 이전을 향하여 기도하거든 주는 계신 곳 하늘에서 들으시고 무릇 이방인이 주께 부르짖는대로 이루사 땅의 만민으로 주의 이름을 알고 주의 백성 이스라엘처럼 경외하게 하옵시며 또 내가 건축한 이 전을 주의 이름으로 일컫는 줄을 알게 하옵소서"(대하 6:32-33).

솔로몬이 그 뛰어나게 아름답고 값진 성전의 명성이 먼 곳의 이방인들을 끌게 되기를 바랐던 것은 의심할 여지가 없다. 또한 그는 그들의 기도가 응답되기를 원했는데 그것은 그들 자신만을 위한 것이 아니라 열방이 여호와를 알며 두려워 하도록 하기 위함이었다.

그 후에 이사야도 다음과 같이 분명하게 동일한 희망을 표현했다. "또 나 여호와에게 연합하여 섬기며 나 여호와의 이름을 사랑하며 나의 종이 되며 안식을 지켜 더럽히지 아니하며 나의 언약을 굳게 지키는 이방인마다 내가 그를 나의 성산으로 인도하여 기도하는 내 집에서 그들을 기쁘게 할 것이며 그들의 번제와 희생은 나의 단에서 기꺼이 받게 되리니 이는 내 집은 만민이 기도하는 집이라 일컬음이 될 것임이라"(사 56:6-7).

(2) 모든 나라들이 이스라엘의 하나님에게 이끌려 올 것이다.

선지자들 가운데 특히 이사야는 개인들 뿐만 아니라 모든 나라들이 여호와를 알게 되며 여호와의 말씀을 듣기 위하여 예루살렘으로 쇄도할 날이 이를 것을 내다 보았다.

"말일에 여호와의 전의 산이 모든 산꼭대기에 굳게 설 것이요. 모든 작은 산 위에 뛰어 나리니 만방이 그리로 모여들 것이라. 많은 백성이 가며 이르기를 오라 우리가 여호와의 산에 오르며 야곱의 하나님의 전에 이르자 그가 그 도로 우리에게 가르치실 것이라 우리가 그 길로 행하리라 하리니, 이는 율법이 시온에서부터 나올 것이요 여호와의 말씀이 예루살렘에서부터 나올 것임이니라"(사 2:2-3).

우리는 예레미야에게서도 동일한 강조를 발견할 수 있다 "그 때에 에루살렘이 여호와의 보좌라 일컬음이 되며 열방이 그리로 모이리니 곧 여호와의 이름으로 인하여 예루살렘에 모이고 다시는 그들의 악한 마음의 강퍅한 대로 행치 아니할 것이며"(렘 3: 17), 이러한 구절 가운데서 이스라엘이 하나님의 지식을 전파하기 위해서 열방으로 나아간다는 언급이 없다. 열방이 이스라엘의 윤리적 유일신교의 구심력과 이스라엘의 하나님이시며 왕이신 분의 영광과 능력에 이끌리어 스스로 찾아 오는 것이다.

"열방을 만드신 그 분"(시 86:9), 그들을 자기의 나라들로 만드신 그 분(시 87편)이 또한 그들을 자기에게로 부르실 수 있는 유일한 분이라는 사실은 너무도 분명하다. 열방을 그에게로 나오게 하는 것은 이스라엘이 그들을 불러서도 아니며 이스라엘이 그들에게 나가서도 아니라 이스라엘 속에서 이스라엘과 함께 하신 하나님의 행위들이 눈에 보이도록 나타나기 때문이다. 그렇게 하여서 그들은 여호와를 그들의 하나님으로 알고 이스라엘의 하나님을 그들의 하나님, 온 땅의 하나님, 유일한 하나님이라고 고백하게 될 것이다."[8]

여호와는 열방의 신들과 달라서 종족신이나 자연신이 아니시다. 그는 골짜기나 언덕의 신이 아니시다. 그는 온 땅의 하나님으로서 이스라엘 한 나라를 택하사 그 나라를 통해서 자신을 세계에 나타

---

8) *Ibid.*, p. 37.

내시는 하나님이시다. 그는 역사의 주인이시며 그의 선민을 통하여 선민과 이방 나라들을 위한 그의 은혜로운 목적을 이루고 계신다. 그는 전능하시기 때문에 사람들의 분노를 바꾸어 그를 찬양하게 하실 수 있으시다(시 76:10). 그러므로 그는 역사의 영고성쇠에 좌절되시거나 열방의 술책에 저지되실 분이 아니시다.

이스라엘은 열방 가운데서 제사장과 선지자로서 열방을 대신하여 일했다. 여호와께 경배를 드리는 곳은 예루살렘이었다. 예루살렘은 하나님께서 자기 이름을 두시기로 선택하신 곳이었다(왕상 11:36). 모든 경건한 유대인들은 예루살렘이 경배의 장소임을 알았다(요 4:20). 예루살렘은 또한 여호와의 말씀이 거기서부터 나오는 장소였다. 그것은 하나님의 말씀이었고 하나님이 약속하신 것이었다. "내 입에서 나가는 말도 헛되이 내게로 돌아오지 아니하고 나의 뜻을 이루며 나의 명하여 보낸 일에 형통하리라"(사 55:11).

이사야와 기타 위대한 선지자들이 본 환상은 이방 나라들이 여호와의 말씀을 듣고 그의 이름을 불러 기도하기 위하여 예루살렘으로 모여들 것이라는 내용이었다. 예루살렘은 땅 위에서 그들이 그렇게 할 수 있는 유일한 장소였다.

(3) 모든 나라들이 여호와를 알며 경배할 것이다.

이스라엘의 선교활동 발전에 있어서 제3단계는 유일하신 참 하나님을 보편적으로 아는 단계이다. 하박국은 대저 물이 바다를 덮음같이 여호와의 영광을 인정하는 것이 세상에 가득하게 될 날이 이를 것을 예언했다(2:14). 이와 같은 구절이 이사야서에도 있다(11:9). 이와 같은 사상이 말라기서에도 표현되어 있다. 말라기는 여호와의 이름이 이방인들 중에서 크게 될 날을 예언했다. 예루살렘만이 아니라 모든 장소에서 여호와의 이름에 제사를 지내게 될 것이다(1:11).
 이와 관련하여 새로운 표현이 사용되고 있으니 그것은 "땅 끝"이라는 표현이다. 이젠 더 이상 열방이 여호와를 경배하기 위하여 예루살렘으로 오지 않을 것이다. "땅의 모든 끝이 여호와를 기억하고 돌아오며 열방의 모든 족속이 주의 앞에 경배하리니"(시 22:27). 이스라엘은 하나님의 구원이 땅 끝까지 이르도록 열방에 빛을 비추는 나라였다(사 49:6). 여호와는 열방을 향하여 직접 이렇게 호소하신다. "땅 끝의 모든 백성아 나를 앙망하라 그리하여 구원을 얻으리라. 나는 하나님이라 다른 이가 없음이니라"(사 45:22).

3. 포로시대에 이스라엘의 선교적 역할
(Israel's Missionary Role During the Exile)

 이스라엘이 계속 불순종한 탓으로 하나님의 심판을 받아 포로로 잡혀갔다. 그 사건은 이스라엘 역사에 있어서 출애굽 다음으로 전환점이 되었다. 예루살렘은 느부갓네살 왕에게 파괴되고 유대인들은 B.C. 600년경에 바벨론에 포로로 잡혀갔다. 70년간 포로 생활을 한 뒤에 42,000명 만이 스룹바벨 치하의 팔레스틴으로 돌아왔다. 대다수는 포로지에 남아 있기를 더 좋아했다. 그들은 후에 로마제국의 7%에 해당되는 많은 사람들이었다. A.D. 70년에 스트라보(Strabo)는 이렇게 보도했다. "인간이 살 수 있는 땅이면 어디나 유대 족속이 들어 가서 소유하지 않은 땅은 거의 하나도 없었다"[9]. 그들은 특별히 메소포타미아와 시리아와 애굽에 많이 거주했다.
 그들은 소위 디아스포라로서 예루살렘 그들의 종교중심지로

---
9) Josephus, *Antiquities of the Jews*, xiv, 7.

생각하고 예루살렘에 있는 유대 정부와 긴밀한 접촉을 계속 가졌다. 그들은 성전 봉사를 유지하기 위하여 많은 헌물을 보냈고 예루살렘에 있는 수많은 회당에 대표로 참석했다(행 6:9). 해마다 주요한 절기가 오면 많은 유대인들이 지중해 세계 전역으로부터 몰려들었다(행 2:9-11).

유대인들은 오랫동안 외롭게 추방 생활을 하면서 우상 숭배의 경향을 영원히 청산했다. 그들은 결코 다시 우상 숭배로 떨어지지 않았다. 그들이 헬라와 로마 세계 어디를 가든지 그들의 고유한 종교적 신앙을 유지했다. 그들은 헬라인들이나 로마인들과 전혀 다른 '제2의 인종'(second race)이라 할 만큼 종교 생활에 철저했다. 그들은 그런 이유로 칭송을 받기도 했지만 동시에 미움을 받기도 했다.

이스라엘의 선교적 역할이 완전히 탈바꿈하여 원심적(centrifugal)으로 된 것은 바로 이 기간이었다. 열방이 하나님의 법을 배우기 위하여 예루살렘으로 쇄도한 대신에 디아스포라의 유대인들이 율법을 문자 그대로 땅 끝까지 전달하였다. 이스라엘은 역사상 처음으로 이방 나라들로부터 개종자들을 얻는 일에 적극적으로 참여하게 되었다. 사실 디아스포라의 가장 주요한 특징 중의 하나는 개종자를 얻는 일이었다. 우리 주님의 말씀에 비추어 볼 때 그들의 개종자 확보 활동은 철저할 뿐만 아니라 광범위했던 것을 알 수 있다(마 23:15). "로마에 있는 유대인들은 처음부터 공격적인 자세로 개종자 확보운동을 전개하였다. 그래서 그들은 그들의 종교 풍습으로 로마인들을 감염시키려고 한다는 죄목을 덮어 썼다. 마침내 로마 정부는 B.C. 139년에 주요 포교자들을 로마로부터 추방하였다".[10]

---

10) *The Interpreter's Dictionary of the Bible* (Nashville: Abingdon Press, 1962), Vol.III, p. 925.

개종자들 가운데는 두 부류가 있었다. 하나는 철저한 개종자(proselyte), 다른 하나는 하나님을 경외하는 자들(God-fearer)이었다. 전자는 유대교를 전폭적으로 채택한 자들이다. 그들은 할례 의식까지도 받아들였다. 따라서 그들은 유대 집단의 정식 회원으로 받아들여졌다. 그와 반면에 하나님을 경외하는 자들은 할례 의식을 받아 들이지 않고 이류 시민으로 남아 있는 자들이었다. 그러나 이 양자는 다같이 회당에 들어갈 수 있었다.

디아스포라의 유대인 종교 생활은 다음과 같은 여섯가지 특징이 있는데 이러한 특징은 직접적으로 개종자들을 얻는 데 기여했으며 간접적으로는 후에 기독교 전파에 도움이 되었다.

(1) 회당제도

디아스포라의 종교 생활에 있어서 회당의 중요성은 아무리 강조해도 지나치지 않는다. 예루살렘 성전 예배에는 극소수의 유대인들이 참여할 수 있었고 그것도 명절 때만 할 수 있었다. 회당이 없었더라면 디아스포라의 유대인들이 그들이 종교적 유산을 그토록 오래도록 보존했을지도 의심스럽다. 10명의 남자 지도자들이 있는 곳은 어디나 유대인들이 회당을 세웠다. 회당은 유대인 생활의 종교적 사회적 중심지가 되었다. 매주 주요한 예배는 안식일에 드렸고 그때에 쉐마(shema, 신 6:4, 5)를 암송하는 것과 기도하는 것, 성경을 읽고 권면하고 축도하는 것 등의 순서가 있었다.

회당은 결코 성전의 대용물이 될 수 없었다. 회당은 주로 교육 기관이었다. 따라서 회당의 지도자는 제사장이 아니라 랍비였다. 회당에서는 제사를 지내는 일이 없었다. 제사를 지내려면 예루살렘 성전으로 순례 여행을 해야 했다. 이방인들이 성전은 출입할 수 없었으나(행 21:29), 회당에는 자유롭게 출입할 수 있었다. 그들은 회당에서 유대신앙에 관한 교훈을 들었다. 따라서 회당은 개종자들을 확보하는 주요 수단이 되었다.

(2) 안식일 성수

안식일 제도는 모세와 아브라함 이전에 하나님께서 창조를 마치시고 제7일에 안식하시면서 그 날을 거룩하게 하신 때부터 시작된 것이다. 안식일 성수는 십계명에서 강화되었다. 유대인들은 제4계명을 어마어마하게 중시했다. 안식일에 허용된「일」은 할례뿐이었다(요 7:22, 23). 유대인들은 안식일에 전쟁하느니보다 차라리 수천명의 군인에 의해 살해되는 편을 택했다. 이와 같이 엄격하게 공중의식을 지키는 일이 외부들에게 오래도록 깊은 인상을 남겼을 것이 틀림없다. 왜냐하면 자기의 종교를 심각하게 생각하고 대중 앞에서 그것을 두려움없이 실천하는 사람을 거의 누구나가 존경하기 때문이다.

(3) 성경의 헬라어 번역

유대인들은 수세기 동안 망명 생활을 하면서 구약이 쓰여진 히브리어를 잊어버리게 되었다. 그들은 히브리어 대신에 지중해 세계의 혼합어인 헬라어를 사용했다. 따라서 디아스포라의 유대인들을 위하여 성경을 헬라어로 번역할 필요가 있었다. 이 일이 B.C. 3세기경에 알렉산드리아에서 이루어졌다. 이 때 번역된 성경을 소위 70인경(LXX)이라고 하는데 그것은 약 70명의 학자들이 공역한 것으로 생각되기 때문이다. 70인경은 곧 디아스포라의 유대인들에 강력한 선교의 도구가 되었다. 예수님과 사도들도 이 70인경을 사용했고 헬라 로마 세계 전역을 통하여 안식일마다 회당에서 70인경을 읽었다(행 15:21). 만일 회당에서 헬라어 대신에 히브리어 성경을 읽고 히브리어로 예배를 드렸다면 그렇게 많은 헬라인들이 자주 회당에 드나들 수 있었을까? 70인경과 솔로몬의 지혜서와 기타 외경들이 모두 헬라어로 번역되어 알렉산드리아의 필로(Philo)와 그 외에 유대 종교를 철학적인 헬라인들이 받을 수 있도록 지적으로 소개하는 데 전념했던 자들에게 대단한 도움을 주었다.

(4) 유일신교의 개념

헬라·로마 세계는 마치 다신교의 벌집과 같았다. 헬라인들은 무려 30,000여 신들을 섬겼는데 그 중에 대부분이 정욕의 신들이었다. 어찌된 노릇인지 신들을 섬기는 사람들보다 신들이 더 부도덕 했다. 플라톤 시대에 와서 하나의 최고의 신 개념이 철학자들에 의하여 토론되었다. 그러나 보통 사람들은 계속 우상 숭배에 빠져 있었다. 많은 헬라인들 가운데 올림피아 신들의 부도덕에 진절머리가 나고 이교철인들의 사변에 환멸을 느껴 유대교의 윤리적 유일신교로 돌아와 안도의 한숨을 쉬는 사람들이 많았다. 유일신교는 유일한 참 하나님, 천지의 창조주, 내재하시면서도 초월하신 하나님, 능력과 긍휼이 있으시며, 죄는 벌하시고, 덕은 상 주시는 하나님을 전파했다. 이처럼 고상한 교리를 가진 종교는 없었다. 이것이 개종자들을 끌어들이는 데 엄청난 자극이 되었다.

(5) 건전한 도덕

부도덕과 우상 숭배는 이교 세계에서 커다란 두가지 죄로 두드러졌다. 그 대도시들은 마치 죄악의 수채 웅덩이들과 같았다. 이혼이 만연해 있었고 유아 살해가 흔했다. 롬 1장에서 바울이 묘사한 이교 사회의 모습은 로마 제국의 도덕적 부패상을 정확하게 그려 놓은 것이다. 테니(Tenney)는 그것을 다음과 같이 사실적으로 묘사했다.

"이교는 이교 자체를 초월할 만한 능력이 없었다. 이교 자체의 무능력을 사람들이 점차 인식하면서 어쩔 수 없이 염세주의와 좌절에 빠졌다. 정치의 부패, 허랑방탕, 사업상의 사기, 종교의 기만과 미신 등이 많은 로마인들에게 좌절을 안겨 주었고 유대인들은 그것을 차마 볼 수가 없었다."[11]

유대인들의 건전한 가정 생활은 이러한 부패와 아주 대조적이었다. 이혼은 거의 찾아 볼 수 없었다. 자녀들을 하나님의 선물로 생각했으니 가정 생활이 성스러울 수밖에 없었다. 아버지들은 가족에게 율법을 가르쳤고 남자 아이는 13세만 되면 '율법의 아들'이 되었다. 아버지들은 자녀들에게 또한 무역도 가르쳤다. 부도덕에는 이맛살을 찌푸렸고 간음은 죽음으로 징벌했다. 이교 가족들은 이교 사회의 도덕적 오염을 피하려는 마음에서 유대주의의 고상한 표준에서 온화하고 아늑한 변화를 발견했다. 이것이야 말로 커다란 소득이었다.

(6) 대망의 구원자에 대한 약속

기독교 시대가 되기 직전 수세기 동안 헬라·로마 세계에는 구원자에 대한 보편적인 대망이 있었다. 헬라인들은 세계에서 가장 위대한 철인들을 내었고 로마인들은 가장 위대한 정치인들을 배출했다. 그러나 철인들의 명상이나 정치가들의 정책이 사회 문제를 해결할 수는 없었다. 플라톤은 「공화국」(*The Republic*)에서 철인들은 왕들이 되고 왕들은 철인들이 되어야 한다고 제의했다. 그러나 그러한 처방을 받아들이는 자들은 거의 없었다. 왜냐하면 원칙적으로 철인은 좋은 왕이 될 수 없고 왕은 좋은 철인이 될 수 없기 때문이다. 공자도 그것을 시도했다가 실패하였다. 그리고 심지어 철인들까지도 자기 자신들의 고상한 표준대로 살지 못했

---

11) Merrill C. Tenney, *New Testament Survey* (Grand Rapids: Eerdinans Publishing Company, 1961), p. 59.

다. 따라서 평범한 사람들은 철인과 정치가를 떠나서 현재와 미래에 풍성한 삶을 약속하고 제공해 줄 수 있는 자를 찾았으나 허사였다.

이러한 공백 지대에 수세기 동안 대망의 메시아를 기다려온 유대인들이 뛰어든 것이다. 이 메시아는 공허하거나 모호한 인물이 아니었다. 그의 인격과 그의 계획이 히브리 성경에 분명하게 요약되어 있었다. 그는 동시에 선지자와 제사장과 왕이 되실 분이었다. 다른 모든 사람이 실패하는 곳에서 그는 성공할 것이다. 그는 신적 능력과 지식을 소유한 자로서 절대적 정의에 기초한 보편적 평화의 왕국을 수립할 것이다. 이 왕국이야말로 세상이 꿈꾸면서도 한번도 경험해 보지 못한 왕국이다.

헬라·로마 세계는 귀를 기울였다. 듣고 좋아했다. 이렇게 유대교는 선교적 종교가 되어 기독교로 가는 길을 예비해 준 것이다.

2. 宣敎의 福音書的 基礎

얼른 보기에는 복음서에 선교가 강조되어 있지 않은 것 같다. 마태복음에서 예수님은 "이스라엘의 왕"으로 묘사되어 있다. 마태복음 1장에 예수님의 족보는 다윗을 거쳐 아브라함에게까지 거슬러 올라간다. 마태복음 1장 1절에 예수님은 "아브라함과 다윗의 자손"으로 언급되어 있다. 유대민족에 대한 그리스도의 선교는 강조되어 있을지언정 방대한 이방 세계에 대한 그의 선교는 별로 나타나지 않는다.

이것은 그럴만해서 그렇다. 바울은 예수님께서 "육신으로는 다윗의 혈통에서 나셨다"고 했다(롬 1:3). 따라서 그는 "율법 아래 나셨다"(갈 4:4). 그는 율법에 따라 할례를 받으셨다(눅 2:21). 모세의 율법에 따라 마리아의 결례의 때가 되었을 때 예수님의 부모는 예수님을 하나님께 바치기 위해 예루살렘으로 데리고 갔다(눅 2:22). 그들은 "주의 율법을 좇아 모든 일을 필하고" 나서야 나사렛으로 돌아왔다. 이렇게 예수님은 율법 아래서 사셨다. 그는 또한 율법 아래서 죽으셨다(갈 3:13). 그는 그의 교훈을 통해 율법을 높이고 해설하셨다. 그는 "율법과 선지자를 폐하러 온 것이 아니라 완전케 하러" 오셨다(마 5:17). 그는 제자들에게 "이 계명 중에 지극히 작은 것 하나"라도 약화시키지 말 것을 경고하셨다.

이방인의 위대한 사도인 바울까지도 "그리스도께서 하나님의 진실하심을 위하여 할례의 수종자가 되셨다"고 했다(롬 15:8). 예수님께서는 사마리아 여인에게 "구원은 유대인에게서 난다"고 하셨다(요 4:22). 두로와 시돈 근처에서 가나안 여인에게 그는 "이스라엘 집의 잃어버린 양에게만" 보내심을 받았다고 하셨다(마 15:24). 그의 공생애는 대개 팔레스틴 지방에 국한되어 있었다. 특별히 갈릴리에서 유대인을 상대하여 일하셨다. 12제자를 처음으로 선교사로 파송하실 때도 이렇게 엄격하게 교훈하셨다. "이방인의 길로도 가지 말고 사마리아인의 고을에도 들어가지 말고 차라리 이스라엘 집의 잃어버린 양에게로 가라"(10:5, 6).

이것은 정당하고 합당한 것이었다. 예수님은 하나님의 메시아로서 우선 이스라엘에 대한 책임을 지셨다. 그들에게 "양자됨과 영광과 언약들과 율법을 세우신 것과 예배와 약속들이 있고… 조상들도" 속했던 것이다(롬 9:4, 5). 그러나 그들은 그를 알아 보지 못했다. 그들은 그를 거절했다. 그가 주신 천국도 거절했다. "자기 땅에 오매 자기 백성이 영접지" 아니하였다(요 1:11).

예수님은 메시아임을 확증하기 위하여 많은 이적들을 행하셨다. 그는 이적들을 통해 인간과 마귀와 자연력을 완전히 지배하고 계심을 보이셨다. 그의 이적들은 숫적으로나 질적으로 독특한 것이었다(요 15:24). 그러나 이스라엘 민족은 회개하지 않았다 (마 11:20-24). 마침내 그는 대부분의 이적을 행하신 갈릴리 도시들에게 화를 선언하셨다. "화가 있을진저 고라신아 화가 있을진저 벳새다야 너희에게서 행한 모든 권능을 두로와 시돈에서 행하였더면 저희가 벌써 베옷을 입고 재에 앉아 회개하였으리라"(마 11:21).

이것이 예수님의 이스라엘에 대한 관계에 전환점이 되었다. "이때로부터 예수 그리스도께서 자기가 예루살렘에 올라가 장로들과 대제사장들과 서기관에게 많은 고난을 받고 죽음을 당하고 제3일에 살아나야 할 것을 제자들에게 비로소 가르치시니"(마 16:21). 예수님은 마태복음 후반부에서 충격적인 세가지 비유를 드셨다. 두 아들의 비유(21:28-32), 집주인의 비유(21:33-45), 혼인잔치의 비유(22:1-14), 이 세 비유를 통해서 그는 이스라엘을 공개적으로, 공식적으로 거부하셨다. 동시에 그는 하나님의 나라를 그들에게서 빼앗아 다른 사람들에게 주시겠다고 경고하셨다. 그의 대적들은 그의 의도를 포착했다. 그를 죽이려고 돌아다닌 것을 볼 때 그렇다.

이것은 완전히 사실이다. 그러나 또한 예수님의 궁극적인 범세계 선교가 초기부터 그 자신의 염두에 있었다는 것은 사실이다. 그는 몇몇 택한 자들에게 이 위대한 비밀을 알려 주셨다. 그리스도의 생활과 사역에 있어서 세계 선교의 핵심을 몇가지로 살펴볼 수 있다.

1. 성육신의 목적(The Purpose of the Incarnation)

신약은 성육신의 삼중 목적을 분명히 가르치고 있다.
첫째 목적은 성부 하나님을 계시하는 것이다. 이것은 요한복음에서 가장 분명히 밝혀졌다. "말씀이 육신이 되어 우리 가운데 거하시매 우리가 그 영광을 보니 아버지의 독생자의 영광이요… 본래 하나님을 본 사람이 없으되 아버지 품 속에 있는 독생하신 하나님이 나타내셨느니라"(요 1:14, 18). 예수님 자신의 말씀 속에서 그 사실이 더 정확하게 표현되었다. "내가 곧 길이요 진리요 생명이니 나로 말미암지 않고는 아버지께로 올 자가 없느니라 너희가 나를 알았더면 내 아버지도 알았으리로다. 이제부터는 너희가 그를 알았고 또 보았느니라"(요 14:6-7).

성육신의 둘째 목적은 마귀를 멸망시키는 것이다. 인간은 죄에 매인 죄인만이 아니다(롬 7:14-20). 그는 또한 사탄의 노예이며 어둠의 왕국에 나포된 포로이다(마 12:25-29). 그가 그 불길한 세력으로부터 구원을 받을 수 있으려면 먼저 사탄의 왕국을 쳐들어가 사탄의 세력을 파괴시키는 일이 있어야 한다. 요한은 이렇게 말했다. "하나님의 아들이 나타나신 것은 마귀의 일을 멸하려 하심이니라"(요일 3:8). 예수님은 십자가에서 이 일을 하셨다. "자녀들은 혈육에 함께 속하였으매 그도 또한 한 모양으로 혈육에 함께 속하심은 사망으로 말미암아 사망의 세력을 잡은 자 곧 마귀를 없이하시며 또 죽기를 무서워하므로 일생에 매여 종노릇하는 모든 자들을 놓아 주려 하심이니"(히 2:14-15). 바울은 골 2:13-15에서 사실상 동일한 말을 했다.

성 육신의 셋째 목적은 유대 민족만이 아니라 세상을 구원하시는 것이다. "하나님이 세상을 이처럼 사랑하사 독생자를 주셨으니 이는 저를 믿는 자마다 멸망치 않고 영생을 얻게 하려 하심이니라. 하나님이 그 아들을 세상에 보내신 것은 세상을 심판하려 하심이 아니요 저로 말미암아 세상이 구원을 받게 하려 하심이라"(요 3:16-17). 요한도 이렇게 말했다. "아버지가 아들을 세상의 구주로 보내신 것을 우리가 보았고 또 증거하노니"(요일 4:14).

바울도 그리스도께서 "모든 사람을 위하여 죽으셨다"고 하였다
(고후 5:14). 예수님께서도 친히 그의 임박한 죽음이 세상에 영향
을 미칠 것이라고 말씀하셨다. "내가 땅에서 들리면 모든 사람을
내게로 이끌겠노라"(요 12:32). 그는 또 이렇게 말씀하셨다. "인자
가 온 것은 섬김을 받으려 함이 아니라 도리어 섬기려 하고 자기
목숨을 많은 사람의 대속물로 주려 함이니라"(마 20:28). 바울은
한걸음 더 나가서 그리스도의 죽음이 우주적 의의를 지닌 것이라
고 선언하였다(골 1:19).

2. 그리스도 탄생의 배경

(The Circumstances Surrounding Christ's Birth).

그리스도의 탄생은 누가에 의하여 열한 단어로 기록되었다.
"맏아들을 낳아 강보로 싸서 구유에 뉘었으니 이는 사관에 있을
곳이 없음이러라"(눅 2:7). 석가나 라오체(Laotze)의 탄생 설화처
럼 예수님의 탄생 기록은 천박하고 이상야릇하지 않다. 기적적인
요소는 최대한도로 축소되었다. 임신 행위만이 초자연적이었다.
탄생 자체는 아주 자연스러웠다. 영감으로 기록한 자가 아니고서
는 그토록 중대한 사건을 기술함에 있어서 그렇게 간단하게 할
수 있었겠는가?

탄생 이전 사건에서도 두가지 중요한 의의를 찾을 수 있다. 마
리아는 그 찬양에서 그의 주님이신 하나님을 기뻐하는 것으로 시
작하여 창 12:1-3에 나타난 하나님과 아브라함의 언약을 언급하
는 것으로 끝맺었다. "아브라함과 및 그 자손에게 영원히 하시리
로다."(눅 1:55). 스가랴는 그의 아들 요한의 출생에 즈음하여 이
스라엘의 구속에 관해 예언을 하면서 그것을 하나님과 아브라함
의 언약과 연결시켰다(눅 1:72-75).

복음의 좋은 소식이 최초로 언급된 것은 주의 천사가 그리스도의 탄생을 목자들에게 알릴 때였다. "무서워 말라 보라 내가 온 백성에게 미칠 큰 기쁨의 좋은 소식을 너희에게 전하노라"(눅 2: 10). 그리고 천군 천사는 이렇게 찬양하였다. "지극히 높은 곳에서는 하나님께 영광이요 땅에서는 기뻐하심을 입은 사람들 중에 평화로다."(눅 2:14).

예수님께서 성전에 나타나시자, 시므온이 장래에 나타날 왕국의 우주적인 규모를 언급하면서 하나님의 목적에 이방인들이 포함된 것을 말했다(눅 2:25-32). 메시아는 이스라엘의 영광이 될 뿐만 아니라 이방에 빛이 될 것이다. 또한 주로 유대인들을 대상으로 하여 글을 쓴 마태는 그의 기록에 동방 박사들의 방문을 포함시켰는데, 동방박사들은 분명히 이방인들이었다.

3. 그리스도의 생애와 사역(The Life and Ministry of Christ)

예수 그리스도는 이스라엘 민족의 약속된 메시아로서 유대인 혈통에서 탄생하셨다(롬 1:3). 그는 다윗의 후손이었다(마 1:1). 그러나 예수님께서 애굽에서 잘못 배치된 인물(displaced person)로서 수년간 지냈다는 것은 무의미한 것이 아니다. 애굽에서 귀국할 때도 나사렛에 정착하셨다. 나사렛은 갈릴리 산골, 멸시받는 작은 마을이었다. 후에 그는 가버나움으로 이사하셨다. 가버나움은 나사렛보다 더 이방도시였다. 가버나움의 회당조차도 로마 백부장에 의해 세워졌다(눅 7:5). 그의 공생애는 대개 "이방인의 갈릴리"에서 보내셨다(마 4:15). 메시아는 고사하고 무슨 선지자가 날 수 있겠느냐던 갈릴리였다(요 7:52, 1:46).

예수님은 당시의 애국주의자들과 달라서 민족적 편견에 사로잡히지 않으셨다. 유대인들은 원래 사마리아인들과 교제하지 않앉으나 그는 아랑곳없이 유대인들이 기어이 피하여 오던 지방에서 복음을 전하셨다. 그는 사마리아 여인과 개방적으로 대화하시기를 부끄러워하지 아니하였다. 그는 그 여인에게 생명수를 제공하셨다. 그 여인과의 대화 후에 그는 그 곳에 이틀을 머무셨다. 그 때 많은 사마리아인들이 믿었다(요 4:39-42).

또 어떤 경우에는 예수님께서 열 문둥이를 고치셨다. 그 중에 돌아와 하나님께 영광을 돌린 자는 한 문둥이 뿐이었는데 그는 사마리아인이었다(눅 17:11-19). 또 어떤 경우에는 그가 예루살렘으로 오는 길에 사마리아에 들르셨다. 그 때 마을 사람들이 예수님과 그의 제자들에게 친절을 베풀기를 싫어했다. 그러자 야고보와 요한은 하늘에서 불을 내려 그 마을을 불살라 버리자는 광적인 제의를 했다. 그러나 그는 그렇게 하지 아니하셨다. 오히려 제자들을 꾸짖으셨다. "인자는 사람의 생명을 멸하러 온 것이 아니요 구하러 왔노라"(눅 9:55, 19:10).

그는 사마리아인들의 병을 고치셨다. 그들은 절반의 유대인들이었다. 뿐만 아니라 철저한 이방인들인 로마인들에게도 그의 치료의 손길이 미쳤다. 마가의 기록에 의하면 그가 가르치시고 병을 고치신 곳은 갈릴리와 유대 지역을 훨씬 넘어서 이두매, 요단강 건너편 두로, 그리고 시돈까지였다(막 3:7-8). 마태는 그의 명성이 수리아 전역에 퍼졌다고 했다. 갈릴리와 데가볼리로부터 그 무리가 그를 따랐다(마 4:24-25).

복음서에 의하면 이방인이 병고침을 받은 것이 적어도 세번 기록되었다. 가버나움에서 백부장의 하인을 고치신 것이 그 첫번째였다(마 8:5-13). 백부장이 믿음이 너무 커서 예수님은 이스라엘 중에서도 그만한 믿음을 발견하지 못하였다고 하였다. 두번째 경우는 거라사인 지방에서 귀신들린 자를 고친 것이었다(막 5:1-20). 귀신들린 자는 대다수가 이방인이 지방에 살았으므로 이방인이었다고 생각하는 것이 무방하다. 더욱이 수많은 돼지들이 있었던 것으로 보아 그는 유대인이 아니었을 것이다. 예수님을 가리켜 "다윗의 자손"이라 하지 않고 "지극히 높으신 자의 자손"이라 한 것을 볼 때 그가 이방인이었던 것은 더욱 분명하다.

세번째의 경우는 수로보니게 여인의 경우였다. 그 딸이 그의 믿음의 부르짖음 때문에 고침을 받았다. 이 여인이 이방인이었다는 사실은 예수님과 그가 주고 받는 대화에서 밝혀진다. 여기서 또한 예수님은 이방인의 놀라운 신앙에 감격하셨다(마 15:21-28).

4. 그리스도의 교훈(The Teachings of Christ)

예수 그리스도께서 갈릴리에서 공생애를 시작하시기 전에 주님의 길을 준비하는 사명을 가진 세례 요한이 회개의 세례를 전파하고 있었다. 세례 요한은 감동적인 사상과 뜨거운 말로써 유대인들로 하여금 메시아의 도래를 준비하기 위하여 범국민적 회개를 하도록 촉구하였다. 그는 하나님 앞에 당연히 설 수 있다고 생각하는 영적 자기 만족을 버리라고 엄중히 경고했다. "아브라함의 자손"이면 다 되는 것이 아니다. 아브라함의 믿음을 가지고 아브라함의 행위를 보여야 한다. 그렇게 하지 않으면 다른 사람보다 나을 것이 없다. "이미 도끼가 나무 뿌리에 놓였으니 좋은 열매 맺지 아니하는 나무마다 찍어 불에 던지우리라"(마 3:10). 요한이 여기서 말한 것은 이스라엘의 궁극적 거절과 이방인이 하나님의 목적에 포함될 것이라는 점인가? 그랬을 것이다.

예수께서 친히 선택하신 명칭은 특별히 의미심장하다. 예수께서 가장 좋아하신 명칭은 "다윗의 자손"이나 "아브라함의 자손"이 아니라 "인간의 아들"(인자)이었다. 소크라테스는 항상 헬라인이다. 시세로는 항상 로마인이다. 공자는 항상 중국인이다. 그러나 예수님은 어느 한 민족이나 문화에 국한된 인물이 아니다. 그는 천국에서 오신 주님이시므로 「보편적인 인간」이시다. 모든 다른 인간들은 아래서부터 왔으나 그분 만은 위에서부터 오셨다.

따라서 그는 영원히 문화를 초월하시고 역사를 초월하신다. 이 명칭을 채택하심으로써 예수님은 그의 사명과 메세지의 보편성을 명시하려 하셨다.

"그러나 만국에 대한 예수님의 구원의 약속은 우리가 그것을 그의 메시아 선언들에 비추어 볼 때만 완전히 분명해 진다. 첫째로 다니엘 7:13에서 빌어온 「인자」라는 자칭을 살펴보아야 한다. 그것은 이스라엘을 통해 사역하시는 동안에는 예수님의 메시아 심을 숨기는 역할을 하긴 하였지만, 보편적 지배를 나타내는 메시아 칭호이다.······그러나 인자란 칭호는 예수님의 메시아 임무의 보편적 요구와 종말적 성격을 반영해 주는 데 의도가 있다는 것이 확실하게 밝혀져 왔다. 그의 메시아 임무의 성격은 가야바 앞에서 재판 받을 때와 부활 이후에 비로소 완전하게 분명해졌다."[1]

뭐니뭐니 해도 그리스도의 사명의 보편성은 그의 교훈에서 가장 분명하게 나타났다. 나사렛 회당에서의 처녀 설교에서 그는 이사야 61장(눅 4:16-21)의 메시아 예언을 성취하실 것을 주장했다. 듣던 자들은 한편 놀라고 한편 기뻐했다. "저희가 다 그를 증거하고 그 입으로 나오는 바 은혜로운 말을 기이히 여기더라." 그러나 그가 그 구절을 해설하기 시작하셨을 때 그들의 기쁨은 돌연 분노로 바뀌었다. 그가 거침없이 구약에 나타난 유명한 이방인 두 명을 호의적으로 언급했기 때문이다. 사렙다 과부와 수리아인 나아만을 하나님께서 유대인들보다 더 좋아하셨다는 것이

---

1) Johannes Blauw, *The Missionary Nature of the Church* (New York: McGraw-Hill, 1962), p. 69.

다. 이런「이단」은 그 회당에서 전에 들어보지 못하던 것이었다. 따라서 듣고 있던 자들은 갑자기 침울한 반응을 보였다. 그들은 격분한 나머지 그를 성밖으로 밀어내어 절벽 너머로 밀어뜨려 죽여 버리려고 했다.

요한복음에서는 예수님께서 그의 사명을 범 세계적으로 생각하신 사실이 완전히 분명하게 나타난 것 같다. '세상'(kosmos)이란 말이 77회 사용되었는데, 대부분 예수님께서 친히 사용하셨다. 요한복음 첫 부분부터가 전체의 주제를 보여 주는 것이었다. "그가 세상에 계셨으며 세상은 그로 말미암아 지은 바 되었으되 세상이 그를 알지 못하였고"(1:10). 세례 요한은 그를 가리켜 "세상 죄를 지고 가는 하나님의 어린양"이라 하였다(1:29). 사마리아인들은 그를 이스라엘의 메시아만이 아니라 세상의 구주인 것을 인정했다(4:42).

예수님 자신의 말씀들도 역시 분명하다. "하나님이 그 아들을 세상에 보내신 것은 세상을 심판하려 하심이 아니요 저로 말미암아 세상이 구원을 받게 하려 하심이라"(3:17). 그는 "세상의 빛"이라고 주장하셨다. 아울러 그는 그를 따르는 자들은 아무도 어둠 속에 다니지 않을 것이라고 약속하셨다(8:12). 그는 사람들에게 "생명의 떡"을 제공하셨고 "세상의 생명을 위하여" 그 떡을 주시겠다고 약속하셨다(6:51). 그는 십자가 지실 것에 대하여 이렇게 말씀하셨다. "내가 땅에서 들리면 모든 사람을 내게로 이끌겠노라"(12:32). 그는 성령을 보내시겠다고 약속하시면서 성령이 오시면 "죄에 대하여, 의에 대하여, 심판에 대하여 세상을 책망하시리라"고 선언하셨다(16:8). 그는 제자들을 위한 마지막 기도에서 제자들의 증거를 통하여 세상이 유일하신 참 하나님을 알게 되도록 기도하셨다(17:21-23).

공관복음서에도 예수님께서 전파하신 복음이 넓은 차원이었음을 분명히 보여준다. 그의 말씀을 직접 들은 사람들은 거의 전부가 유대인들이었고, 그가 그들에게 말씀하신 것이었으나 그가 선포하신 진리는 유대인들 뿐만 아니라 이방인들에게도 해당되는 말씀이었다. 그는 보편적으로 적용되는 원리들을 정립하셨다. "사람이 떡으로만 살 것이 아니요"(마 4:4). "아무도 두 주인을 섬기지 못한다"(마 6:24). "안식일이 인간을 위한 것이지 인간이 안식일을 위한 것이 아니다"(막 2:27). "사람이 무엇을 주고 제 생명과 바꾸겠느냐?"(막 8:37).

밀과 가라지의 비유에서 그는 "밭은 세상이다"고 선언하셨다(마 13:38). 팔레스틴이나 로마제국에 국한된 것이 아니라는 말이다. 그가 성전을 정화시키셨을 때도 그 계기를 이용하여 성전은 유대인들만을 위한 기도의 집이 아니라「만민」을 위한 기도의 집이 되는 것이 하나님의 의도라고 말씀하셨다(막 11:17). 그는 또 "이 우리에 들지 아니한 다른 양들이 내게 있어서 내가 인도하여야 할 터이니 저희도 내 음성을 듣고 한 무리가 되어 한 목자에게 있으리라"고 말씀하셨다(요 10:16). 이것은 예수님의 죽음과 부활 후에 이방인들이 하나님의 은혜의 복음을 받아들여 하나님의 대가족의 일부가 되리라는 것을 분명히 가리킨 것이다. 예수님께서 멸시받는 사마리아인을 그의 위대한 비유들 중의 하나에서 주인공으로 뽑은 것은 무의미한 것이 아니다(눅 10:25-37). 그리고 사마리아인의 동정과 제사장과 레위인의 냉담을 대조시킨 것도 역시 의미있는 것이다.

예수님의 교훈은 처음부터(마 4:23) 마지막까지(행 1:3) 하나님의 나라에 집중되어 있었다. 그러나 그의 나라 개념은 유대인들의 개념이나 심지어 그의 제자들의 개념과 근본적으로 달랐다. 그들은 팔레스타인에 국한된 일시적 세력에 근거한 지상의 나라를 추구했다. 예수께서 승천하시던 날 제자들이 던진 마지막 질문을 볼 때 이것이 분명하다. "주께서 이스라엘 나라를 회복하심이 이 때니이까?"(행 1:6). 그들은 메시아가 정치적 메시아로서 그들을 대적들로부터 구출하는 정복자 메시아가 될 것을 기대했다(눅 1:73-74). 그들을 그들의 죄로부터 구원하실 고난의 메시아를 기대하지 않았다(마 1:21).

그러나 예수님께서 정의하신 나라는 내면적이며 영적인 나라로서(눅 17:21), 사실상 세상적으로 지혜가 있고 부유한 자들에겐 닫혀져 있고(마 11:25, 눅 18:25), 온유하고 가난한 자들에게 널리 열려져 있는 것이었다(마 5:5, 눅 6:20). 세리들과 창녀들도 회개하기만 하면 하나님의 나라를 소유할 수 있었다(마 21:32). 하나님의 나라는 그 성격이 영적이며(롬 4:17), 그 범위가 보편적이며(마 25:31-36), 그 구성이 범 세계적이며(마 8:11), 그 기간이 영원한 것이다(눅 1:33). 그것은 권세에 기초한 것이 아니라 진리에 기초한 것이며(요 8:31-32), 율법이 아니라 사랑의 지배를 받는 것이며(롬 13:8-10), 전쟁이 아니라 평화에 호소하는 것이다(요 18:33-38). 그 통치자들은 주인들이 아니며 종들이고(마 20:25-28), 그 시민들은 온유하고 자비롭고 순결하며 화평하며 용서하는 자들이다(마 5:5-11). 무엇보다도 그들은 서기관들과 바리새인의 의보다 더 큰 새로운 종류의 의를 소유해야 할 자들이었다(마 5:20).

예수님의 사역에 있어서 두 사건을 언급할 필요가 있다. 지금까지 말한 것과 충돌되는 것처럼 보이는 사건들이기 때문이다. 그 첫째는 열 두 제자를 파송하실 때 하신 말씀이며 다음은 수로보니게 여자를 다루신 모습이다.

열 두 제자를 파송하실 때 그는 이렇게 교훈하셨다. "이방인의 길로도 가지 말고 사마리아인의 고을에도 들어가지 말고 차라리 이스라엘 집의 잃어버린 양에게로 가라"(마 10:5-6). 이 말씀은 일견 이방인들을 완전히 제외시킨 것처럼 보인다. 그러나 우리는 이것이 직접적인 목적과 제한된 목표를 가진 특수한 선교였다는 사실을 명심해야 한다. 그는 어디에선가 시작하셔야 했는데 가장 자연스러운 출발점은 자기 자신의 백성들이었다. 더욱이 시간이 짧았다. 할당된 시간에 유대인 생활의 모든 중심지를 다 카바하기 전에 인자가 올 것이라 말씀하셨다(마 10:23). 그 때에 제자들을 범 세계적인 선교에 파송하는 것은 목적을 이루지 못하는 것이었을 것이다. 그들이 그 때에 이방 세계를 위한 어떤 메세지를 가지고 있었겠는가? 전혀 없었다. 메시아 나라를 먼저 하나님의 언약인에게 제시해야 했다. 만일 그들이 그것을 거부하면 그들은 언약과 약속에 대한 우선권을 상실하는 것이다. 더욱이 그 나라를 거부하는 것은 그 왕을 죽이는 것을 포함하는 것인데 그 왕이 죽으면 "만민"이 그에게로 이끌려 올 것이다(요 12:32).

"예수께서 처음에는 이 새로운 단체의 보편성을 비교적 숨기셨다. 그것은 그에게 주어진 권세와 권위(마 28:18)와 메시아의 이름(마 16:20)을 숨기신 것과 같았다. 왜 그리 하셨던가? 역사적인 이스라엘이 예수님의 죽음 이전에 아직도 그 코스를 달리지 않았던 것이다. 그의 생애는 아직도 많은 사람의 대속물로 바쳐지지 않았었다. 모든 것이 아직도 다 준비되지 않았다. 아직도 식탁을 배설하지 않았다. 아직도 손님들을 초대할 수 없었다. 아직도 이스라엘은 그 종말론적 사명을 완수할 준비가 완전히 갖추어지지 않았다. 이 '아직도 아니'(not yet)를 인식하신 예수님은 그의 사명이 당분간 이스라엘집의 잃어버린 양들에게 국한되어야 할 것으로 이해하셨다."[2]

예수님께서 수로보니게 여자에게 대하신 태도는 그의 사역에 있어서 가장 이상한 에피소드이다. 표면상으로는 예수님께서 완

---

2) Karl Barth, "An Exegetical Study of Matthew 28:16-20", *The Theology of Christian Mission*, Gerald H. Anderson (Nashville: Abingdon Press, 1961), p. 65.

전히 격에 어긋난 것처럼 보였다. 그 여인의 도와 달라는 호소를 들어주는 대신에 그는 이렇게 무감각하게 말씀하셨다. "자녀의 떡을 취하여 개들에게 던짐이 마땅치 아니하니라." 그러나 그 여인은 그 책망을 달게 받았다. "옳소이다마는 개들도 제 주인의 상에서 떨어지는 부스러기를 먹나이다"(마 15:27). 예수님은 그 여인의 반응에 크게 기뻐하시면서 이렇게 대답하셨다. "여자야 네 믿음이 크도다 네 소원대로 되리라." 그 때 그 여인의 딸이 나아 고침을 받았다.

마가는 마태복음에 없는 주요한 구절을 이렇게 덧붙였다. "자녀로 먼저 배불리 먹게 할지니"(막 7:27). 이것을 볼 때 에피소드 전체가 전혀 다른 각도에서 보여지게 된다. 예수님은 여기서도 이방인들이 포함될 것을 암시하였다. 다만 문제는 시간 문제였다.

구약에서는 하나님의 언약이 이스라엘과 맺어진 것이었고 그의 모든 축복이 이스라엘에게 약속된 것이었다. 그러나 여기 저기에 예외들이 있었다. 사렙다 과부와 수리아인 나아만이 그 경우이며 니느웨의 회개를 외친 요나의 경우도 물론 거기에 해당된다.

"예수님의 사역에 있어서 유대인들에게 대한 소위 예외가 위에서 언급된 경우와 같은 범주에 속한다. 그는 옛 언약 시대하에서 최후의 메신저로 오셨다. 그리고 그의 사명이 주로 이스라엘에게 해당된 것이었으나 그는 또한 이방인들에게도 긍휼을 보이셨다. 이것은 아브라함에게 약속된 축복이 이방인들에게도 흘러 들어갈 것을 가리킴과 동시에 이스라엘로부터 나라를 빼앗아 그 열매 맺는 백성들에게 주리라는 이스라엘에 대한 경고도 되었다."[3]

5. 부활 이후의 교훈(The Post-Resurrection Teaching)

---

3) A.M. Harman, "Missions in the Thought of Jesus", *The Evangelical Quarterly* Vol. IVXI(1969), p. 140.

예수님의 사역에 있어서 주요한 전환점은 그의 십자가상의 죽음과 부활이었다. 이 두 사건은 단지 하나의 사건, 더욱이 인간 역사의 사건이 아니라 하나님의 본래 계획의 일부였다(행 4:27-28). 예수님께서 처음부터 그의 임박한 죽음을 인식하신 사실은 그의 '때'가 아직 이르지 아니 하셨다고 자주 말씀하신 점과 후에 그 때가 이르렀다고 하신 점으로 보아 분명하다(요 2:4, 7:30, 8:20, 12:23, 13:1, 17:1). 십자가의 죽으심은 제자들이 볼 때 하나의 큰 재앙이었다(눅 23:21). 그러나 부활이 그것을 영광스런 승리로 바꿔 놓았다(골 2:13-15). 그는 더 이상 단지 나사렛 예수만이 아니다. 그는 생명의 왕이시며(행 3:15), 영광의 주님이시며(고전 2:8) "복되시고 홀로 한 분이신 능하신 자이며 만왕의 왕이시며 만주의 주"(딤전 6:15)이시다. 하늘과 땅의 모든 권세가 그에게 주어졌으며(마 28:18) 거기에는 사죄의 권세(행 5:31)와 생명을 주시는 권세(요 17:2)와 심판을 행하시는 권세(요 5:22, 행 17:31)가 포함되어 있었다.

예수 그리스도는 그의 죽음과 부활을 통하여(히 9:12), 전 세계의 죄로부터의 영원한 구속(요일 2:2)을 이루시고 '세상의 주'(요일 4:14)와 '만유의 후사'(히 1:2)가 되셨다. 그는 완전한 순종의 생활에 대한 보상으로 하나님에 의하여 그의 우편으로 높아졌다(빌 2:9-11, 히 1:3). 그는 "모든 정사와 권세와 능력과 주관하는 자에 뛰어나셨다"(엡 1:21). 성부 하나님은 성자 하나님에게 이렇게 말씀하셨다. "내게 구하라 내가 열방을 유업으로 주리니 네 소유가 땅 끝까지 이르리로다"(시 2:8).

예수님께서 그의 제자들에게 대 위임령을 주셨을 때 시편 2편을 염두에 두셨을 것이다.

"너희는 온 천하에 다니며 만민에게 복음을 전파하라"(막 16:15). "모든 족속으로 제자를 삼으라"(마 28:19).

대 위임령은 네 복음서에와 사도행전 1장에 기록되어 있다. 그 것은 다섯개의 다른 형태로 표현되었으나 본질은 같다. 그것이 하나의 독립된 명령의 다섯개의 서로 다른 형태라고 믿을 필요는 없다. 예수님은 부활과 승천 사이에 40일간 제자들과 지내시면서 그들에게 하나님 나라에 관하여 더 많은 교훈을 하셨다(행 1:3). 대 위임령이 그러한 교훈의 주요한 일부라고 생각해도 무방하다. 그 중에 최초의 교훈은 부활절에 주셨고(요 20:19-23), 마지막 교훈은 승천일에 주셨다(행 1:6-8).

교회가 세계 복음화에 종사해야 할 이유는 많다. 그러나 가장 큰 이유는 그리스도의 명령이다. "우리가 오늘날 복음화에 종사 하는 것은 우리가 원하기 때문이거나 우리가 선택하기 때문이거 나 우리가 좋아하기 때문이 아니라 우리가 명령을 받았기 때문이 다. 교회는 명령하에 있다. 부활하신 주님은 우리에게 가서 전하 고 제자를 삼으라고 명령하셨다. 우리는 그것으로 충분하다."[4]

예수 그리스도는 교회의 머리이시며 동시에 그가 세계 만민으 로 믿어 순종케 하라고 남겨 놓으신 일을 맡은 군대의 사령관이 시다(롬 1:5). 대 위임령은 모든 시대의 교회에 대한 그의 전진 명령이다. 이것이 교회의 최대의 과제이다. 교회가 선교적 교회가 되지 아니할 때 교회는 이미 그 신앙을 거부하고 그 신뢰를 배신 한 것이다.

대 위임령의 가장 짧은 최초의 형태는 한 문장으로 요약돼 있 다. "아버지께서 나를 보내신 것 같이 나도 너희를 보내노라"(요 20:21). 교회의 범세계적 선교는 새로운 것이 아니라 그리스도의 선교의 확장이다. 그리스도가 하나님의 성육신인 것처럼 교회가 그리스도의 성육신이다. 예수 그리스도는 교회와 함께 살아 계시

---

4) John R.W. Stott, "The Great Commission", *One Race, One Gospel Task* (Minneapolis: World Wide Publications, 1967), I:37.

고(마 28:20), 교회 속에 살아 계시며(골 1:27), 교회를 통하여 일하신다(막 16:20). 교회의 선교는 그리스도의 선교를 계속하는 것에 불과하다. 교회를 핍박하는 것은 그리스도를 핍박하는 것이다(행 9:4). 교회와 그리스도와 하나님은 모두 선교 사역에 연결되어 있다. 예수님은 이렇게 말씀하셨다. "너희를 영접하는 자는 나를 영접하는 것이요 나를 영접하는 것은 나 보내신 이를 영접하는 것이니라"(마 10:40).

여기서 이렇게 질문하는 것이 적절하다. "하나님께서 그리스도를 어떻게 보내셨는가?" 만일 우리의 선교가 그리스도의 선교의 확장이라면 그의 선교가 우리의 선교의 패턴이 되어야 한다. 그의 선교에 대하여 다음과 같은 세가지를 지적할 수 있다. 그것은 또한 우리에게도 해당되어야 한다.

(1) 동일시의 원리(The principle of identification)

그리스도 자신의 인격으로 말하면 "거룩하고 악이 없고 더러움이 없고 죄인에게서 떠나 계시"지만(히 7:26) 그러나 그의 사역에 있어서 그는 죄인들과 그 자신을 의도적으로 일관성있게 동일시 하셨다. 그는 세례 요한의 만류를 뿌리치고 회개의 세례를 받으셨다. 그는 회개할 것이 아무것도 없음을 잘 아셨지만 그렇게 하셨다(마 3:13-17). 그는 서기관들과 바리새인들에게 실망과 혐오를 안겨주면서까지 세리와 죄인들의 친구가 되셨다(눅 15:1-2). 그리고 십자가 상에서 그는 두 강도 사이에 달리셨다(눅 23:32-33). 기독교 선교에 종사하기를 원하는 모든 자들은 그리스도의 마음을 가지고 그리스도처럼 행하기를 기뻐해야 한다(빌 2:5-9).

(2) 봉사의 3중형태 : 전파, 교육, 그리고 치유(The threefold pattern of service: preaching, teaching and healing)

"예수님께서 온 갈릴리에 두루 다니사 저희 회당에서 가르치시며 천국 복음을 전파하시며 백성 중에 모든 병과 모든 약한 것을 고치셨다"(마 4:23). 하나님이 창조하신 인간은 몸과 마음과 영혼으로 구성되어 있는 단일체이다. 인간의 이 세부분이 다 타락에 관계되었다. 이 세 부분은 또한 구속에 관계되어야 한다. 예수님은 인간의 영혼을 구원하시면서 동시에 그의 몸과 마음을 고쳐 주시기를 기뻐하셨다. 그는 사탄의 왕국을 파괴하러 오셨는데 슬픔과 고통과 질병과 죽음은 다 사탄의 왕국에 속한 것임을 아셨다(마 12:22-29, 히 2:14, 요일 3:8). 그러므로 그는 몸과 마음과 영혼, 전인을 치료해 주셨다. 이 세 부분이 완전히 치료될 때만 인간은 '온전해'졌다. 따라서 현대 선교 운동은 교회를 세울 뿐만 아니라 병원과 학교도 역시 세워야 한다. 이 세가지는 선교 계획의 본질적인 부분이다.

(3) 성령의 능력(The Power of the Holy Spirit)

예수님께서 세례를 받으실 때에 성령이 비둘기 형태로 내려와 그에게 임하셨다(마 3:16). 이렇게 특별히 기름부음 받으신 것은 예수님의 공생애를 준비시키는 것이었다(눅 4:18). 그는 이러한 성령의 능력으로 "두루 다니시며 착한 일을 행하시고 마귀에게 눌린 모든 자를 고치셨다"(행 10:38). 그는 성령을 통하여 십자가에서 자신을 하나님께 드리셨다(히 9:14). 그는 동일한 성령의 능력으로 죽은 자로부터 일어나셨다(롬 1:4). 예수님의 선교가 시종일관 성령의 능력으로 수행되었다면 우리의 선교도 역시 동일한 성령의 능력에 의존해야 한다(행 1:8).

6. 대 위임령(The Great Commission)

대 위임령 가운데 가장 길고 가장 잘 알려져 있고 가장 인용이 많이 되는 형태는 마 28장에 있다. 그것은 선언으로 시작하여 위임으로 진행되고 약속으로 종결된다.

 예수님은 하늘과 땅의 모든 권세를 소유하셨다고 주장하심으로써 말문을 여셨다. 이는 그가 만왕의 왕이며 만주의 주로서 높은 지위에 있는 것을 가리키며 그것은 성부 하나님께서 그에게 주신 명예이다(요 17:1, 5). 그것은 그가 육체로 계실 때 인자로서 순종하셨기 때문이다(빌 2:5-11). 그는 십자가에서 죽으심으로 사탄과 그 모든 부하들을 파괴하셨다(골 2:15). 그는 부활하심으로써 사망의 쏘는 것을 제거하시고 무덤의 승리를 제거하셨다(고전 15:55-56). 시간적으로 승천은 아직 며칠 뒤에 있는 것이었으나 예수님 생각에 그것은 이미 성취된 사건이었다. 그는 높은 위엄이 보좌 우편에 높아지심으로서(히 1:3) 우주의 엄연한 통치자가 되셨다. 만물이 그 발 아래 놓여졌다. 그는 지금 교회의 머리시며(엡 1:21-23) 만대의 왕이시다(계 15:3-4). 그의 절대적 통치에 지배받지 않는 세력은 인간의 세계나 사탄의 세계나 자연이나 초자연의 세계에 없다.

 그는 지금 세상의 유일한 주재이시며 구주이시다. 그는 그의 피로 값주고 그들을 구속하셨다. 따라서 만민은 당연히 그에게 소속되며 그를 믿음으로 순종해야 한다. 그는 이 악한 현세계 제도의 악령적 구조를 파괴하셨다. 만민은 지금 그의 통치 아래 있으며 만민은 그의 법에 지배를 받는다. 그는 보편적인 주님이시며 우주적인 그리스도이시다. 불원간 모든 사람들(롬 14:11)과 모든 민족들(계 11:15)은 그와 화해해야 한다(시 2:7-12). 예수님께서는 이러한 위대한 사실들에 비추어 대위임령을 선포하셨다. 이것은 "그러므로"란 단어를 사용하신 것을 보아 분명하다. 교회의 범세계적 선교에 기초가 되는 것은 그의 인격과 그의 능력이다. 예수 그리스도께서 보편적인 주님이 되심과 기독교회의 범세계적인 선교 사이에는 직접적이며 필수적인 관계가 있다. 전자없는 후자는 문화적 제국주의가 될 것이다. 후자없는 전자는 건방진 교회의 입술에 달린 공허한 상투어에 불과할 것이다. 예수님은 유대인의 메시아가 아니다. 기독교는 서양의 종교가 아니다. 동서양을 막론하고 세계의 모든 민족이 우리에게 가담할 것이 아니라 그리스도를 따라야 한다. 대위임령에는 네가지 주요한 단어가 있다. "가라", "제자를 삼으라", "세례를 주라", "가르치라" 등이 그것이다.

"가라"는 단어는 명령형 동사로서 그리스도의 최후 명령을 구성하는 것으로 흔히 생각된다. 이것은 옳지 않다. "가라"는 단어는 명령형이 아니다. 이것은 부정과거 분사로서 「가서」혹은 「가면서」로 번역되어야 한다. 그렇다고 해서 이 구절의 위력이 조금이라도 감소되는 것이 아니다. 예수님께서 제자들에게 세상으로 「가라」고 명령하실 필요는 사실 없었다. 살아가다가 보면, 혹은 박해를 받는 결과로 그들은 곧 로마 제국 전역에 흩어질 것을 예수님은 당연시 하셨다. 사실 그대로 되었다(행 8:4, 11:19-21). 지리적인 위치가 중요한 것이 아니었다. 어디를 가든 간에 그들은 세상의 소금과 세상의 빛이 되어야 했다.

초대 교회의 기독교 신자들은 곧 각처에 흩어졌다. 그들은 주로 도시 지역에 살면서 생계를 유지하고 자녀들을 키우고 이교도 이웃들과 함께 장사를 했다. 이 단순하고 건전하고 기쁨에 찬 신자들은 별 소란없이 조금씩 조금씩 알려졌고 그들의 비밀도 공개되었다. 빛은 비추게 되었고 소금은 침투하게 되었다. 복음의 누룩이 사회각층으로 뚫고 들어갔다. 200년경에 기독교인들은 편만하게 알려졌기 때문에 터툴리안(Tertullian)은 이렇게 기록할 수 있었다. "우리는 새로운 그룹이었으나 이미 로마제국의 모든 분야에 침투해 들어갔다. 도시, 섬, 마을, 읍, 시장, 야영장, 부족사회,

왕궁, 원로원, 법정등 신전을 제외하고는 안들어간 곳이 없었다."⁵⁾

두번째 단어인 "제자를 삼으라"는 것만이 마태복음의 위임령에 나오는 유일한 명령형이다. 이 단어는 보통 명사 형태로 발견된다. 그러나 신약 성경의 이 곳에서만 동사로 사용되었다. 헬라 원어는 한 단어이므로 모든 족속을 "제자삼으라"고 번역되어져야 한다.

사실상 제자 훈련의 개념에 새로운 것은 없었다. 몇년 전에 예수님께서는 자기를 따르라고 하시면서 제자들을 삼으셨다. "나를 따르라 그리하면 내가 너희로 사람을 낚는 어부가 되게 하리라" (마 4:19). 그들은 예수 그리스도의 공생애와 밀접하게 관련되어 있었으므로 제자를 삼는 것이 무엇인지 정확히 알았다. 그들은 예수님과 3년 동안 같이 지냈다. 그들의 제자 훈련 시간은 끝났다. 그는 이제 막 천국으로 돌아 가실 것이었고 그들은 자립해야 할 것이었다. 제자를 삼는 행위는 이스라엘에만 국한된 것은 아니었다. 그것은 '모든 족속'에 확대되어야 할 것이었다. 전 세계가 창조와 구속에 의하여(요일 3:17) 그리스도의 것이 되었다. 이제 그 세계를 그리스도에게로 정복하는 것이 그들의 과제였다.

그들은 그의 대사들로서(고후 5:20) 그의 능력을 덧입었고(행 3:12-16), 그의 이름으로 행동하도록 권한을 부여 받았다(행 3:6, 4:10). 그들은 가는 곳마다 새시대의 도래를 선포했다. 과거에 하나님은 "모든 족속으로 자기의 길들을 다니게 묵인 하셨으나" (행 14:16) 이제 그는 "사람을 다 명하사 회개하라" 하셨고(행 17:30), "모든 입으로 예수 그리스도를 주라 시인하라"고 명령하셨다(빌 2:11). 이제 두 단어를 더 살펴 보아야 한다. "세례를 주라"와 "가르치라"가 그것이다. 이 두 단어는 분사이므로 명령으로

---

5) Tertullian, *Apology* 37.

이해 해서는 안된다. 그것은 제자삼는 방법을 가리킨 말들이다.

신약 성경은 세례보다도 교육에 대하여 더 많이 말하고 있다. 예수님은 주로 교육에 종사하셨고, 세례는 제자들에게 맡기셨다 (요 4:2). 바울은 대부분의 시간을 교육에 바쳤다(골 1:28). 그는 세례에 관하여 별로 말하지 않았다. 그도 역시 그것을 자기 제자들에게 맡겼던 것이 분명하다(고전 1:14-16) (그렇다고 해서 세례가 중요하지 않다는 말은 아니다).

신약에는 두가지 세례가 나온다. 물 세례와 성령 세례가 그것이다. 성령 세례는 신자가 그리스도에게 연합하여 그의 몸 즉 교회의 일부가 되는 세례의 형태이다(고전 12:13). 이러한 행위는 영적이며 불가견적이며 취소할 수 없으며 무모한 것이다. 그것은 하나님이 아니라 인간에 의하여 거행되는 물 세례와는 관계가 없다.

물 세례는 생활의 변화를 가져오는 마음의 변화의 표시나 상징이다. 물 세례를 통하여 신자는 그리스도와 동일시 된다. 그리스도의 죽음에 참여함으로써 '옛 자아'는 '그리스도와 함께 죽었다'고 한다. 그리스도의 부활에 참여함으로써 신자는 생명의 새로움 속에서 걸어가야(롬 6:1-6)한다. 세례는 과거와 근본적으로 결별하는 것을 나타내며 장래의 새 생명의 약속을 나타낸다.

세례는 새 신자가 공적으로 자기가 예수 그리스도에 속한 것을 말하며 세상 앞에서 자기의 새로운 왕에게 충성할 것을 고백하는 공적인 행위이다. 신약 성경은 은밀한 신자들에 대해 말한 적이 없다. 그리스도를 고백하는 것은 "사람들 앞에서" 해야 한다(마 10:26-33). 한동안 아리마대 요셉은 은밀한 제자였으나 십자가 사건을 계기로 달라졌다(요 19:38-40). 교육은 신자를 삼는 두번째 방법이다. 유아 세례나 가족 세례를 시행하는 자들은 대위임령에 있어서 세례가 교육에 우선된다는 사실을 강조한다. 성인 세례를 시행하는 자들은 교육이 우선되며 세례를 위한 길을 준비한다고 주장한다.

세례는 단회적인 행위이고 교육은 계속적인 과정이다. 신약 성경에서 교육은 세례를 선행하기도 하고 후행하기도 한다. 베드로는 오순절날 진리를 분명히 제시한 후에 그의 동족들에게 "회개하고 세례를 받으라"고 촉구했다(행 2:38). 빌립도 에디오피아 내시에게 이렇게 물었다. "읽는 것을 깨닫느뇨?" 빌립이 그에게 예수 그리스도의 좋은 소식을 말한 다음에 그는 세례를 받았다(행 8:26-38).

그러나 교육은 세례로 끝나는 것이 아니다. 예수님은 그를 믿는 유대인들에게 이렇게 말씀하셨다. "너희가 내 말에 거하면 참 내 제자가 되고 진리를 알지니 진리가 너희를 자유케 하리라" (요 8:31-32). 그리고 교육과 학습과정은 승천 후에도 계속되어야 했다. "진리의 성령이 오시면 그가 너희를 모든 진리 가운데로 인도하시리니"(요 16:13). 초대교회에 대하여 이런 기록이 있다. "저희가 사도의 가르침을 받아 서로 교제하며… 전혀 힘쓰니라" (행 2:42). 우리는 바울을 위대한 선교사로 생각한다. 그러나 그의 선교 활동의 대부분은 교육이었다. 그는 생의 종말을 내다 보면서 이렇게 기록했다. "우리가 그를 전파하여 각 사람을 권하고 모든 지혜로운 각 사람을 가르침은 각 사람을 그리스도 안에서 완전한 자로 세우려 함이니"(골 1:28). 교육과정은 계속되어 것이다. "우리가 다 하나님의 아들을 믿는 것과 아는 일에 하나가 되어 온전한 사람을 이루어 그리스도의 장성한 분량이 충만한 데까지 이르리니"(엡 4:13).

대 위임령에서 교육에 관한 두 가지 사실은 주목할 만하다.

첫째, 제자들은 예수께서 그들에게 전하신 모든 것을 교육해야 했다. 거기에는 예수님의 많은 제자들에게 거스림이 되었던 "딱

딱한 말씀들"(요 6:60)도 포함되었다. 거기에는 요 3:16과 마 11:28 뿐만 아니라 마 10:37-39과 막 9:43-50도 포함되어 있었다. 거기에는 탕자의 비유 뿐 아니라(눅 15:11-32), 최후 심판의 비유(마 25:31-46)도 포함되어 있었다. 거기에는 죄와 사망과 심판과 지옥에 대한 그의 교훈 뿐 아니라 용서와 사랑과 천국과 영생에 대한 그의 교훈도 포함되어 있었다. 거기에는 높은 윤리적 표준을 가진 산상보훈 뿐만 아니라 니고데모와의 대화와 사마리아 여인과의 대화도 포함되어 있었다. 요컨대 거기에는 예수님의 모든 교훈이 포함되어 있었다.

둘째로 예수님의 교훈은 명령으로 간주돼야 한다. 제자들은 예수님께서 그들에게 '명하신' 모든 것을 남들에게 전달하여야 했다. 세상에 대해서는 '스승'과 제자가 똑같은 대우를 받아야 했다. 양자는 다 똑같이 냉대를 받을 것이었다(마 10:24-25). 그러나 그들 상호간의 관계에 있어서는 누가 명령을 발하시는 자인가는 분명했다. 예수님은 하나님과 인간을 완전히 이해하시고 말씀하셨으며(마 11:27, 요 2:24), 완전한 권위로 가르치셨다(7:28-29). 그는 그의 말씀이 "영과 생명"으로서(요 6:63) 천지가 없어져도 없어지지 않을 것이며(마 24:35), 마지막 날에 만인을 심판하게 될 것이라(요 12:47)고 선언하셨다. 그의 말씀은 기독교인의 생활과 진리의 토대이며 그 토대 위에서는 사람은 견고한 반석 위에 집을 짓는 자이다(마 7:24-27).

그러므로 제자는 마음대로 고르고 선택할 자유가 없다. 좋은 것은 받아 들이고 좋지 않은 것은 거절할 권리가 없다. 예수님은 평범한 의견을 쓸데없이 늘어 놓거나 충고를 하신 것이 아니다. 그는 명령을 발하신다. 그는 후원을 호소하시거나 지지를 간청하시지 않는다. 그는 철두철미 완전한 충성을 요구하신다. 그의 진리는 영원하기 때문에 그의 요구도 절대적이다. 그는 진리의 왕이시며 항상 권위로 말씀하신다.

3. 宣敎의 使徒行傳的 基礎

사도행전은 신약 성경에서 전략적인 위치를 차지하고 있다. 그것은 전기적(傳記的)인 복음서와 권면적인 서신들 간에 다리를 놓는다. 사도행전은 신약 성경에서 유일한 역사서이다. 사도행전이 없으면 우리는 서신들의 수신지 교회들에 대해 전혀 알 수 없을 것이다. 히브리서를 제외하고 13 서신을 쓴 바울에 대해서도 전혀 알 수 없을 것이다. 사도행전이 없다면 갈릴리에서 시작하여 안디옥으로, 에베소, 고린도 그리고 로마로 확대된 복음 확장 운동에 대해 완전히 캄캄할 뻔 하였다.

누가는 역사가로서 사실들을 기록하기에 앞서 먼저 확인하고 평가하는데 신경을 썼다(눅 1:1-4). 그는 또한 누가복음과 사도행전의 직접적인 관계를 신경을 써서 지적했다. 누가는 두번째 책 서문에서 이렇게 말했다. "데오빌로여 내가 먼저 쓴 글에는 무릇 예수의 행하시며 가르치시기를 시작하심부터 그의 택하신 사도들에게 성령으로 명하시고 승천하신 날까지의 일을 기록하였노라"(행 1:1-2). 동일한 승천 사건으로 누가복음은 끝나고 사도행전은 시작된다. 누가복음에서 누가는 예수께서 땅 위에 계시는 동안 행하며 가르치기를 시작하신 것을 다루었다. 사도행전은 부활하신 그리스도께서 그 목적을 두고 이미 훈련해 놓은 열 두 사도를 통하여 행하며 가르치기를 계속하신 것에 대한 기록이다.

복음서와 사도행전을 연결하는 또 하나의 링크는 요한복음 20:21에 기록된 예수님의 말씀이다. "아버지께서 나를 보내신 것 같이 나도 너희를 보내노라." 예수 그리스도는 기독교 선교를 개시하였다. 사도들은 그것을 추진하였다. 그들의 선교는 예수님의 선교의 계속이었다. 동일한 목적으로 의도되고 동일한 능력을 부여받고 동일한 메세지로 위탁된 선교였다.

그 핵심 구절이 사도행전 1:8이다. "오직 성령이 너희에게 임하시면 너희가 권능을 받고 예루살렘과 온 유대와 사마리아와 땅 끝까지 이르러 내 증인이 되리라." 누가는 사도행전 전체를 이 구절을 중심으로 하여 기록한 것이 분명하다. 사도행전은 세부분으로 대별된다. 기독교가 예루살렘에서 시작하여(1-7장), 유대와 사마리아로 전진하여(8-12장), 마침내 땅 끝까지 이르는(13-28장) 기독교 확산 과정을 다룬 것이 사도행전이다.

1장 8절에서 중요한 두 단어는 "능력"과 "증인"이다. 이 두 단어는 사도행전 전체의 모티브가 된다. 부활은 제자들을 증인으로 만들었고 오순절 사건은 효과적으로 증거할 수 있는 능력을 부여했다.

그레함 스크로기(Graham Scroggie)는 그의 책「너의 성경을 알라」(Know Your Bible)에서 사도행전 1:8의 주요한 네가지 개념을 지적했다.

(1) 기독교 증거의 핵심 주제는 그리스도이다.
(2) 기독교 증거의 유일한 매개체는 교회이다.
(3) 기독교 증거의 궁극적인 범위는 세상이다.
(4) 기독교 증거의 성공 비결은 성령이다.

1. 제자들이 사도로(Form Disciples to Apostles)

복음서에서 사도행전으로 넘어가면 새로운 세계에 들어선 것 같다. 똑같은 제자들인데 달라졌다. 그들은 새로운 사람들이 되었다. 복음서에서 그들은 제자들이었으나 사도행전에서 그들은 사도들이 되었다. 복음서에서도 역시 그들이 사도들로 언급된 때도 있었던 것이 사실이다. 예수님께서 그들을 전도대로 파송하셨을 때 그들에게 사도적 능력을 부여하셨다(마 10:1). 그러나 그들은 결국 사도들보다는 제자들로 계속 활동했다.

복음서에서 그들은 비겁하고 확신이 없고 이기적이며 서로 다투며 불순종하는 자들이었다. 그들은 추종자들이었지 지도자들이 아니었다. 그들은 학생들이었지 선생들이 아니었다. 그들은 학생들로서도 잘하는 편이 못되었다. 예수님은 몇 번이고 그들의 믿음 없는 것을 책망하셨다. 그들이 예수님의 교훈을 알지 못해 당황한 적도 한두 번이 아니었다. 추종자들로서 그들은 믿음으로 따르기보다는 봄으로 따랐다. 그들은 예수님의 물리적 임재에 따라 안전감을 느끼기도 하고 불안감을 느끼기도 했다. 예수님이 없을 때 그들은 공포와 불안에 사로 잡혔다. 드디어 마지막이 와서 예수님이 체포되었을 때 요한을 제외한 모든 제자들은 그를 버리고 도망했다.

사도행전으로 페이지를 넘겨보면 강력한 변화가 일어난 것을 발견할 수 있다. 제자들은 사도직에 합당한 모든 권리와 특전을 가진 어엿한 사도들로 조금도 손색이 없었다.

(1) 이런 변화에 기여한 사건들

어떤 변화에도 원인이 있어서 결과가 생기는 것은 자연법칙이다. 사도들의 경우도 역시 그러했다. 그러한 극적인 변화는 그야말로 어마어마한 사건들에 의해서만 이루어질 수 있는 것이었다. 세가지 중대한 사건이 50일간에 발생했다.

① 부 활

예수 그리스도께서 죽은 자로부터 부활하신 사건은 인류 역사상 최대의 사건이다. 그것은 역사상 사건으로서 종교연감에도 유일한 것이다. 영생의 능력으로 죽은 자로부터 살아난 자는 전무후무했다. 이 하나의 사건만 보아도 예수 그리스도는 독특하신 분이시다. 부활은 역사의 과정을 바꾸어 놓은 최고의 사건이었다. 부활은 가장 직접적으로 관련된 사람들을 바꾸어 놓았다. 제자들은 부활 사건을 전혀 예기치 않았기 때문에 오히려 그 사건이 더욱 중요한 사건으로 부각되었다. 예수님께서 평소에 나는 부활이요 생명이라고 주장하신 것이 사실로 입증된 최초의 사건이었다. 따라서 사도행전의 사도들은 예수님을 가리켜 "왕"이나 생명의 "주"로 언급하였다(행 3:15).

② 승 천

이 획기적인 사건은 부활 후 40일 만에 발생했다. 승천 사건은 예수님의 지상생활의 절정적 종지부를 찍은 것이었다. 나사렛 예수는 승천을 통하여 "모든 정사와 권세와 능력과 주관하는 자와… 이름 위에 뛰어나게"(엡 1:21), "높은 곳에 계신 위엄의 우편에"(히 1:3) 높아지셨다. 그는 더 이상 갈릴리 사람이 아니라, "영광의 주님"(고전 2:8)이었다. 사도들은 이 사건을 목격했다. 그들은 그 의의를 어느 정도 알았다(행 1:9-11). 승천은 그들의 메세지의 본질적인 일부가 되었다(행 2:33).

③ 오순절 사건

승천 후 열흘만에 부활 승귀하신 그리스도께서 성령을 보내사 제자들 속에 내주하게 하시고 그들을 한 몸으로 통일시키시고 범세계적인 선교사역을 감당하도록 능력을 부여하셨다. 이 사건은 사도행전에 기록된 가장 중요한 사건이다. 과연 오순절 사건의 경험이 없다면 사도행전은 무의미할 것이다. 성령의 임재와 능력을 가능케 한 유일한 사건이 바로 그것이었다. 성령이 아니었더면 초대 교회는 무기력했을 것이다.

(2) 제자들에게 일어난 변화

제자들이 사도들이 된 변화는 그들이 예수님의 공생애 초기에 그를 처음으로 만난 사건보다 어떤 의미에서 더 심오한 것이었다. 사도행전에서 그들은 그들의 새로운 역할을 완전히 의식한채 사도들로서 행동하고 생각하고 활동했다. 이것을 다음과 같이 몇 가지로 살펴 볼 수 있다.

① 성경에 대한 새로운 통찰력

복음서에서 제자들은 예수님의 교훈을 파악하는데 아주 느렸다. 가라지 비유를 들은 후에 그들은 더 자세히 가르쳐 달라고 요청했다(마 13:36). 예수님께서 그 임박한 죽음을 예언하셨을 때 그들은 그것을 받아들이기를 거부했다(마 16:21-22). 그들의 영적인 이해에 관한한 구약성경은 끝까지 그들에게 닫혀진 책이었다(눅 24:25-27). 사도행전에서는 이러한 영적 어두움을 그들에게서 찾아 볼 수 없다. 오순절날 베드로는 오순절 사건의 현상을 설명하는 데 막히지 않았다. 그는 요엘의 예언을 인용하면서 다음과 같이 권위있게 선언했다(욜 2:28-32). "이는 선지자 요엘로 말씀하신 것이니"(행 2:16). 그는 바로 이 설교에서 시편 16편의 다윗의 말이 다윗을 가리킨 것이 아니라 그리스도를 가리킨 것이라고 해석했다(행 2:25-31). 이러한 구약에 대한 통찰력은 과연 새로운 것이었다.

② 행동에 있어서의 새로운 주도권

예수님께서 제자들과 함께 계시는 동안 제자들은 예수의 명령으로 만족했다. 그들은 그의 곁에서 활동하였으나 자기들 스스로 어떤 활동을 주도하기 싫어했다. 이제 모든 것이 달라졌다. 초대 교회가 음식을 나누는 문제에 관해 최초로 주요한 문제에 직면했을 때 사도들은 '그 문제에 대하여 기도'하는 것으로 만족하는 대신에 일어나서 그 문제를 해결하며 그들이 부르심을 받은 보다 더 영적인 사역을 자유롭게 감당할 수 있는 실제적인 해결책을 모색하였다. 사마리아인들이 빌립의 설교에 반응을 보이자 예루살렘에 있는 사도들은 베드로와 요한을 파송하여 그 상황을 조사하게 했으며 그것이 그들이 승인할 수 있는 것인지를 확인했다 (행 8:14-25). 율법과 은혜의 논쟁이 발생해서 교회가 분열의 위기에 놓였을 때 사도들은 그 문제를 의논하기 위해 예루살렘에 모였다. 그리고 그들은 모든 사람들이 만족할 만한 하나의 규범에 의견을 모았다(행 15장).

③ 봉사의 새로운 능력

복음서에서 제자들은 병자들을 고치며 귀신들을 추방할 수 있는 능력을 부여 받았으나(마 10:1), 항상 성공을 거둔 것은 아니었다(마 17:14-21). 이러한 문제를 사도행전에서는 찾아 볼 수 없다. 그들은 항상 의식적인 능력을 가지고 말도 하고 행동도 하였다. 그들은 병자들을 고쳤으며(행 3:1-10), 귀신들을 추방하였다 (행 16:16-18). 베드로의 말 한 마디에 아나니아와 삽비라가 그의 발 앞에 꼬꾸라졌다(행 5:1-10). 베드로는 사마리아에서 시몬 마고스에게 저주를 선언했으며(행 8:20-24), 바울도 구브로섬에서 엘루마를 저주하였다(행 13:10-12). 베드로는 욥바에서 도르가를 죽은 상태에서 소생시켰다(행 9:36-42). 예루살렘 제1차 교회회의에서 전회원들은 바나바와 바울이 "하나님이 자기들로 말미암아 이방인 중에서 행하신 표적과 기사"를 보고할 때에 귀를 기울였다(행 15:12). 필립스(J. B. Phillips)가 말한 바와 같이 사도행전은 능력의 맥박이 뛰고 있다고 해도 과언은 아니다.

④ 증거의 새로운 용기

예수님께서 제자들과 함께 계실 때에 제자들은 자기들의 용기를 자랑하면서 죽는 순간까지 그를 따르겠다고 장담했다. 그러나 주님이 체포되는 순간 그들은 걸음아 날 살려라 하며 줄행랑을 놓았다. 부활절 날 그들은 "유대인들을 두려워 하여"(요 20:19), 다락방에 모여 있었다. 오순절 사건 이후에도 그들은 여전히 다락방에 있었으나 공포는 사라졌다. 위험이 감소된 것은 아니었다. 오히려 위험은 가중되었다. 그러나 그들은 조금도 흔들리지 않았다. 그들의 유일한 관심은 예수 그리스도의 죽음과 부활의 좋은 소식을 전파하는 것이었다. 산헤드린 공회가 예수의 이름으로 가르치거나 전파하지 못하도록 금지했을 때 그들은 이렇게 딱 잘라 대답했다. "하나님 앞에서 너희 말 듣는 것이 하나님 말씀 듣는 것보다 옳은가 판단하라, 우리는 보고 들은 것을 말하지 아니할 수 없다"(행 4:19-20). 후에 산헤드린 공회의 금지 명령에 어째서 응하지 않았느냐는 질문을 받고 사도들은 이렇게 대답했다. "사람보다 하나님을 순종하는 것이 마땅하니라"(행 5:29). 그들은 산헤드린 공회와 최초로 대좌한 후에 다락방으로 돌아와 기도로 호소했다. 그들은 기도에서 박해로부터의 구출을 구한 것이 아니라 두려움 없이 말씀을 전할 수 있는 담력을 구했다.

2 증거의 내용(The Content of the Witness)

사도의 자격은 예수님이 육체로 계시는 동안 개인적으로 그를 본 것과 부활을 목격한 것이다(고전 9:1, 행 1:22). 베드로와 요한은 둘 다 그리스도와 친밀한 교제가 그들로 하여금 바르고 권위 있게 말할 수 있게 하였다는 사실을 강조했다(벧후 1:16-18, 요일 1:1-3).

열 두 제자는 만 3년동안 예수님과 같이 지냈다. 그동안에 그들은 온갖 생의 상황 속에서 예수님을 보았다. 예수님의 생애의 마지막 때에 의심하던 도마조차도 그가 하나님의 아들이라는 결론에 이르렀다(요 20:28). 그들은 그가 행하신 모든 주요한 기적을 목격했다. 그들은 그가 전달하신 모든 주요한 설교를 들었다. 그들은 그의 말씀과 그의 행위가 하나님으로부터 온 것을 알게 되었다. 따라서 그들은 이야기를 꾸미거나 학설을 해설하거나 더욱이 거짓말을 그럴싸하게 꾸며댈 필요가 없었다. 부활 사건에 대해 말한다면, 그들이 믿은 것은 '부활이야기'가 아니었다. 그들에게 있어서 예수 그리스도께서 죽은 자로부터 부활하셨다는 것은 논란의 여지가 없는 사실이었다. 그들은 빈 무덤을 보았다. 그들은 부활하신 주님을 만나 보았다. 그것을 체험한 결과 그들은 완전히 변화되었다. 그들은 사건발생 당시 거기 있었으며 그 사건이 그들에게 발생하기도 했다.

 사도들은 자기네들이 교회의 관리들이라고 생각하지 않았다. 그들은 또한 웅변적인 설교가들이나 박식한 신학자들이 될 야망을 가지고 있지 않았다. 그들은 단순하고 마음이 열려져 있으며 따뜻한 마음씨를 지닌 개인들로서 예수 그리스도의 얼굴에 있는 하나님의 영광을 보았고 그들의 신앙을 세계의 다른 사람들과 나누고 싶어하는 어머어마한 열정을 지니고 있었다. 그들은 끝까지 자기들을 증인들이라고 생각하였다. 그 이상도 그 이하도 아니었다. 역사상 최대의 신학자인 바울도 그의 생애 마지막에 이렇게 말할 수 있었다. "하나님의 도우심을 받아 내가 오늘까지 서서 높고 낮은 사람 앞에서 증거하는 선지자들과 모세가 반드시 되리라고 말한 것밖에 없으니 곧 그리스도가 고난을 받으실 것과 죽은 자 가운데서 먼저 다시 살아나사 이스라엘과 이방인들에게 빛을 선전하시리라 함이니이다"(행 26:22-23).

 사도들의 증거는 하나의 핵심적인 주제, 즉 예수 그리스도에게 집중되어 있었다.

오순절에 베드로는 이렇게 말했다. "이 예수를 하나님이 살리신지라 우리가 다 이 일에 증인이로다"(행 2:32). 빌립은 사마리아 도시로 내려가서 "그리스도를 백성에게 전파했다"(행 8:5). 그가 에디오피아 내시를 만났을 때도 "예수를 가르쳐 복음을 전했다"(행 8:35). 바울은 그것을 다음과 같이 요약하였다. "우리가 우리를 전파하는 것이 아니라 오직 그리스도 예수의 주 되신 것과… 전파함이라"(고후 4:5). 그들의 증거에는 그리스도에 관한 네 가지 중요한 진리가 포함되어 있었다.

(1) 그의 인격

예수님은 유대인들에게 자신을 그들의 메시아로 제시했다. 그러나 그들은 그와 그의 왕국제의를 동시에 거부했다. 그들이 기대하는 메시아는 다른 종류의 메시아였기 때문이다. 그들은 로마의 멍에를 꺾고 이스라엘 나라를 회복할 강력한 정치적 인물을 기대하고 있었다. 그러나 예수님은 두 강도 사이에서 십자가에 못박혀 죽었다. 유대인 지도자들은 나사렛 목수 예수가 그들이 고대하던 메시아임을 믿을 수 없었다. 그의 가문이 비천하고 그의 행동이 온순하며 그의 목적이 평화스러운 이 모든 것을 종합해 볼 때 팔레스틴의 로마 정권 전복에 혈안이 되어 있던 유대 지도자들에게는 전적으로 받아들일 수 없는 인물이었다. 그러한 인물이 메시아가 된다는 것을 상상할 수도 없었다.

부활 이후 거의 50일이 경과되어 사도들은 예루살렘에서 유대인들에 복음을 전파하였다. 그 때 그들은 이미 그들의 목에 연자맷돌이 달려 있다는 사실을 완전히 인식하고 있었다. 이 멸시 받는 나사렛 예수가 참으로 유대인들의 메시아라는 사실을 어떻게 설득시킬 수 있을까? 이 과제는 어마어마하게 어려운 것이었다. 인간적으로 말하면 회개하고 주님을 믿을 사람이 천에 하나 있을까 말까했다. 바울이 말한 대로 십자가의 거친 것이 유대인들에게 방해물이 되었다. 그럼에도 불구하고 사도들은 하여간 나아가 그들이 이해한 대로 진리를 전파하였다. 그들은 진리의 화살을 둔화시키거나 복음을 회피하지 않았다. 그들은 예수께서 그리스도시라는 확신을 가졌다. 그들은 나가서 그 사실을 증거하였다.

그러면 어떻게 그 일을 할 수 있었던가? 그들은 두 가지 사실에 근거하여 유대인들을 접근하였다. 첫째 구약의 예언들이며, 둘째 예수의 사역에 수반된 기사들이었다.

① 구약의 예언들

유대인들을 다룸에 있어서 어떤 새로운 교리도 그들의 성경의 교훈과 일치해야 한다는 것이 절대적인 필수조건이었다. 유대인들이 예수를 자기들의 메시아로 받아 들이려 할 것 같으면 오직 자기들의 성경에 입각해서 할 것이었다. 사도들은 이 점을 파악하고 거기에 따라 행동했다. 그들은 그들 자신의 불신앙과 부활하신 주님께서 엠마오 도상에서 그들에게 가르치신 성경의 교훈을 기억했다. "미련하고 선지자들의 말한 모든 것을 마음에 더디 믿는 자들이여 그리스도가 이런 고난을 받고 자기의 영광에 들어가야 할 것이 아니냐 하시고 이에 모세와 및 모든 선지자의 글로 시작하여 모든 성경에 쓴 바 자기에 관한 것을 자세히 설명하시니라"(눅 24:25-27).

이 마지막 구절이 매우 중요했다. 그것은 사도행전에서 사도들이 구사한 방법에 빛을 던져주는 것이었다. 그들도 또한 모세와 모든 선지자들로부터 시작하여 성경에 근거하여 예수가 그리스도라고 증명했다(행 3:18, 13:29, 17:2-3).

그들은 예수를 십자가에 처형한 유대인들의 죄악을 묻어두려 하지 않았다. 그들은 명약관화하게 유대 지도자들이 자기들 자신의 메시아를 십자가에 못박았다고 비난했다(행 3:13-15). 그러나 그들은 바로 그 행동을 통하여 그들 자신의 성경을 성취했다고 계속 말했다(행 13:37). 그리스도의 죽음은 하나님의 영원한 계획의 일부였다(행 2:23). 빌라도와 헤롯과 가야바가 행한 모든 것은 하나님 자신의 목적 성취를 도와준 것이었다(행 4:27-28).

유대인들이 성경을 자세히 읽었더라면 정복의 메시아가 아니라 고난의 메시아를 기대했었을 것이다. 그랬다면 예수를 사기꾼으로 몰지는 않았을 것이다.

② 예수님의 사역에 나타난 기사들

유대인들이 예수님에게 다음과 같이 질문한 적이 있었다. "당신이 언제까지나 우리 마음을 의혹케 하려나이까 그리스도여든 밝히 말하시오." 예수님은 이렇게 대답하셨다. "내가 너희에게 말하였으되 믿지 아니하는도다. 내가 내 아버지의 이름으로 행하는 일들이 나를 증거한다"(요 10:24-25). 사도들은 이와 동일한 방식을 채택했다. 그들은 기적들이 하나님께서 예수님을 인정하신 징조임을 지적했다. 베드로는 오순절 설교에서 이렇게 말했다. "이스라엘 사람들아 이 말을 들으라 너희도 아는 바에 하나님께서 나사렛 예수로 큰 권능과 기사와 표적을 너희 가운데서 베푸사 너희 앞에서 그를 증거하셨느니라 그가 하나님의 정하신 뜻과 미리 아신 대로 내어준 바 되었거늘 너희가 법 없는 자들의 손을 빌어 못박아 죽였으나"(행 2:22-23).

그리스도의 사역들은 독특한 것이었다(요 15:24). 그것들은 은혜와 능력의 사역들로서 개방적이고 정직한 마음을 가진 자에게 하나님과 모든 백성 앞에서 말과 일에 능하신 선지자임을 확신시키기에 충분했다(눅 24:19). 심지어 유대인의 관원인 니고데모도 다음과 같이 인정할 수밖에 없었다. "랍비여 우리가 당신은 하나님께로서 온 선생인 줄 아나이다 하나님이 함께 하시지 아니하시면 당신의 행하시는 이 표적을 아무라도 할 수 없음이니이다"(요 3:2).

세례 요한이 감옥에서 예수님의 사역에 대하여 의심이 생겼을 때 그는 두 제자를 예수님에게 보내어 다음과 같이 질문하게 했다. "오실 그 이가 당신이오니이까 우리가 다른 이를 기다리오리이까?" 예수께서 이렇게 대답하셨다. "너희가 가서 듣고 보는 것을 요한에게 고하되 소경이 보며 앉은뱅이가 걸으며 문둥이가 깨끗함을 받으며 귀머거리가 들으며 죽은 자가 살아나며 가난한 자에게 복음이 전파된다 하라 누구든지 나를 인하여 실족하지 아니하는 자는 복이 있도다"(마 11:2-6). 예수님은 유대인들이 기대하던 것을 행하시지 않았다.

다만 성경에 그가 행하리라고 예언된 것을 행하셨다(사 35:4-6). 이리하여 하나님께서 그를 인정하시는 확인 도장을 주신 것이다.

사도들은 자기들의 교훈을 통하여 나사렛 예수가 가문이 비천하고 로마 정권에 반박 발언을 하지 않았다 하더라도 실로 유대인의 왕이라는 진리를 선명하게 지적하였다. 유대인들이 그를 바로 알지 못한 것은 무지 때문이라고 하였다(행 3:17). 그들은 성경과 기적들에 근거하여 예수가 그들의 메시아라는 사실을 증명함으로써 그들의 무지를 추방하려고 했다.

(2) 그의 죽음의 본질

예수께서 A.D. 30년경에 본디오 빌라도 치하에서 죽은 것은 역사의 문제이다. 그가 세상의 죄를 위하여 죽었다는 것은 계시의 문제이다(고전 15:3). 왜냐하면 그것이 성경에 계시되지 않았더라면 우리는 그렇게 알지 못했을 것이기 때문이다.

예수께서 그 임박한 죽음을 선포하셨을 때 제자들은 다짜고짜로 그럴 수 없다고 거부했다. 베드로는 심지어 예수님을 말리기까지 하였다. "주여 그리 마옵소서 이 일이 결코 주에게 미치지 아니하리이다"(마 16:22). 예수님께서 죽은 후에 그들은 그것을 참혹한 재앙으로 여겼다(눅 24:21). 그들은 고기잡이 하던 옛 직업으로 돌아가려고 결심했다(요 21:3). 그러나 부활은 이 모든 것을 바꾸어 놓았다. 사도들은 교훈과 글을 통하여 그리스도의 죽음을 통한 속죄의 위대한 진리를 선언하게 되었다.

그리스도의 죽음은 결코 비극이 아니라 창세 전에 예정된 하나님 어린 양의 속죄의 죽음이었다(벧전 1:18-20). 그의 십자가 상에서의 희생적 죽음 때문에 그의 살은 참된 음식이요 그의 피는 참된 음료이다(요 6:55). 그리스도의 죽음은 희생 제물이었다(히 9:26). 그것은 출애굽기에 언급된 유월절 어린양의 희생이었다(고전 5:7). 바울은 그가 우리 죄를 위하여 죽었다고 했다(고전 15:3). 베드로는 의인으로서 불의한 자를 대신하셨으니 이는 우리를 하나님 앞으로 인도하려 하심이라고 했다(벧전 3:18). 그는 또 이렇게 말했다. "친히 나무에 달려 그 몸으로 우리 죄를 담당하셨으니 이는 우리로 죄에 대하여 죽고 의에 대하여 살게 하려 하심이라"(벧전 2:24). 요한도 "그 아들 예수의 피가 우리를 모든 죄에서 깨끗하게 하실 것이요"라고 했다(요일 1:7). 신약 성경에서 가장 심오한 진술 중의 하나가 바로 이 문제에 관한 것이었다. 바울도 이렇게 기록했다. "하나님이 죄를 알지도 못하신 자로 우리를 대신하여 죄를 삼으신 것은 우리로 하여금 저의 안에서 하나님의 의가 되게 하려 하심이니라"(고후 5:21).

그리스도의 죽음은 그 속죄적 본질에 의하여 죄 사함을 가능케 했다. 그리스도의 죽음을 통하여 죄에 대한 하나님의 의로운 요구가 충족되었다. 그 율법이 굳게 세워졌다(롬 3:31). 그의 의가 보존되었다(롬 3:25). 그는 이제 그의 거룩에 침해 당하지 않고 궁휼을 베푸실 수 있게 되었다. 그는 의로우신 분으로 동시에 예수를 믿는 모든 자들을 의롭다 하시는 자가 되실 수 있다(롬 3:26).

베드로가 그의 오순절 설교를 다음과 같은 호소로 끝맺은 것은 바로 이 때문이다. "너희가 회개하여 각각 예수 그리스도의 이름으로 세례를 받고 죄사함을 얻으라"(행 2:38). 바울도 안디옥 회당에서의 강론의 결론을 다음과 같이 강한 말로 지었다. "그러므로 형제들아 너희가 알 것은 이 사람을 힘입어 죄 사함을 너희에게 전하는 이것이며 또 모세의 율법으로 너희가 의롭다 하심을 얻지 못하던 모든 일에도 이 사람을 힘입어 믿는 자마다 의롭다 하심을 얻는 이것이라"(행 13:38-39).

유대인들도 물론 "피 흘림이 없은즉 사함이 없느니라"(히 9:22)는 진리를 매우 잘 알고 있었다. 이제 그들이 알아야 할 것은 모든 구약의 제사들이 말하자면 예언의 손가락을 가지고 "세상 죄를 지고 가는 하나님의 어린양"(요 1:29)을 가리킨다는 사실이었다.

(3) 부활의 사실

부활이 없으면 그리스도의 죽음은 소크라테스의 죽음과 별로 다를 바 없었을 것이다. 사도들은 이 사실을 분명히 알고 있었다. 따라서 그들은 부활 사실을 강조했다. 바울은 이렇게 말했다. "그리스도께서 다시 사신 것이 없으면 너희의 믿음도 헛되고 너희가 여전히 죄 가운데 있을 것이요"(고전 15:17). 만일 부활이 역사적 사실이 아니라면 사죄와 영생에 관한 우리의 온갖 좋은 말이, 그만큼 신학적인 엉터리 수작에 불과한 것이 된다.

사도들이 가는 곳마다 '예수와 그 부활'을 전파하였다. 그들은 그러한 사상이 헬라인들에게 혐오의 대상이며 사두개인들에게 이단이라는 것을 알면서도 그렇게 했다. 그들은 조금도 위축되지 않았다. 그들은 독특한 부활사건의 목격자들이었다. 그들은 그것이 하나의 사실임을 알고 있었다. 더욱이 그들은 그 사건의 신학적인 의미를 알고 있었다. 따라서 그것을 그들의 증거의 요점으로 삼았다. 그들은 그것을 예루살렘의 유대인들에게 전파하였으며(행 4:2), 가이사랴의 이방인들에게 전파했고(행 10:40), 그리고 아덴의 철학자들에게 전파하였다(행 17:31). 부활 사건은 바울이 벨릭스 앞에서(행 24:15, 21), 베스도(행 25:19)와 아그립바(행 26:8, 23) 앞에서 변호한 핵심 문제였다.

예수 그리스도께서 살아 계셔서(눅 24:34) 그들의 마음에 살아 계시다는 사실(엡 3:17)이 그들의 모든 경험에 있어서 가장 역동적인 사실이었다(엡 1:19-20). 그들은 그와의 관계에 의하여 새로운 피조물들이 되었다(고후 5:17). 그들은 새로운 생의 목적과(빌 1:21) 타인들의 행복에 대한 새로운 관심을 갖게 되었다(롬 9:3). 그리스도와 그 부활의 능력을 아는 것이 그들의 최고의 대망이었다(빌 3:10). 그리스도의 측량할 수 없는 부요를 유대인과 이방인에게 전파하는 것이 최고 최대의 특권이었다(엡 3:7-10). 그리스도의 사랑의 법에 의하여 그들은 살아갈 결단을 내렸으며(고후 5:14-15) 그 이름을 위하여 그들은 죽을 준비가 되어 있었다(행 21:13).

(4) 그의 재림의 소망

예수님은 다락방에서의 마지막 강론을 통하여 제자들에게 조만간 그들을 떠나 아버지에게로 돌아갈 것을 말씀하셨다. 그러나 그는 이렇게 덧붙이셨다. "가서 너희를 위하여 처소를 예비하면 내가 다시 와서 너희를 내게로 영접하여 나 있는 곳에 너희도 있게 하리라"(요 14:3), 그 약속이 그가 승천할 당시 천사들에 의하여 확인되었다. "너희 가운데서 하늘로 올리우신 이 예수는 하늘로 가심을 본 그대로 오시리라"(행 1:11).

예수님께서는 그의 천국 개념을 통하여 만유 회복을 위한 하나님의 계획을 요약하셨다. 하나님의 만유회복 계획은 유대인들의 불신앙이나 이방인들의 들어옴을 통하여 부인되거나 지연될 수 없었다. 예수 그리스도는 능력과 큰 영광으로 다시 오사(눅 21:27), 교회에 환희를 주시며(살전 4:14-18), 심판을 집행하시어(살후 1:4-10), 그의 왕국을 수립하실 것이다(마 25:31-46).

재림은 신자에게는 영광과 기쁨을 의미할 것이다(살전 2:19-20). 그러나 그것은 불신자에게는 고통과 심판의 때가 될 것이다. 의인들이 지금은 고난을 당한다. 그러나 하나님께서 친히 만사를 귀정하실 날이 올 것이다. 그날에 예수 그리스도께서 "저의 능력의 천사들과 함께 하늘로부터 불꽃 중에 나타나실 때에 하나님을 모르는 자들과 우리 주 예수의 복음을 복종치 않는 자들에게 형벌"을 주실 것이다(살후 1:7-8).

베드로와 바울은 복음전파와 회개권면을 마지막날 하나님의 개입사건과 관련시켰다. 그들은 그 사건이 멀지 않다고 생각했다. 베드로는 예루살렘에 있는 유대인들에게 이렇게 말했다. "그러므로 너희가 회개하고 돌이켜 너희 죄 없이 함을 받으라 이같이 하면 유쾌하게 되는 날이 주 앞으로부터 이를 것이요 또 주께서 너희를 위하여 예정하신 그리스도 곧 예수를 보내시리니 하나님이 영원 전부터 거룩한 선지자의 입을 의탁하여 말씀하신 바 만유를 회복하실 때까지는 하늘이 마땅히 그를 받아 두리라"(행 3:19-21). 바울은 아덴의 철학자들에게 행한 연설에서 그리스도의 초림 이래로 하나님의 경륜에 근본적인 변화가 있었다고 경고했다. "알지 못하던 시대에는 하나님이 허물치 아니하셨거니와 이제는 어디든지 사람을 다 명하사 회개하라 하셨으니 이는 정하신 사람으로 하여금 천하를 공의로 심판할 날을 작정하시고 이에 저를 죽은 자 가운데서 다시 살리신 것으로 모든 사람에게 믿을 만한 증거를 주셨음이니라(행 17:30-31).

3. 증거의 본질(The Nature of the Witness)

증거가 효력을 발생하기 위해서는 강력한 증거가 되어야 한다. 사도행전에 기록된 사도들의 증거가 바로 그런 것이었다. "사도들이 큰 권능으로 주 예수의 부활을 증거하니 무리가 큰 은혜를 얻어"(행 4:33) 사도들의 증거를 분석해 보면 다음과 같은 세 가지 요소를 발견할 수 있다.

(1) 말을 통한 증거

복음은 예수 그리스도의 인격과 사역을 핵심으로 한 것이다. 복음에는 믿어야 할 몇가지 진리의 명제들이 있다. 그리스도를 믿어 구원을 얻기 전에 먼저 그러한 진리들의 의미를 이해해야 한다. 바울은 이렇게 말했다. "믿음은 들음에서 나며 들음은 그리스도의 말씀으로 말미암았느니라"(롬 10:17). 그러나 그는 이런 질문을 덧붙였다. "전파하는 자가 없이 어찌 들으리요?"(롬 10:14).

주의 천사가 고넬료에게 나타났을 때 그는 베드로에게로 사람을 보내라고 명령했다. "네가 사람을 욥바에 보내어 베드로라 하는 시몬을 청하라 그가 너와 네 온 집의 구원 얻을 말씀을 네게 이르리라"(행 11:13-14). 베드로는 후에 이 사건을 언급하면서 이렇게 말했다. "형제들아 너희도 알거니와 하나님이 이방인들로 내 입에서 복음의 말씀을 들어 믿게 하시려고 오래 전부터 너희 가운데서 나를 택하셨다"(행 15:7)

사도들은 복음대로 '사는' 것만으로 만족하지 않았다. 그대로 살면 관심있는 사람들이 그리스도에게로 이끌려 오리라고 바라지를 않았다. 진리는 너무 심오하고 복음은 너무 중요해서 대중의 호기심이나 통속신앙에 맡겨둘 수가 없었다. 복음의 진리는 우선 언어를 통해 표현이 되어야 했다. 한 구절 한 구절 일일이 표현함으로써 청중들로 하여금 복음의 내용을 알게 해야 했다. 그렇게 할 때만이 그들은 그리스도에 대한 참된 신앙을 작동할 수 있었다. 따라서 사도행전과 바울 서신에서 설교의 중요성이 강조된 것이다. 직접 나가서 전도하는 행동전도는 올바르고 정당한 것으로서 그 나름의 위치를 차지하고 있다. 그러나 그것이 선포전도를 위시한 대용물이 될 수 없다.

오순절에 성령이 강림하셨을 때 "불의 혀같이 갈라지는 것이 저희에게 보여 각 사람 위에 임하여 있더니 저희가 다 성령의 충만함을 받고 성령이 말하게 하심을 따라 다른 방언으로 말하기를 시작하니라"고 했는데 이것은 의미심장한 사실이다(행 2:3-4). 성령은 말을 통한 표현의 영이시다. 성령이 충만하면 그 사람은 반드시 증거하기 시작한다. 베드로와 요한이 예수의 이름으로 말하지 못하도록 금지되었을 때 이렇게 대답했다. "우리는 보고 들은 것을 말하지 아니할 수 없다"(행 8:4). 핍박이 초대 기독교인들을 예루살렘 밖으로 몰아냈을 때 그들은 각처에서 말씀을 전파했다(행 4:20). 누가는 베드로와 바울이 사마리아를 방문한 후에 그들에 대해 이렇게 기록했다. "두 사도가 주의 말씀을 증거하여 말한 후 예루살렘으로 돌아갈새 사마리아인의 여러 촌에서 복음을 전하니라"(행 8:25). 누가는 빌립이 에디오피아 내시를 만난 후에 이렇게 기록했다. "빌립은 아소도에 나타나 여러 성을 지나 다니며 복음을 전하고 가이사랴에 이르니라"(행 8:40).

말을 통한 이러한 증거가 바울의 사역에서도 두드러진 특징으로 나타났다. 바울은 다메섹에서 회개하자마자 "즉시로 각 회당에서 예수의 하나님의 아들이심을 전파"하였다(행 9:20). 바울은 임종시에 디모데에서 말씀을 전파하라고 권유했다(딤후 4:2). 이 두 사건 어간에 그는 이렇게 말했다. "만일 복음을 전하지 아니하면 내게 화가 있을 것임이로라"(고전 9:16).

(2) 볼 수 있는 증거

그리스도 안에 나타난 하나님의 계시는 볼 수도 있고 들을 수도 있었다(요일 1:1). 초대교회의 증거도 역시 그러했다. 사도들은 말씀 전파에 덧붙여 기적들을 행함으로써 그리스도의 치유와 구원의 능력을 볼 수 있도록 과시했다. 베드로와 요한은 그들의 교훈으로 '예루살렘을 가득 채운다'는 비난을 받았다(행 5:28). 이것은 설교를 통해서만 된 것은 아니었다. 성전 미문 앞에 있던 앉은뱅이를 베드로가 일으킨 놀라운 기적에 힘입은 바도 있었다(행 4:16). 오순절에 혀의 기적과 더불어 볼 수 있는 기적이 사람들을 '다 놀라 기이히 여기게' 하였다(행 2:7, 3:10).

이러한 두 가지 측면, 즉 언어를 통한 증거와 볼 수 있는 증거가 빌립의 사마리아 전도에서 종합되었다. "무리가 빌립의 말도 듣고 행하는 표적도 보고 일심으로 그의 말하는 것을 좇더라"(행 8:6).

어떤 사람들은 말씀전파를 통하여 구원을 받는다. 그런가 하면 말씀을 확증하는 기적을 요구하는 자들도 있다. 심지어는 마음이 영적인 진리에 너무 닫혀 있어서 죽은 자 가운데서 살아난 자가 있다 해도 설득을 받지 않을 사람들도 있다(눅 16:31). 다행히 이 마지막 부류의 사람들은 극소수에 불과하다. 참된 기적들이 말씀 전파에 수반될 때 많은 사람들이 회개하고 돌아왔다(행 5:14, 9:35, 19:20). 적어도 초대교회의 전도 방식은 그런 것이었다. 오늘날도 그런 방식으로 전도가 이루어질 수 없다고 믿을 이유는 없다.

(3) 활력적인 증거

일반인들을 예수님에게로 이끈 요소들 중 하나는 예수님의 교훈의 활력성에 있었다. 그들은 "그 가르치심에 놀래니 이는 그 가르치시는 것이 권세있는 자와 같고 저희 서기관들과 같지 아니함일러라"(마 7:28-29). 사도행전에 기록된 사도들의 교훈 사역도 역시 그러했다. 사도들은 개인적인 체험을 통하여 그들이 전파한 복음의 진리와 능력을 동시에 알고 있었다. 그들에게 있어서 부활은 역사적인 사실이나 그들의 신조에 포함된 하나의 교리에 불과한 것이 아니었다. 그들은 그들의 마음과 생활 속에서 부활의 진리 뿐만 아니라 그 능력을 체험했다. 부활의 능력이 그들 속에 베풀어진 것이었다(엡 1:19-21). 그들은 예수 그리스도 안에 있는 생명의 성령에 의하여 죄와 사망의 법으로부터 해방되는 것이 무엇인지 알았다(롬 8:2).

사도들은 복음 능력의 산 증인들이었다. 정직한 사람치고 그들이 수행하는 것을 보고 그들이 전파한 기독교의 역동적인 특성에 감명을 받지 않을 사람들은 없었다. 그들의 적수들은 완전히 당황하였다. 이 새로운 부류의 사람들을 어떻게 다루어야 할지 알지 못하였다. 그들을 채찍으로 수 없이 때리면, 그들은 오히려 그리스도를 위한 고난을 당하기에 합당한 자로 여기심을 받은 것을 기뻐했다(행 5:41). 그들을 투옥시켜 그들의 발을 착고에 묶어두면 그들은 밤중에 기도와 찬양 집회를 열어 지진이 일어나고 간수가 회개하는 사건이 발생했다(행 16:19-34). 그들의 생명을 죽이겠다고 위협하면 그들은 이렇게 대답했다. "내게 사는 것이 그리스도니 죽는 것도 유익함이니라"(빌 1:21).

바울 사도보다 그리스도의 고난에 더 깊이 들어간 자는 거의 없었다. 그러나 그는 이렇게 말할 수 있었다. "속이는 자 같으나 참되고 무명한 자 같으나 유명한 자요 죽는 자 같으나 보라 우리가 살고 징계를 받는 자 같으나 죽임을 당하지 아니하고 근심하는 자 같으나 항상 기뻐하고 가난한 자 같으나 많은 사람을 부요하게 하고 아무것도 없는 자 같으나 모든 것을 가진 자로다"(고후 6:8-10). 그들이야말로 '세상을 거꾸로 뒤집어 엎은' 사람들이었다(행 17:6).

4. 증거의 원동력(The Dynamic of the Witness)

누가는 "사도들이 큰 권능으로 주 예수의 부활을 증거하니 무리가 큰 은혜를 얻었다"고 했다(행 4:33). 은혜와 능력―이 얼마나 아름다운 결합인가! 스데반은 '은혜와 능력이 충만한' 자로 묘사되었다. 그는 '큰 기사와 표적을 민간에' 행하는 자였다. 그러니만큼 그의 적수들은 "스데반이 지혜와 성령으로 말함을 능히 당치 못했다"(행 6:8-10). 산헤드린 공회 앞에서 그의 변호가 너무나 강력하여서 그가 변호를 끝내자 그의 대적들은 격분하여 "이를 갈고… 귀를 막고… 달려들어 성 밖에 내치고 돌로 쳤다"(행 7:54-58).

도대체 이토록 강력한 증거의 비결은 무엇이었던가? 세가지 요소를 지적할 수 있다.

(1) 부활의 역사적 사건

십자가 사건은 제자들에게 파격적인 충격을 주었다. 그들의 세계는 그야말로 산산조각이 나고 말았다. 그들은 예수가 그리스도라는 신념에 모든 것을 걸고 살았었다. 그러나 이제 그들의 소망은 여지없이 깨지고 말았다. 그들은 예수께서 세속권력에 근거한 지상의 왕국을 수립할 것을 기대했었다. 그러나 그는 두 강도 사이에 로마형 십자가 위에서 생의 종지부를 찍으셨다. 그들은 자기들이 최대의 실수를 범했다고 생각했다. 더욱이 그들은 그가 다시 살아나실 것을 전혀 기대하지 않았다. 그들은 모든 것이 끝장났다고 생각했다.

그런 판국에 빈 무덤과 다음과 같은 천사의 선포와 함께 부활절 아침은 밝아 왔다. "그가 여기 계시지 않고 그의 말씀하시던 대로 살아나셨느니라"(마 28:6). 그들의 주님이요 주인이시던 나사렛 예수께서 살아나신 것이 아닌가! 그가 일찍이 말씀하시던 모든 것이 과연 사실이었구나! 그는 과연 부활이요 생명이셨다. 그는 과연 죽음을 정복하시고 영원히 살아계시는 그들 자신의 메시아였다. 이 가공할만한 사건이 그들의 생활과 사상을 완전히 바꾸어 놓았다. 이제 그들은 과거의 그들이 아니었다. 이것은 세상 역사상 최대의 사건이었다. 부활의 좋은 소식은 너무도 값진 것이어서 그들만 간직할 수 없었다. 그들은 어떤 희생을 치루고서라도 그 소식을 친구나 적 할 것이 없이 모든 자들과 나누지 않고는 배길 수 없었다. 온 세상에 이 우주적 사건을 알려야만 했다.

(2) 오순절 성령강림

부활 사건처럼 오순절 사건 역시 독특한 사건이었다. 승천은 한 시대의 종지부를 찍었고 오순절 사건은 또 한 시대의 계시를 알렸다. 물론 오순절 전에도 성령은 세상에 임재해 계셨다. 그럼에도 불구하고 오순절 사건은 성령이 하나님의 백성에게 독특한 방식으로 독특한 목적을 위하여 '쏟아 부어진' 역사적 사건이었다.

부활은 사도들의 메시아 신앙을 회복시키고 강화하였다. 오순절사건은 그들의 부활 증거를 효과 있게한 영역을 제공했다. 오직 성령만이 범 세계적인 선교 과제를 위해 교회를 무장시킬 수 있었다. 성령만이 교회의 선교 메세지를 받아 들이도록 세상을 준비하실 수 있었다. 부활의 좋은 소식을 전하는 것과 복잡다단한 세계로 하여금 그것을 믿게 하는 것은 별개의 문제다.

오순절 사건 없이 사도를 자력으로 활동했다면 결코 모든 족속으로 제자들을 삼을 수 없었을 것이다. 부활 사건은 너무도 믿을 수 없는 것이어서 정상적인 사람이라면 아무도 그것을 쉽사리 믿으려 하지 않았다. 오로지 능력이 성령께서 메신저들에게 충만함으로써 그들은 효과적으로 증거할 수 있었을 것이었다(행 1:8). 진리의 성령께서 청중들의 마음을 조정하실 때만 그들은 예수 그리스도를 주님으로 고백할 수 있을 것이다(고전 12:3).

(3) 살아계신 그리스도의 내주

승천은 예수님의 물리적 임재를 이 세상 밖으로 이전시켰다. 예수 그리스도의 육신의 모습을 알았던 제자들은 이제 더 이상 그런 모습의 그를 알 수 없었다. 그러나 그가 떠나시기 전에 그들을 위로가 없는 상태에 내버려 두지 않겠다고 말씀하셨다(요 14:18). 그는 그들에게 오시겠다고 하셨다. 과연 그는 그들과 함께 계실 것이었다(마 28:20). 그들 속에 그의 거처를 정하실 것이었다(요 14:23). 그는 심지어 그들을 떠나는 것이 그들에게 유익하다고 말씀하셨다(요 16:7). 그런데 과연 그러했다.

그의 물리적 임재가 더 이상 지속되지 않았을 때 그는 성령의 인격으로 그들과 함께 계셨다. 예수님의 영적 임재는 제자들에게 실제적인 사실로 생기 있고, 밝은 현실이었다. 그가 그들과 함께 계시는 동안 그들은 그들을 변화시키는 우정을 경험했었는데 그것을 이제도 계속 겪을 수 있었다. 그들의 그와의 사귐은 육체로 계실 때보다 더 직접적이고 더 값진 것이었다. 과거에 그들은 동일한 지리상의 위치에 함께 있을 때만 그의 임재를 체험할 수 있었다. 이제 그들은 그들이 어디에 가든지 그의 임재를 누릴 수 있었다. 그가 그들의 마음 속에 살아계시기 때문이다(엡 3:17). 그는 그들을 결코 떠나지 않으시겠다고 약속하셨다.

그의 지속적인 임재는 그들의 봉사에 영감을 주었고(행 27:21-25), 그들의 생활을 보호해 주었으며(행 10:10), 죽음에 처한 그들에게 위로가 되었다(행 7:54-60). 그를 떠나서 그들은 아무것도 할 수 없었다(요 15:5). 그러나 그와 함께 있으면 그들은 무엇이나 할 수 있었다(빌 4:13). 하늘과 땅, 혹은 지옥의 어떤 권세도 그들을 그의 사랑으로부터 떼어 놓을 수 없었다(롬 8:38-39). 이런 확신을 가지고 그들은 세계를 그리스도에게서 인도하러 나갔으며 그런 일에 있어서 그들은 '넉넉히 이겼다'.

5. 증거의 범위(The Extent of the Witness)

1세기 기독교의 확장에 관하여 우리는 거의 전적으로 사도행전에 의존할 수밖에 없다. 그러나 사도행전은 결코 모든 것을 다 말해 주지는 않는다. 바울 서신을 보면 누가가 기록한 것보다 복음을 훨씬 더 널리 전파되었던 것을 짐작할 수 있다. 그럼에도 불구하고 사도행전은 우리에게 개요를 설명해 준다. 우리는 사도행전에서 다음과 같은 결론을 이끌 수 있다.

(1) 교회 전체가 참여한 증거였다.

초대교회의 선교 사역은 여성선교협회나 해외선교국의 책임이 아니었다. 증거사역은 또한 장로들이나 집사들이나 혹은 사도들과 같은 전문가들에게 일임된 것도 아니었다. 평신도들과 성직자들이 동시에 모두 참여했다. 초기에 교회 자체가 선교였다. 초대교회의 선교 계획은 다음과 같은 두가지 전체 위에 기초한 것이었다.

① 교회의 주요임무는 세계 복음화다. ② 이 임무수행의 책임

은 교인 전체에게 있다. 초대교회에는 후기의 특징인 조직적인 선교활동이 없었다. 복음이 평신도들에게 의하여 전파되었다. "거의 모든 새신자들이 혁명가의 열정을 가지고 선전의 직분을 스스로 맡았다." 사도행전을 피상적으로 읽어보면 초대교회의 모든 전도사업이 전문가들, 즉 사도들과 그 통역자들에 의하여 이루어졌다는 인상을 받을 것이다. 그러나 그렇지 않았다. 여기 저기서 복음의 좋은 소식이 평신도들에게 의하여 멀고 넓게 전파되었다는 암시를 찾을 수 있다. 그들 대다수가 박해를 피해 여기 저기로 도망한 자들이었다(행 8:4, 19:19-20). 그들은 어디를 가나 친구들과 이웃들과 심지어 낯선 사람들에게 복음얘기를 했다.

(2) 땅 끝까지 파급된 증거였다.

오순절 사건 이전에 제자들은 근시안적인 안목을 가지고 있었다. 그들의 '왕국' 개념은 팔레스틴을 넘지 못하는 것이었다. 반면에 예수님은 범세계적으로 생각하셨다. 그들은 오순절 후에 확실히 예루살렘에서 시작했다. 그러나 거기서 그는 복음을 유대와 사마리아로 전파하여 마침내 '땅끝'까지 이르게 했다. 빌립은 사마리아에 복음을 전했고(행 8장) 베드로는 유대에 복음을 전했다(행 9장). 바울과 그의 동료들은 로마제국의 동부 절반을 전도했다(롬 15:19). 그들은 스페인까지 서쪽으로 침투할 계획을 가지고 있었다(롬 15:24).

그들은 어디서나 난관과 위험에 부딪쳤으며(고후 11:23-28), 어느 도시에서나 투옥과 환란이 그들을 기다리고 있었으므로(행 20:23), 그들 중 수백명이 그들의 증거에 피로 도장을 찍었다(행 26:10). 그럼에도 불구하고 그들은 그리스도의 인격과 복음의 능력을 계속 증거했다. 마침내 바울의 말대로 복음의 메세지는 '하늘 아래 모든 피조물에게 전파'되었다.

(3) 각계 각층의 사람들을 상대한 증거였다.

기독교는 유대교 내부의 개혁운동으로 시작되었다. 예루살렘 교회는 끝까지(A.D. 70) 기독교적 색채보다는 유대적 색채가 더 짙었다(행 21:20-26). 기독교가 그 자체의 신학을 발전시키고 그 자체의 과정을 정립하고 그 자체의 이미지를 심는 데는 수년이 걸렸다. 누구보다도 바울이 이러한 발전에 공헌한 바 컸다.

초기의 복음은 유대인들에게만 전파되었다(행 11:19). 베드로를 포함한 교회 지도자들이 마침내 이방인들에게도 복음을 증거하자고 동의하기까지 상당히 싫어하는 기색이 있었다(행 10:9-20). 빌립은 사마리아 도시로 가서 복음을 전함으로써 그러한 기색을 뚫고 지나갔다(행 8장). 베드로는 고넬료에게 복음을 전파한 전례가 있었다(행 10). 그러나 바울이 무대에 나타났을 때에야 비로소 복음이 보편적인 규모로 이방인에게 전달되었다. 그 때까지도 이방인에게 대한 복음 전파는 제1차 교회회의를 몰고와 논쟁을 야기시켰다(행 15장). 다행히 바울과 그의 동료들이 승리하였다(갈 2장). 그리하여 이방인들도 유대인이 되지 않고서도 교회로 들어올 수 있었다. 바울은 '헬라인이나 야만인에게, 지혜로운 자나 어리석은 자에게' 빚진 자라고 선언했다(롬 1:14).

복음은 인종 문제를 해결할 뿐만 아니라 사회문제까지 해결했다. 사회 각계 각층의 유대인들과 이방인들이 교회 정식 회원으로 환영을 받았다. 따라서 바울은 다음과 같이 자랑할 수 있었다. 교회에서는 "유대인이나 헬라인이나 종이나 자주자나 남자나 여자 없이 다 그리스도 예수 안에서 하나이니라"(갈 3:28). 빌립보 교회는 보편적인 교회의 축소판이었다. 그 창설 교인 가운데는 부유한 여자상인(루디아)과 로마 간수와 노예 소녀와 그 권속들이 포함되어 있었다.

기독교의 대적들은 기독교가 인간 찌꺼기들을 신자들로 받아들인다고 비난하였다. 켈수스(Celsus)는 기독교인들은 "무가치한 천덕꾸러기, 바보들, 노예들, 가난한 여인들과 아이들"이라고 묘사하였다. 이것은 교회의 수치가 아니라 영광이었다. 예수님도 세리들과 죄인들의 친구가 되셨다. 그는 '수고하고 무거운 짐' 모든 자들을 부르셨다(마 11:28). 교회야말로 로마제국에 있어서 높고 낮은 자들이나 가난하고 부유한 자들이나 노예나 자유인들에게 문호를 개방한 유일한 기관이었다.

6. 증거의 방법(The Techniques of the Witness)

초대교회의 증거는 성령의 지도하에 이루어진 것으로 하다가 말다가 하는 것이거나 우연한 것이 아니었다. 거기에는 바람직한 결과를 산출하도록 의도된 명백한 행동 계획이 있었다.

(1) 그들은 복음 전파했다.

사도들은 그리스도의 복음 안에서 인류의 모든 병들을 고칠 수 있는 만병통치약을 소유하고 있다고 믿었다. 그들의 마음에는 복음의 본질과 중요성에 관한 의심이 전혀 없었다. 하나님께서 그리스도의 죽음과 부활을 통해 결정적으로 역사하셨다. 그리하심으로 세상을 자신에게 화목시키신 것이다. 이러한 복음의 혜택에 참예하려면 우선 그 복음을 이해하고 받아들여야 한다. 따라서 설교가 중요한 것이다.

바울과 그밖의 사도들은 복음이 "유대인에게는 거리끼는 것이요 이방인에게는 미련한 것"(고전 1:23)임을 깨닫고 있었다. 그러나 복음은 "모든 믿는 자들에게 하나님의 능력"임도 알았다(롬 1:16). 예수 그리스도는 만유의 주로서 그를 부르는 모든 자에게 그의 부요를 베푸신다. 그를 부르는 모든 자는 구원을 얻을 것이다. 그러나 바울은 다음과 같이 적절한 네 가지 질문을 던졌다.

"그런즉 저희가 믿지 아니하는 이를 어찌 부르리요 듣지도 못한 이를 어찌 믿으리요 전파하는 자가 없이 어찌 들으리요 보내심을 받지 아니하였으면 어찌 전파하리요"(롬 10:14-15).

(2) 그들은 복음을 요구했다.

사도들은 복음을 받으려면 받고 말려면 말라는 식으로 제시하는 것으로 만족하지 않았다. 그리스도에 관한 좋은 소식 선포만으로 충분한 것은 아니었다. 청중들이 자기네들이 어찌될 것인지를 바로 아는 것이 절대 필요했다. 하나님은 세상을 사랑하시고, 그리스도께서는 모든 사람들을 위하여 죽으셨다. 그러나 그렇다고 해서 도처의 만민이 이미 구원 받았으니 그 사실을 충고로 받기만 하면 되는 것이 아니다. 그리스도 안에 제공된 구원은 전세계를 위하여 충분하나(sufficient), 그것은 반응하는 자에게만 유효하다(efficient).

구원에는 회개와 신앙이 다 요구된다. 회개는 소극적인 측면으로 마음의 변화를 내포한다. 신앙은 적극적인 측면으로 구주와 주님이신 예수 그리스도에게 지정의(知情意) 전인적인 위임을 포함한다. 신약 성경에서 말하는 회개는 항상 하나님을 향한 회개이다(행 26:20). 그리고 신앙은 항상 예수 그리스도를 믿는 신앙이다(행 16:31). 바울은 행 20:21에서 이 양자를 다 지적하였다.

회개와 신앙은 두개의 별도적인 경험이 아니다. 양자는 오히려 죄인이 하나님께 화해하는 하나의 경험의 두 측면이다. 하나님에 대한 회개가 수반되지 않고 그리스도에 대한 참된 신앙이 있을 수 없다. 작동되는 순간에 동시에 죄도 끊어 버려야 한다. '회개하라'는 명령은 사도들의 설교에서 크고 선명하게 제시되었다(행 2:38, 3:19, 8:22, 17:30, 26:20).「믿으라」는 권면도 역시 선명하다(행 4:4, 10:43, 13:39, 16:31). 복음은 회개하고 믿는 자들에게만 임하는 구원에 이루는 하나님의 능력이다.

(3) 그들은 사죄를 약속했다.

부활 후에 예수께서 제자들에게 이렇게 말씀하셨다. "너희가 뉘 죄든지 사하면 사하여질 것이요. 뉘 죄든지 그대로 두면 그대로 있으리라"(요 20:23). 사도들은 예수님께서 자기들에게 베푸신 권위로, 회개하고 믿는 모든 자들에게 사죄를 약속했다. 예수님을 죽인 도덕적인 책임이 있는 유대 지도자들까지도 이 제의에 포함되어 있었다(행 2:38, 5:31, 13:38, 26:18). 예수 그리스도의 속죄적 죽음에 근거하여 용서받지 못할 만큼 큰 죄는 없다. 하나님은 인간의 가장 무시무시한 행동을 인간의 구원으로 바꾸셨다. "죄가 더한 곳에 은혜가 더욱 넘쳤나니"(롬 5:20).

그가 죽으신 것은 우리를 용서하시기 위함이요, 그가 죽으신 것은 우리를 좋게 함이요, 우리는 그의 보배로운 피로 구원을 얻어 결국 천국에 이르게 될 것이다.

사도들이 전한 사죄는 미래의 소망이 아니라 현재의 소유물이었다. 가장 무서운 죄인들이라도 십자가 상에서 이루신 예수 그리스도의 속죄 사역에 근거하여 용서 받을 수 있다. 사람들이 사죄의 은총을 받기 원하는 것보다 하나님께서 그것 주시기를 더 기뻐하신다(사 55:7). 사도들의 마음 속에 죄인이 거룩하신 하나님 앞에서 오로지 회개와 신앙에 근거하여서만 용서받을 수 있다는 것을 조금도 의심하지 않았다. 이 사실을 바울보다 더 선명하게 묘사한 자는 없다. "형제들아 너희가 알 것은 이 사람을 힘입어 죄사함을 너희에게 전하는 이것이며 또 모세의 율법으로 너희가 의롭다 하심을 얻지 못하던 모든 일에도 이 사람을 힘입어 믿는 자마다 의롭다 하심을 얻는 이것이라"(행 13:38-39).

(4) 그들은 심판을 경고했다.

구원은 모든 사람을 위한 것이다. 유대인이나 헬라인에게 차별이 없다. 사죄는 누구나 자유롭게 얻을 수 있다. 그러나 구원보다 죄를 더 좋아하면 어떻게 되는가? 사도들도 예수님처럼 억척스럽게 고집하는 죄가 있다는 사실을 인식하였다. 그들도 예수님처럼 너무 정직해서 이런 문제를 덮어두지 않았다. 인간은 회개할 수도 있고 반항할 수도 있다. 그러나 동시에 이 두가지를 할 수는 없다. 회개하는 것은 용서를 받는 것이다. 값없이 완전한 용서를 영원토록 받아 누릴 수 있다. 그러나 계속 반역하는 것은 심판을 자초하는 일이다. 그리스도를 받아들이는 것은 생명을 선택하는 것이요, 그리스도를 거절하는 것은 사망을 선택하는 것이다. 제3의 길은 없다. 하나님의 사랑도 실제적인 것이지만 하나님의 진노도 실제적인 것이다. 사랑과 진노는 하나님의 성품의 본질이다. 심판없는 사죄를 전하는 것은 사람들을 속이는 것이요, 사죄없는 심판을 전하는 것은 하나님에게 욕을 돌리는 것이다. 사도들은 사죄와 심판을 동시에 전파했다. 그들도 사람들에게 용서를 받고 하나님과 화목하도록 권유했다(고후 5:20). 동시에 그들은 하나님의 의로운 심판이 나타날 진노의 날을 위하여 스스로 진노를 쌓는 것도 경고하였다(롬 2:5). 사도행전에 거듭 나타나는 진리가 바로 이것이다(3:23, 13:41).

(5) 그들은 세례를 베풀었다.

세례 요한과 예수님도 과거에 세례를 행하였다. 예수님께서 대위임령을 선포하셨을 때 제자 삼는 두 가지 방법을 교육과 세례로 보셨다(마 28:18-20). 사도행전에서 세례를 최초로 언급한 자는 베드로였다. 그의 청중들은 오순절 설교 후에 마음이 찔려 이렇게 외쳤다. "우리는 어떻게 해야 할까?" 베드로는 이렇게 대답했다. "너희가 회개하여 각각 예수 그리스도의 이름으로 세례를 받고 죄 사함을 얻으라 그리하면 성령을 선물로 받으리니"(행 2: 37-38). 사도들이 회개와 신앙 이후에 세례를 베풀었다는 사실을 주목할 만하다(행 8:36-38).

베드로(행 2:41), 빌립(행 8:38), 아나니아(행 9:18), 그리고 바울(행 16:15, 33, 19:5)이 세례를 베풀었다. 유대인들(행 2:41), 사마리아인들(행 8:12), 이방인들(행 10:47-48), 그리고 심지어 세례요한의 제자들(행 19:5)까지도 세례를 받았다. 세례는 생활변화를 가져온 내면적 심령 변화의 외면적 징조와 상징이었다. 그것은 회개한 자가 공적으로 돌이킬 수 없도록 기독교 신앙을 고백하는 유일한 가견적 공식적 행위이다.

(6) 그들은 교회를 설립했다.

사도들은 씨 뿌리는 것이나 수확을 거두는 것으로 만족하지 않았다. 그들은 예배, 교육, 교제, 그리고 봉사의 센터로서 지교회들을 설립하였다. 구심점은 예수 그리스도의 인격과 임재였다(마 18:20). 그들은 그리스도에게 공통으로 연결된 것으로 협동하였다 (요 12:32). 그들은 상호간의 교제는 아버지와 아들과의 교제에서 나온 것이었다(요일 1:3).

초대교회는 숫적으로 적고 예배는 간소했다. 예루살렘교회는 다락방에서 모였다(행 1:13-15). 수가 증가함에 따라 문제들이 야기되고 조직이 개발되었다(행 6:1-4). 사도들 다음에 최초로 생긴 직분은 집사였다(행 6:5-7). 후에 장로들이 임명되었다(행 14:23). 조직적인 기구는 결코 엄격하지 않았다. 적어도 처음에는 그러했다. 예루살렘 교인들은 성전을 자주 방문하는 일을 계속했다(행 3:1, 21:26). 다른 곳에서는 회당에서 경배했다(행 22:19). 그들이 거기서 추방될 때까지 그렇게 했다(행 19:9). 여러 곳에서 그들은 단지 사가에서 떡을 떼며 기도하기 위하여 모였다(행 2:46, 11:

12, 20:8). 장소가 중요한 것이 아니었다(요 4:20-21). 건물이 별로 큰 의미를 지니지 않았다(행 17:24-25). 돈도 문제가 아니었다(행 3:6). 숫자도 성공의 필수조건이 아니었다(마 18:19).

초대교회 신자들의 두가지 두드러진 특징은 그리스도에 대한 신앙과 형제 사랑이었다(골 1:4, 살전 1:3, 살후 1:3). 그들은 꽉 짜인 그룹으로 공통된 신앙과 소망을 가졌을 뿐아니라 재산까지 공유했다(사 2:44-45, 4:32). "보라, 교인들이 얼마나 서로 사랑하는가" 이것이 세상의 평가였다.

마지막으로 어째서 교회가 독특한 제도가 되었던가? 그것은 예수 그리스도의 임재 때문이었다(요 20:19, 마 28:20). 그는 그들의 교제의 중심이었다(마 28:20). 그는 그들의 교훈과 설교의 주체였다(행 5:42). 그는 그들의 봉사의 원동인(原動因)이었다(막 9:41, 골 3:24). 그는 그들의 경배의 대상이었다(미 28:17, 계 5:11-14).

7. 증거의 결과(The Results of the Witness)

사도들은 결과를 기대했고 기대한 대로 결과를 얻었다. 그들은 능력있는 복음(롬 1:16)을 성령의 능력으로 전파하면(고전 2:4) 항상 결과를 산출하리라고 믿었다. 바울은 로마를 방문하기 직전에 이렇게 말했다. "내가 너희에게 나갈 때에 그리스도의 충만한 축복을 가지고 갈 줄을 아노라"(롬 15:29). 그는 "달음질도 헛되지 아니하고 수고도 헛되지 아니"(빌 2:16) 하도록 하기를 원했다. 더욱이 그는 그를 통하여 회개한 자들도 헛된 수고를 하지 않을 것을 확신했다(고전 15:58).

그러면 사도들이 성취한 결과는 어떤 것이었던가?

(1) 그것은 직접적인 것이었다.

그들은 여러 해 동안 지루하게 씨를 뿌리며 어느 날엔가 추수

할 것을 거두는 식의 일꾼들이 아니었다. 사도행전의 첫 설교는 삼천명을 회개하게 했고 현장에서 세례를 베풀었던 것이 아닌가! 오늘날 교회는 보통 이와 정반대인 것 같다. 즉 삼천번 설교해야 한 사람이 회개할까 말까 한 실정이 아닌가! 사도도 아니요 집사인 빌립이 사마리아 도시에서 복음을 전했을 때 "무리가… 일심으로 그의 말하는 것을 좇더라" 그 결과로 "그 성에 큰 기쁨이 있더라"(행 8:6-8). 에디오피아 내시는 복음을 듣는 즉시 믿고 세례를 받았다. 로마 백부장 고넬료, 구브로의 총독, 빌립보의 간수, 부유한 여자 상인인 루디아―이 모든 사람들은 첫번 접촉하여 회개했다.

(2) 그것은 대단한 영향을 미쳤다.

여기 저기서 한 두 사람이 회개한 것이 아니었다. 수많은 사람들이 회개했다. 한꺼번에 삼천명이나(행 2:41). 오천명이 회개했다(행 4:4). '많은', '큰 숫자', '무리' 등의 단어들이 사도행전 전체에 거듭 나타난다. 예루살렘에서의 증거가 너무도 성공적이어서 신자들은 '예루살렘을 그들의 교훈으로 가득 채운다'는 비난까지 났다(행 5:28). 안디옥에서도 "주의 손이 그들과 함께 하시매 수다한 사람이 믿고 주께 돌아오더라"(행 11:21). 비시디아 안디옥에서도 "온 성이 거의 다 하나님 말씀을 듣고자 하여 모였더"(행 13:44). 로마제국의 종교적 중심지인 에베소에서 바울의 설교가 너무도 성공적이어서 은장색들이 그들의 우상 제조작업이 위기에 처한 것을 발견할 정도였다(행 19:23-27). 마술을 행하던 많은 사람들이 자기들의 책을 가지고 와서 불에 태워버렸다. 그 책값의 도합은 5만이나 되었다(행 19:19).

(3) 그것은 지속적인 것이었다.

사도들은 양을 가지고 질을 회생할 필요가 없었다. 회심자들은 질적으로도 참되게 회심하였다. 그들은 믿음 뿐만 아니라 회개도 전파했다. 그리스도를 따르기로 결심하기 전에 무엇을 해야할지를 알고 있었다. 그것은 '쉽게 믿자 주의'가 아니었다. 분명한 기치를 들었다. 하나님이냐 돈이냐였다(마 6:24). 그리스도냐 벨리알이냐(고후 6:15), 생명이냐 사망이냐(고후 2:16), 구원이냐 정죄냐(막 16:16)였다. 세속적인 관심에서 볼 때 그리스도를 받아들인다는 것은 모든 것을 상실하는 것이었다. 그 당시 천국가는 유일한 길은 '많은 환란을 통과하는'(행 14:22) 길이었다. 신앙 때문에 순교한 회심자들도 적지 않았다(행 26:10). 초대교회 신자들은 완전한 자들이 아니었다. 교회도 역시 문제가 없는 것은 아니었다. 그러나 한가지만은 분명했으니 '알맹이' 신자들이 있었다는 것이다. 회개하고 세례받기까지 시험하는 기간이 없었음에도 불구하고 알맹이 신자였다는 것은 더욱 더 주목할 만한 일이다. 그들은 신앙고백과 동시에 직접 세례를 받았다. 물론 초대교회에도 중상모략하는 자들과 배교하는 자들도 있었으나 그들의 수는 비교적 적었다. 성령이 죄를 깨닫게 하는 역사가 너무도 강력했기 때문에 은혜의 역사가 깊으면서도 오래 지속되었다. 더욱이 회심자들은 마음의 목적을 두고 주님께 붙어 있으라는 교훈을 받았다. 절대 다수가 이 교훈에 순종했다.

4. 宣敎의 바울使役的 基礎

바울은 어떤 면으로 보나 비상한 인물이었다. 그는 어디에 내놓아도 출중한 사람이었다. 그것은 그의 신장이 커서가 아니라 그 의지적이며 도덕적이며 영적인 인품 때문이었다. 그는 구약의 위대한 인물들인 아브라함, 모세, 다윗, 엘리야, 이사야 그리고 다니엘 등의 대열에 낄 수 있는 사람이었다. 그는 모세가 유대교를 위해서 기여한 만큼 기독교를 위해서 기여했다. 바울과 모세 이 두 사람은 공통점이 많았다. 양자는 선조들의 신앙을 본받아 세심한 교육과 양육을 받았다. 양자는 세상의 지혜에도 정통해 있었다. 양자는 하나님께서 특별한 인물로 선택한 자들이었다. 양자는 그들의 필생의 사업을 준비함에 있어서 하나님과 극적인 대면을 하였다. 양자는 말과 행위에 있어서 유능한 역동적 지도자들이 되었다.

하나님께서는 바울의 성품 속에서 그 세대의 어떤 다른 사람, 심지어 베드로나 야고보나 요한에게서도 발견할 수 없는 점을 보셨다. 바울은 학자의 두뇌와 전도자의 심정과 병사의 훈련과 사랑하는 자의 헌신과 보는 자의 환상과 개혁자의 열정과 예언자의 정열을 소유한 사람이었다. 한 때 죄인의 괴수인 다소의 사울이 하나님의 은혜로 모든 사도들 중 가장 위대한 사도 바울이 되었다.

수석 사도인 베드로가 사도행전 1-12장에서는 지배적 인물로 나타난다. 그러나 그는 사도행전 13-28장에서 갑자기 시야에서 사라지고 대신 바울이 나타난다. 이것은 주목할만한 사실이다. 더욱이 바울은 그리스도께서 선택하신 열 두 사도들 중의 하나가 아니었다는 점을 기억할 때 더욱 주목할만 하다. 또한 그는 초대교회에 있어서 유일한 선교사가 아니었다. 누가가 언급한 선교사들은 적어도 수십명이었다. 아니 수백명의 선교사가 있었던 것은 의심할 여지가 없다. 그런데 어째서 누가가 바울만 골라 내어서 사도행전에서 그렇게 두드러지게 부각시켰던가?

바울에 의한 기독교의 확장은 아주 중요한 사실이었다. 누가는 바로 그 점을 추적하였다. 그것은 누가가 다른 사람들을 몰랐기 때문이거나 바울 사도와 아는 처지였기 때문이 아니었다. 기독교가 로마제국의 주요 도시들의 뿌리를 박게 된 것은 바울의 활동을 통해서였다. 누가가 사도행전을 집필할 무렵 기독교는 대단한 세력을 형성하고 있었다. 이러한 발전은 역사적으로 가장 놀라운 것이었다. 더욱이 바울의 교훈의 부록이라고 할 수 있는 바울 서신들을 보면 기독교 신앙체계가 완벽하게 제시되어 있다. 따라서 바울 밑에서 기독교는 영역 확장 뿐 아니라 내용도 확립되었다.

바울의 어머어마한 영향이 없었더라면 기독교는 유대교의 강보를 벗어 버리고 참으로 범세계적인 종교가 되지 못했을 것이라고 말해도 과언이 아니다.

1. 바울의 선교전략(Paul's Missionary Strategy)

우리는 바울에게 선교전략이 있었던가는 물음부터 먼저 던져 볼 수 있다. 어떤 이들은 있었다고 하고 또 어떤 이들은 없었다고 한다. 전략이란 말을 어떻게 정의하느냐에 따라 많이 달라진다. 만일 전략이란 말이 인간의 관찰과 경험에 입각한 의도적이며 공식화되어 있으며 적절하게 시행된 행동계획을 의미한다면, 바울에게는 거의 혹은 전혀 전략이 없었다고 볼 수 있다. 그러나 만일 전략이란 말을 성령의 지도 밑에서 개발된 운용법, 성령의 지시와 통제에 복종하는 융통성 있는 운용법(*modus operandi*)을 의미한다면 바울에게는 전략이 있었다고 볼 수 있다.

오늘날 우리의 문제는 우리가 인본주의적 시대에 살고 있다는 것이다. 우리는 주님의 사업에 있어서 교회제도적인 뒷받침이 없이는 중대한 일이 성취될 수 없다고 생각한다. 위원회나 대회나 연구회나 세미나의 뒷받침이 있어야 된다는 것이다. 그러나 초대교회 교인들은 인간의 지혜나 기술에 의존하기 보다 하나님의 주도권과 지도에 더 의존했다. 그러나 그들은 일을 잘 처리했던 것이 분명하다. 현대의 선교운동이 가장 필요로 하는 것은 초대교회의 선교 방법으로 돌아가는 것이다.「로잔 세계복음화 대회」에서 미카엘 그린(Michael Green)은 다음과 같이 핵심을 찌르는 말을 했다. "여러분들 중에서 나의 논문이 초대교회의 전략을 너무 빈약하게 다루었다고 논평한 자들이 많습니다. 여러분들이 옳습니다. 그러나 여러분들이 아시다시피 나는 초대교회에 많은 전략이 있었다고 믿지 않습니다… 오히려 사람들이 성령의 인도에 복종하며 성령께서 여시는 문들을 통해 나아 갔을 때 복음은 분명하게 저절로 번져 나갔던 것입니다."

롤란드 알렌(Roland Allen)도 역시 유사한 입장을 취했다. "사도 바울이 자기의 선교여행을 미리 계획하고 교회들을 설립할 전략적인 지점을 선택한 다음 실제적으로 그 계획을 추진하였다고 결코 주장할 수는 없다."

이와 같은 서론적인 몇가지 사실들을 염두에 두고 이제부터 바울의 선교 전략을 살펴 보고자 하다.

(1) 그는 선교 본부와 긴밀한 접촉을 유지했다.

바울은 회심하는 순간 주님으로부터 직접 선교적 소명을 받았다. 이 소명은 후에 바울이 교사로 봉사한 안디옥 교회에서 실제로 확인 되었다. 성령께서는 그 교회로 하여금 성령께서 불러 세우시는 사역을 위하여 바나바와 바울을 따로 구별하여 세우도록 지시하셨다. 이에 교회는 모여서 기도와 금식을 드린 후에 축복하며 이 두사람을 파송했다.

바울이 안디옥 교회와의 접촉을 대단히 중시했던 사실이 그의 선교여행 마지막에는 항상 안디옥으로 돌아온 사실로 보아 명백하다. 누가는 안디옥 교회에 의하여 바울과 바나바가 그들이 이제 완수한 사역을 위하여 하나님의 은혜에 맡겨짐이 되었다고 독자들에게 상기시켰다. 그것은 마치 선교의 성공과 교회의 기도 사이에 필요한 관련이라도 있는 듯한 지적이었다. 바울과 바나바는 모교회로 돌아와 전 교우들을 소집한 후 하나님께서 자기들을 통하여 성취하신 일, 특별히 하나님께서 이방인들에게 믿음의 문을 여신 사실을 상세히 보고하였다. 이후에 그들은 안디옥에 '적지 않은 시간동안'(행 14:28) 머물러 있었다. 그동안에 그들은 과거에 했던 바와 같이 하나님의 말씀을 전파했을 것으로 우리는 당연히 결론지을 수 있다.

여기에는 하나의 커다란 이점이 있었다. 현대 선교에 있어서는 선교사는 휴가 시간에 선교사로 하여금 동분서주하며 수십교회들을 주말마다 방문하여 과거의 지원에 대해 감사하며 계속적인 지원을 요청하는 일을 하게 하지만 초대교회에는 그런 관습이 없었다. 현대 선교에 있어서 휴식과 휴양의 시기가 되어야 할 휴가가 오히려 동분서주하는 시기가 되기 일쑤이다. 선교사는 여행과 소란의 피곤한 일년을 보낸 후에 심신의 피로를 풀지 못한채 오히려 안도의 한숨을 쉬며 선교일선으로 돌아 간다. 그 동안에 그는 어느 한 교회에 오래 머물러 있으면서 자기 자신이나 다른 사람들에 유익한 일을 하지 못하고 여러 교회를 정신없이 방문하게 된 것이다.

바울은 역시 예루살렘 교회와 계속 접촉하는 일에도 관심이 있었다. 예루살렘 교회의 축복 없이는 그의 이방인 선교가 위험에 부딪칠 것이었다. 적어도 20년 동안 예루살렘 교회는 모교회로 간주되었다. 열 두 사도 중 일부가 아직도 거기 있었고 최초의 장로들 다수가 거기에 있었던 것이다. 이 장로들은 그 당시 사도들 다음가는 영향력을 미치고 있었다.

바울은 그 유력한 교회와 계속 접촉하는 것이 중요하다는 사실을 충분히 파악할 수 있는 현명한 사람이었다. 그는 적어도 다섯

차례에 걸쳐 예루살렘교회를 방문했고 그 때마다 거기에 있는 지도자들과 회담했다. 유대계 기독교와 이방계 기독교 사이에 분쟁이 심화됨에 따라 이 일은 중요해졌다. 바울은 예루살렘을 마지막으로 방문하는 길에 마게도니야와 아가야의 이방교회들이 보낸 사랑의 헌금을 예루살렘 교회로 전달했다. 이 헌금 전달의 직접적인 이유는 당시 예루살렘 교회의 가난한 성도들이 경제적인 곤궁에 빠져있었기 때문이다. 그러나 바울은 그 헌금이 또 하나의 목적을 성취하는 데 유용할 것을 희망한 것이 분명하다. 즉 유대계 기독교와 이방계 기독교를 그리스도의 사랑의 띠로 묶어 두기를 희망한 것이다. 바울은 이런 식으로 자기의 이방선교의 성공을 확보하고자 노력했다.

후에 바울은 로마제국 동부에서의 선교사업이 마무리될 즈음에 로마에 있는 교회에 편지하여 그의 스페인선교에 대한 지원을 요청했다(롬 15:15-24). 그가 로마제국 서부에서 선교를 개시하려고 하면 이태리의 선교 본부가 있어야 했기 때문이다. 따라서 바울의 로마서 집필 이유는 신학적이라기 보다 선교적이었다. 그는 범세계적인 기독교 선교가 선교본부의 강력한 지원을 받아야 한다는 것을 확신하고 있었다.

(2) 그는 네개 지역에 노력을 국한시켰다.

선교사 한 사람은 한 사람 만큼의 시간과 정력이 있을 뿐이다. 그는 모든 지역을 카바할 수는 없다. 만일 그렇게 하고자 하면 그는 분명히 실패하거나 좌절할 것이며 아니면 실패와 좌절을 동시에 맛볼 것이다. 바울의 본래 사명은 복음을 '멀리 이방인들에게' 전하는 것이었다(행 22:21). 그러면 어디까지가 '멀리'인가? 메소포타미아인가? 에집트인가? 인도? 중국? 아프리카? 분명한 것은 그는 이 모든 지역을 방문할 수는 없다는 점이다. 따라서 그는 성령의 인도를 받아 가장 인구가 많고 번성한 네개의 지역 즉 갈라디아, 아시아, 마게도니야, 아가야에 집중 전도하기로 결심했다. 갈라디아와 아시아는 아시아 지역이었고 마게도니야와 아가야는 유럽 지역이었다. 바울은 전 세계를 다니면서 복음의 씨를 헤프게 뿌리기보다 훨씬 더 좁은 땅에서 수고하기를 좋아했다. 다시 말해서 그는 그와 몇몇 다른 사람들이 뿌린 씨에 물을 주고 김을 매며 열매를 거둘 수 있는 좁은 지역을 선택했다(고전 3:6). 그의 목적은 그저 방대한 지역을 전도하는 데 있지 않았고 교회를 설립하는 데 있었다. 이렇게 하기 위해서는 씨를 뿌릴 뿐 아니라 열매를 거두는 일이 필요했다. 이런 일은 다소 제한된 지역에 노력을 집중시킬 때 가장 잘 이루어질 수 있었다.

이 점에 있어서 주목해야 할 것은 바울과 누가가 도시를 기준으로 생각한 것이 아니라 지역을 기준으로 생각했다는 점이다. 유대와 갈릴리와 사마리아 등 지역의 교회들을 언급하였다(행 9:31). 수리아와 길리기아(행 15:23), 마게도니야와 아가야(고후 9:2) 등 지역의 교회들도 언급되었다. 한 교회가 한 도시와 동일시된 경우는 거의 없었다.

바울의 적극적인 선교활동은 십이년 내지 십오년 간 계속되었다. 그러나 그렇게 짧은 기간에 그는 앞서 언급한 네개 지역 전체에 강하고 번성하고 자립적인 교회들을 설립하는데 성공했다. 그의 활동은 너무나 철두철미 했으므로 그는 선교활동의 막바지에 접어들어 로마에 있는 교인들에게 이렇게 편지할 수 있었다. "내가 예루살렘으로부터 두루 행하여 일루리곤까지 그리스도의 복음을 편만하게 전하였노라…… 이제는 이 지방에 일할 곳이 없고 또 여러 해 전부터 언제든지 서바나로 갈 때에 너희에게 가려는 원이 있었다"(롬 15:19-24).

현대 선교는 이 점에 있어서 바울로부터 배울 수 있다. 많은 선교부가 삼십명의 선교사를 한 나라에 파송하여 선교활동이 완성될 때까지 거기 머물러 있게 하는 대신에 선교사들을 이십 내지 삼십개국으로 흩어 파송하여 강력한 토착교회 하나도 제대로 설립할 수 없도록 하고 있다. 집중이 아니라 분산이 현대의 선교 전략인 듯하다. 일본만 해도 구십칠개의 북미 선교부가 있다. 그 중 오십 칠개선교부는 일본 전체에 선교사가 십명 내외이다. 선교부가 명목상 좋아 보이는 일을 하여 사실상 교회를 강하게 하는 것이 아니라 약하게 하는 선교 활동 형태를 보면 다소 영적인 교만이 작용하고 있지는 않나 싶다. 우리는 우리 자신을 얇게 확신시킴으로써 우리의 활동에 거의 혹은 전혀 깊이가 없게 하기 쉽다. 바울은 그러한 실수를 범하지 않았다. 그는 그의 노력을 네개 주요지역에 국한시켜 거기서 집중적으로 선교사업을 다져 나가기를 기뻐했다.

(3) 그는 대도시에 집중하였다.

바울은 로마제국의 대도시에서 활동하는 편을 택했다. 거기에는 생활이 편리하고 많은 무리가 있기 때문이 아니었다. 오히려 대도시를 복음전파의 전략적인 센터로 삼아 주변지역에 복음의 빛을 확산시킬 수 있었기 때문이다. 그는 바나바와 함께 1년 내내 제자들을 가르쳤던 안디옥에서 출발하였다(행 11:26). 지도를 한번 보면 기독교 선교에 있어서 안디옥의 전략적 중요성을 쉽사리 파악할 수 있을 것이다.

안디옥은 로마와 알렉산드리아 보다 크기에 있어서 작지만 로마제국 제3의 도시로서 여러 민족이 섞여 살고 있었으며 상업상 동서로 연결된 곳으로 예루살렘으로부터 전진하기 시작한 기독교 신앙이 확산될 수 있는 가장 중요한 요충지였다. 그리로부터 새로운 종교인 기독교가 사방으로 번져갈 것이었다. 안디옥은 팔레스틴 경계선 바로 저편에 있었으며, 따라서 복음의 원래의 본부와 그리 멀지 않기 때문에 모교회와 계속 접촉할 수 있었다. 동시에 안디옥은 팔레스틴으로부터 헬라 로마세계로 들어가는 입구였다. 기독교가 로마 제국으로 파급되는 데 있어서 안디옥보다 더 적절한 전략기지는 없었다.

바울은 세차례에 걸친 선교여행을 통해 로마제국이 건설하고 유지하는 유명한 로마의 도로들을 익숙히 알고 있었다. 이 도로 연변에 제국의 대도시들이 위치해 있었다. 그 도시들은 모두 로마제국 행정과 헬라문화의 중심지였다. 그 중에는 빌립보처럼 로마 속령들도 있었다. 그 밖에 데살로니가 같은 도시들은 분주한 상업의 중심지였다. 빌립보를 제외한 모든 대도시에 유대인들이 많이 살고 있었다. 아덴은 문화의 중심지였고 에베소는 제국의 중심지였다.

바울은 대로 연변의 모든 도시들에서 다 복음을 전한 것은 아니었다. 그는 이런 저런 이유로 신속한 제국 복음화 계획에 중요한 지점들을 선별하였다. 그는 빌립보에서 데살로니가에 이르는 길목에 있는 암비폴리스(Amphipolis)와 아폴로니아(Apollonia) 등지는 그저 통과하였을 뿐 복음을 전하지 않았다(행 17:1). 매 도시마다 체류하는 기간도 일정하지 않았다. 어떤 곳에서는 수 주간 머물렀고 또 어떤 곳에서는 2~3년 머물렀다.

의심의 여지없이 에베소는 바울이 활동한 모든 도시들 가운데 가장 중요한 곳이었다. 에베소는 아시아 지역의 수도일 뿐 아니라 유명한 디아나(Diana) 신전이 위치해 있어서 제국의 종교적 중심지였다. 해마다 수십만명의 순례자들이 에베소를 방문했다. 상인들은 관광업에서 얻는 수입이 많았다(행 19:25-27). 에베소는 이토록 중요한 곳이었으므로 바울은 금싸라기 같이 귀한 3년 동안 거기 머물러 있었다(행 20:31). 에베소 체류기간이 최장기간이었다. 그는 에베소를 떠날 때도 디모데에게 목회를 맡겨 두었다(딤전 1:3). 브리스길라, 아굴라, 그리고 아볼로가 다 에베소에서 일했다(행 18:24-26). 후에 사도 요한도 거기서 살았다. 사도행전에서 누가는 바울이 행한 대설교를 기록하였다. 그 중 하나가 에베소 교회 장로들에게 행한 그의 고별 설교였다(행 20장). 이 고별 설교는 바울의 설교 방법에 대한 귀중한 통찰력을 제공해 준다. 바울은 에베소 초기 3개월 동안 회당에서 "하나님 나라에 대해 강론도 하고 권면도 했다"(행 19:8). 반대 세력 때문에 회당에서 추방되었울 때 그는 두란노 서원으로 옮겨가서 거기서 듣기를 원하는 모든 사람들과 매일 대화를 나누었다.

바울의 선교활동의 효력을 누가의 논평으로부터 다소 찾아볼 수 있다. "이같이 두 해 동안을 하매 아시아에 사는 자는 유대인이나 헬라인이나 다 주의 말씀을 듣더라"(행 19:10). 이 구절은 사도행전에서 가장 주목할 만한 구절 중의 하나이다. 이것은 바울이 전략 센타에 있으면서 거대한 영향력을 행사하였음을 분명히 보여준다. 누가가 "아시아에 사는 모든 주민들은 다 주의 말씀을 듣더라"고 말했는데, 이것은 복음의 씨를 뿌릴 때에 열매를 거두기 위한 집중노력 없이 그저 광범위하게 뿌렸다는 것을 가리킨 말이 아니다. 계시록 2장과 3장을 보면 후에 아시아 지역에 잘 설립된 7개 교회가 있었다는 것과 그 교회를 일일이 이름을 불러 언급했다는 것을 알 수 있다. 어떻게 언제 누구에 의해서 설립된 교회들이었을까? 바울이 수도 에베소에서 3년간 선교한 결실이라고 생각하는 것이 무리일까?

바울이 그 기간 동안 에베소 시에서만 선교했던가? 아니면 인근 도시들을 잠깐만 방문했던가? 누가는 거기에 대해 아무 말도 하지 않았다. 구태여 우리가 알 필요도 없다. 물론 바울이 그 지역에 단기간 방문할 수도 있었을 것이지만, 이 사실을 확인할 만한 근거가 전혀 없다. 그렇다면 아시아의 교회들은 어떻게 설립되었을까? 두가지 가능성이 있다. 바울은 계속 왔다 갔다 하는 동역자들이 있었다. 이들 일부는 아마 에베소에 바울과 함께 있었을 것이다. 그렇다면, 바울은 분명히 수도에서 총괄 지휘 감독하면서 외곽 대소도시들로 그들을 파송하였을 것이다. 둘째는 에베소는 주변지역으로부터 많은 상인들, 관리들, 군인들 등이 자주 드나들던 곳이었다. 이들 중 많은 사람들이 두란노 서원에서 바울로부터 말씀을 들었을 것이다. 그리고나서 돌아갈 때에 복음도 함께 가지고 갔을 것이다. 그리하여 때가 되매 그 지역 전역에 교회들이 세워졌을 것이다. 이것은 덧셈식 교회설립이 아니라 곱셈식 교회설립이었다.

이상의 내용이 단순한 추측에 불과한 것이 아니라는 사실은 골로새서를 보면 알 수 있다. 골로새는 에베소 동방 90마일 지점에 있었는데 거기에 교회가 있었다. 그 지도자 둘은 에바브라와 두기고였다. 에바브라는 골로새 본토박이였고 교회 설립자였다(골 1:7). 그는 바울의 동역자 중의 한 사람이 되었다. 그러나 바울은 한번도 골로새에 가본 적이 없었다(골 2:1). 그러면 어떻게 그들이 만났을까? 바울이 골로새로 가지 않았다면 에바브라가 에베소로 갔었을 것이 분명하다. 이것은 흥미있는 추측일 뿐 아니라 그럴듯한 추측이다. 에바브라는 에베소에 갔다가 귀향하여 고향에서 활동한 다음 교회를 설립한 것이다.

(4) 바울은 회당을 복음전파의 본거지로 삼았다.

그는 하나님에 의해 이방인의 사도로 선택함을 입었고(갈 2:8), 사도직분에 특별한 긍지를 가지고 있었으나(롬 11:13) '유대인에게 먼저'(롬 1:16)라는 원리를 따라갔다. 도시에 들어가면 곧장 회당으로 들어갔다. 빌립보에서 만은 회당과 같은 기관을 발견하지 못했다. 빌립보가 로마 속령이었기 때문에 '기도할 장소'를 찾아야만 했다. 바울은 자신이 아브라함의 씨에 속하여 약속의 후사임을 알았기 때문에(갈 3:29) 회당에 들어가면 즉시 평안함을 느꼈다. 회당의 예배 순서와 예배양식은 그가 익히 알고 있었다. 그는 회당에서 3종류의 서로 다른 그룹을 발견했다. 유대인과 개종자들과 하나님을 경외하는 이방인들이 그 3종류인데 이들은 모두 유일하신 참 하나님을 알고 있었고 구약을 익히 알고 있었으며 메시아를 고대하고 있었다.

더욱이 회당에서는 방문하는 랍비에게 모인 경배자들을 상대하여 '권면의 말씀'을 하도록 초청하는 습관이 있었다(행 13:15). 이것은 바울이 어디를 가든지 이미 맞춤복과 같은 준비된 상황에서 관심을 가지고 경건하며 성경지식이 있는 청중들에게 증거할 수 있는 기회를 얻었다는 것을 의미한다. 바울은 항상 그 기회를 최대한 활용했다.

회당에서 추방되었을 때만 그는 다른 곳으로 갔다(행 18:7, 19:9). 다음 도시로 옮겨갔을 때는 또 다시 회당으로 들어갔다. 바울을 반대하는 대부분의 세력은 회당에서 일어났다. 그럼에도 불구하고 회당은 로마 세계에 있어서 복음전파에 최선의 기회를 제공했다. 유대인들이 보통 그렇지만 바울을 반대하고 나면 항상 개종자들과 하나님을 경외하는 이방인들 측에서 즉각적인 반응이 있었다. 바울 서신을 기준으로 볼 때 대부분의 회심자들은 대개 이 두 부류에 속한 사람들이었다. 1세기에 기독교 신앙 전파에 있어서 회당의 전략적 중요성을 결코 무시할 수 없다. 바울은 그 독특한 기회를 최대한 활용할 줄 알만큼 현명한 사람이었다.

(5) 바울은 반응있는 사람들에게 전파하기를 좋아했다.

모든 사람들이 동일하게 복음에 대해 반응을 보였던 것은 아니었다. 그리스도께서도 마태복음 13장에서 씨뿌리는 비유를 통해 이 사실을 지적하셨다. 그 비유에 보면 4종류의 밭과 4종류의 수확이 있다. 각각의 경우에 수확은 씨를 뿌리는 자나 씨에 좌우된 것이 아니었다. 경우에 있어서 씨를 뿌리는 자와 씨는 동일했기 때문이다. 다만 문제는 밭에 있었다. 좋은 땅은 결실도 좋았다. 나쁜 땅은 결실이 나쁘거나 전혀 없었다. 심지어 좋은 땅의 경우도 수확이 획일적으로 좋은 것은 아니었다. 백배의 수확도 있었고 육십배의 수확도 있었으며 삼십배의 수확도 있었다.

바울은 결과에 관심을 기울였다. 그는 자기가 '사명을 맡았다'(고전 9:17)는 사실을 똑바로 의식하고 있었다. 동시에 장차 그가 사명을 수행한 방식에 대하여 회개해야 할 것도 알고 있었다(고전 3:10-15). 기독교 봉사자는 충성해야 한다(고전 4:2). 그는 또한 열매를 맺어야 한다(요 14:4). 열매를 맺지 못하는 일부 선교사들은 자기들이 충성한다는 사실에서 위로를 얻는다. 또한 열매에 지나치게 매료된 나머지 충성을 등한시하는 자들도 있다. 바울은 충성도 하고 열매도 맺을 각오를 가지고 있었다.

바울은 대부분 로마 세계의 회당에서 복음을 전파했다. 그는 회당 출석자들이 두 부류로 나누어지는 것을 곧 발견했다. 말씀을 받고 그를 따르는 자들과 진리를 반대하고 그와 싸우는 자들이다. 전자는 대개 개종자들과 하나님을 경외하는 이방인들로 구성되어 있었다. 후자는 주로 유대인들로서 바울이 주로 이스라엘의 영광스런 역사에 대하여 말하는 동안에는 아주 주의 깊게 듣다가도 일단 나사렛 예수가 이스라엘이 고대하던 메시아임을 증명하려 들면 그들은 그를 반박하고 나서서 그를 죽여 버리려고 폭동을 일으켰다. 그의 추종자들이 적절하게 개입함으로 구사일생으로 살아남은 때가 한 두번이 아니었다. 바울이 실제로 죽은 자로 간주되어 버려진 때도 한번 있었다(행 13:46).

그 사건 이후에 바울은 결정적인 행동을 취했다. 비시디아의 안디옥에서 처음에 있었던 일이었다. 바울과 바나바는 담대하게 이렇게 말했다. "하나님의 말씀을 마땅히 먼저 너희에게 전할 것이로되 너희가 버리고 영생 얻음에 합당치 않은 자로 자처하기로 우리가 이방인에게로 향하노라"(행 13:46). 바울은 또한 자기의 경우를 증명하기 위해서 이사야 49:6을 인용했다. 바울은 고린도에서 더 심한 말로 그러한 행동을 보였다. 유대인들이 그를 반대하고 욕설을 퍼부었을 때 바울은 옷을 떨면서 그들에게 이렇게 말했다. "너희 피가 너희 머리로 돌아갈 것이요 나는 깨끗하니라 이 후에는 이방인에게로 가리라"(행 18:6).

바울이 이와 같이 행동하는 것은 분명히 괴로운 일이었다. 왜냐하면 그는 자기 백성을 뜨거운 열정으로 사랑했기 때문이었다. 그의 열정은 선교연감에 있어서 독특하다고는 할 수 없으나 희귀한 열정이었다. 그가 이렇게 말한 때도 있었다. "내게 큰 근심이 있는 것과 마음에 그치지 않는 고통이 있는 것을 내 양심이 성령 안에서 나로 더불어 증거하노니 나의 형제 곧 골육의 친척을 위하여 내 자신이 저주를 받아 그리스도에게서 끊어질지라도 원하는 바로라"(롬 9:2-3). 그러나 복음 전파와 천국 확장이 가장 중요한 일이었다. 따라서 자기 민족에 대한 사랑을 비롯하여 그 어떤 것이라도 그 일을 방해할 수 없었다. 그는 모든 종족이 복음을 들을 권리가 있다고 믿었다. 그는 복음을 그들에게 기꺼이 전하기를 원했다. 그러나 만일 그들이 강경하고 끈질기게 메세지를 거부하고 메신저를 박해할 경우에 그들에게 계속 복음을 전파해 봤자 아무런 목적도 이룰 수 없었다. 반응을 보이는 다른 그룹으로 옮겨가는 것이 훨씬 더 좋았다. 이런 식으로 해서 만이 「모든 족속을 제자로 삼으라」는 명령을 성취할 수 있다.

현대 선교운동에 있어서는 이 원리가 다반사로 부인되거나 무시되어 왔다. 우리는 땅과 건물과 여러 종류의 기관들에 짓눌린 채 아무런 열매가 보이지 않는 지역에 몇 년이고 줄곧 머물러 있었다. 반면에 추수할 준비가 되어 있는 다른 지역들이 적절한 인력의 결핍으로 등한시 되고 있다. 우리는 과감히 자리를 옮겨 더 결실이 많은 발판으로 갈만한 도덕적인 용기가 결핍되어 있었다. 롤란드 알렌은 이 문제에 대해 적절하게 논평했다.

거절의 가능성은 항상 있었다. 사도 바울은 어느 한 장소에 정착하여서 그의 설교에 대해 계속 거부 반응을 일으키는 사람들에게 몇 년이고 설교한 것이 아니었다. 일단 결단을 내려야 할 지점까지 인도한 다음 그들에게 선택의 결정을 내리도록 요구했다. 그들이 그를 거부하면 그도 역시 그들을 거부했다… 복음이 참되게 제시되려면 이러한 요소가 있어야 되지 않겠는가 이것은 심각하게 고려해야 할 문제이다. 참된 교훈은 계속 교훈하기를 거부하는 일도 있어야 되지 않겠는가? 복음의 교육은 단순한 지적인 교육이 아니다. 그것은 도덕적인 과정으로서 도덕적인 반응을 포함한다. 만일 이러한 도덕적인 반응이 거절되는 곳에서 계속 교육하면 우리는 복음을 전파하는 것이 아니다. 우리는 복음교육을 단순한 지적인 교육으로 전락시키는 것이 된다.

(6) 바울은 신앙 고백과 동시에 세례를 주었다.

1세기 선교와 20세기 선교는 다른 점이 많다. 그 중에 가장 큰 차이점은 세례 문제이다. 현대 선교에 있어서 회심자가 종교 교육을 장기간 받아 시험을 한 후에 보통 세례를 준다. 기독교 교리를 어느 정도 이해하고 상당한 성화에 이른 후에야 세례「준비상태」에 있게 된다. 세계의 어떤 지역에서는 사회적 간섭이나 종교적 습관이 주요한 장애물이 되고 있다. 인도에서는 카스트제도, 중국에서는 조상숭배, 아프리카에서는 일부다처제가 바로 그러한 장애물이다. 식물에 관한 온갖 금지서약을 취소하고 모든 주물숭배를 폐지한 후에야 회심자는 세례의 자격을 얻게 되었다.

초대교회에서 회심과 세례 사이에 길든 짧든 기다리는 기간이 있었다는 증거가 신약 성경에는 없다. 오순절에 베드로의 설교에 응답한 3,000명의 유대인과 개종자들은 여하한 부과교육 없이 즉각적으로 세례를 받았다. 이교적 배경으로부터 나온 빌립보의 간수도 현장에서 세례를 받았다(행 16:33). 더욱이 그의 온 가족들이 그와 함께 세례를 받았는데 거기에는 노예들과 어린 아이들이 포함되었음이 거의 확실하다. 그렇다고 해서 바울이 질을 무시하고 숫자에만 관심을 가진 것은 아니었다. 바울 서신에 익숙한 자라면 누구나 바울에게 그러한 오류가 있었다고 비난할 수는 없을 것이다. 그러나 바울과 기타 사도들이 회심자들이 그리스도에 대한 신앙을 고백하자 마자 즉각적으로 세례를 주었다는 것은 특기할 만한 사실이다(행 8:12, 8:36-38, 9:18).

그러나 우리가 신중한 태도를 헌신짝처럼 내버리고 갑돌이와 갑순이 그 누구나 신청만 하면 세례를 주기 전에 먼저 명심해야 할 중요한 요소가 하나 있다. 사도시대의 복음 전파는 항상 성령의 능력이 수반되었다(고전 2:1-5, 살전 1:5). 성령의 역사로 많은 사람들이 변화를 받았다. 성령이 능력으로 임재하실 때만 죄인이 사망에서 생명으로 옮겨갈 수 있다(요 5:24). 성령만이 인간 영혼을 중생시킬 능력이 있다(요 3:5-6, 딛 3:5). 바울의 사역 전체는 성령의 능력으로 행해진 것이었다(롬 15:19). 따라서 그를 통해 회심한 자들은 진짜로 회심했다. 이러한 상황 하에서 새로운 신자가 옛 생활방식으로 돌아갈 위험은 별로 없었다. 바울은 회심자들 속에 착한 일을 시작하신 하나님께서 "예수 그리스도의 날에 그것을 완성하시리라"(빌 1:6)고 믿을 만한 이유가 있었다.

속사도시대에 와서야 비로소 교회는 점차 영적인 힘 대신에 교회의 제도적인 힘을 대치시키기 시작했다. 따라서 세례 지원자들은 일정한 기간의 시험과 교육을 치루어야 했다. 여기서 우리는 다음과 같이 물어 볼 수 있다. 영역의 감소와 비성경적인 대책의 첨가 사이에 어떠한 관계가 있었는가?

(7) 바울은 교회를 설립할만큼 충분한 기간동안 한 곳에 머물러 있었다.
 선한 선교사라면 누구나 그랬겠지만 바울은 두가지 목표를 염두에 두고 있었다. 그의 직접적인 목적은 세계를 신속히 복음화하는 것이었다. 그의 궁극적인 목적은 지교회 설립이었다. 지교회 설립은 열흘 간의 운동을 통해서 이룰 수 있는 것이 아니었다. 따라서 바울은 교회를 설립할만큼 충분한 기간동안 각 도시에 머물러 있는 습관이 있었다.
 대부분의 도시에서 믿지 않는 유대인들이 주민들을 선동하여 그를 추방했기 때문에 오래 머물러 있을 수가 없었다. 만일 이런 종류의 반대가 없었더라면 바울은 더 오래 머물러 있었을 것이다. 그러나 어려움과 위험이 있었음에도 불구하고 그는 항상 최소한 두세달은 머물러 있었다. 어떤 경우에도(고린도나 에베소의 경우) 더 오래 머물러 있었다. 그러나 아덴을 제외하고 모든 도시에 있어서 그는 자기가 떠난 후에도 진행될 수 있는 튼튼하게 자라는 교회를 보고 떠났다.
 바울이 설립한 교회들은 자치(self-governing)와 자립(self-supporting) 및 자전(self-propagating) 교회들이었다. 다시 말해서 그들은 선교 지향적인 교회들이었다. 그들은 바울처럼 세계복음화에 관심을 기울였다. 그들은 바울처럼 이동 선교는 할 수 없었다. 그러나 그들은 자기 지역 전체의 복음화를 책임지고 감당할 수 있었으며 또 감당했다. 바울은 박해받는 신생 선교교회에게 붙인 최초의 편지에 있어서 그 새로운 신자들이 모든 신자들의 모범이 된다는 사실을 치하했다. "주의 말씀이 너희에게로부터 마게도냐와 아가야에만 들릴 뿐 아니라 하나님을 향하는 너희 믿음의 소문이 각처에 퍼지므로 우리는 아무 말도 할 것이 없노라"(살전 1:8).

바울의 전략은 착착 들어 맞았다. 불과 15년간의 선교활동을 끝낸 후에 그는 이렇게 말할 수 있었다. "내가 예루살렘으로부터 두루 행하여 일루리곤까지 그리스도의 복음을 편만하게 전하였노라…… 이제는 이 지방에서 일할 곳이 없고…… 서바나로 갈 때에 너희에게 가려는 원이 있었다"(롬 15:19-24). 바울이 로마제국의 동부 각 도시에서 직접복음을 전했다는 말인가, 물론 그런 것은 아니었다. 모든 도시에서 복음을 전하는 것이 결코 바울의 의도는 아니었다. 그것은 가능하지도 못했지만 바람직하지도 못했다. 그는 인구가 집중된 지역에 선교교회들을 설립하였다. 그 교회들이 그 후에 자기지역에서 「집중 전도」(Saturation evangelism)를 감당하였다. 제국의 동부지방은 그 교회들에게 안전히 일임할 수 있었다. 따라서 그는 제국의 서부지방을 복음화하기 위하여 스페인으로 가려고 했다.

현대 선교사는 이 점에 있어서도 바울의 모범을 따르지 못했다. 우리는 자립, 자치, 그리고 자전의 교회들을 설립하노라고 한다. 선교부들은 자립을 강조하고 교회들은 자치를 요구한다. 그러나 교회나 선교부가 자전(self propagation)에는 별로 신경을 쓰지 않는다. 따라서 수백년 동안 선교활동을 해온 여러나라에 아직도 완전히 복음에 접촉하지 못한 지역들이 많다. 한마디로 우리는 선교적 교회 설립에 실패한 것이었다.

(8) 바울은 동역자들을 충분히 활용하였다.

바울은 외로운 독수리가 아니었다. 그는 자기 자신의 길을 가거나 자기 자신의 일만을 할 욕망이 없었다. 그는 단체활동을 전적으로 신뢰하는 사람이었다.

그는 선교활동을 시작하기 전에 바나바와 함께, 안디옥에서 하나의 팀을 구성하여 교육사역을 협력적으로 감당했었다. 1차 선교여행에서 그는 바나바와 요한, 마가를 동역자들로 데리고 나섰다. 요한, 마가 문제로 바나바와 갈라선 바울은 또 다른 동역자 실라를 선택했다. 루스드라에서 그는 디모데를 발탁했다. 드로아에서는 누가가 그 선교단에 가담했다. 그밖에도 소바더, 아리스다고, 세군도, 가이오, 두기고, 그리고 드로비모 등 동역자들이 있었다(행 20:4). 바울은 서신들에서 그밖에 다른 사람들도 언급했다. 그 중에 대표자들을 든다면 에바브라, 데마, 에바브로디도, 아깁보 브리스길라, 아굴라, 아볼로, 디도, 그리고 뵈뵈 등이 있다. 로마서 16장에서 그는 27명의 사람들에게 일일이 이름을 들어 문안했는데 그들은 대개 동역자들이었다.

우리는 바울을 생각할 때 혼자 싸우고 혼자 막는 강력하고 용감하고 역동적이고 자립적인 인물로 보는 경향이 있다. 그러나 사실 그렇지 않았다. 바울은 친구를 사귀는 능력이 대단했다. 또한 타인들과 협력하여 최선을 다했다. 아덴에 도착했을 때도 베뢰아로 소식을 전해 디모데와 실라로 하여금 최대한 신속히 와서 그와 힘을 합치도록 부탁하였다(행 17:15). 디모데를 아덴에서 데살로니가로 돌려 보냈을 때도 그는 아덴에「혼자 남아 있다」고 말했다(살전 3:1). 그는 고린도 교인들에게도 이렇게 편지했다. "내가 그리스도의 복음을 위하여 드로아에 이르매 주 안에서 문이 내게 열렸으되 내가 내 형제 디도를 만나지 못하므로 내 심령이 편치 못하여 저희를 작별하고 마게도냐로 갔노라"(고후 2:12-13).

그러나 바울이 동역자들을 좋아한 것은 단순히 친구를 사귀고

자 하는 욕망 때문만은 아니었다. 그것은「능숙한 건축의 거장」 (고전 3:10)으로서의 그의 전략의 일환이었다. 그는 다섯이 백을 추척하고, 백이 만을 격퇴시킬 수 있다는 구약의 격언을 중심으로 받아들였다(레 26:8). 또한 그는 예수님께서 제자들을 둘씩 둘씩 파송하였다는 사실을 기억하였다. 어떠한 경우에도 바울은 단체행동을 확고하게 믿고 있는 자였다. 그는 기질로나 교육으로나 뛰어난 지도력을 가진 자였다.『바울은 외로운 전도자가 아니라 선교사군을 이끄는 사령관이었다. 선교사역이 진전됨에 따라 동역자들의 수가 증가되었다.』

바울이「사령관」의 자격으로 작전을 총괄 지휘한 것은 분명하다. 성령의 인도하에서 그는 필요에 따라 동역자들을 최대 성령의 인도하에서 그는 필요에 따라 동역자들을 최대한으로 활용하였다. 누가와 디모데 같은 동역자들은 오랜 기간동안 바울과 협력하였다. 브리스길라와 아굴라 같은 사람들은 간간히 그와 함께 일했다. 또 어떤 이들은 스스로 다녀갔으며(고전 16:17), 바울의 명령에 따라 다녀간 자들도 있었다(빌 2:23). 그들은 지교회들의 소식을 전했고(살전 3:6) 바울의 지시를 지교회에 다시 전달했다(골 4:7). 바울은 이런 방식으로 일인 수역을 감당하였으며 이방세계의 사도로서 효력을 증가시켰다. 그의 모든 동역자들 가운데 디모데는 그를 가장 오래 봉사했고 그를 가장 사랑했다(딤후 4:9, 빌 2:19-23).

(9) 그는 여러 사람에게 여러 모양이 되었다.

바울은 복음의 내용에 관해서는 강경하고 독단적이었다. 하늘로부터 온 천사라도 복음의 내용을 바꿀 수 없다는 것이었다(갈 1:6-9). 그러나 다른 모든 일에 있어서 그는 융통성이 있었다. 유대인들에게는 유대인처럼 되었고 이방인들에게는 이방인처럼 되었다. 이렇게 한 것은 단 하나의 고상한 목적을 위한 것이었다. 즉 모든 수단을 다 구사하여 사람들을 그리스도에게로 인도하기 위함이었다(고전 9:19-23).

바울의 배경과 교육을 고려해 볼 때 이것은 더욱 더 주목할만 하다. 한 때 그는「히브리인 중의 히브리인」이었고(빌 3:5)「바리새인들의 아들로 태어난 바리새인」이었으며(행 23:6), 자기 조상들의「전통에 대하여 극도의 열심이」있었다(갈 1:14). 그러나 그는 그의 고상한 종교적인 가문을 '그리스도를 위한 해로' 여겼다(빌 3:7). 과연 그는 주 예수 그리스도를 아는 것이 가장 고상하기 때문에 모든 것을 해로 여겼다. 따라서 '이방인들에게 그리스도의 측량할 수 없는 부요를 전하는' 것이 그에게는 말할 수 없는 특권이었다(엡 3:8). 그는 그 고상하고 거룩한 소명을 성취하기 위하여 어찌하든지 몇몇 사람을 얻기 위하여 모든 사람들에게 모든 모양이 되기를 기뻐했다.

바울시대의 교회는 두 진영으로 명백히 구분되었다. 유대 문화를 보존하기를 원하는 유대인 신자들과 기독교 문화를 발전시키기를 원하는 이방인 신자들이 바로 그 두 진영이었다. 이 두 진영 간의 알력이 너무도 커서 기독교회 안에서의 이방신자들의 지위를 토의하여 규정하기 위하여 예루살렘 총회까지도 개최해야만 했다(행 15장). 이방인의 사도인 바울은 이 논쟁에서 집중사격을 당할 판이었다.

유대인 신자들 간의 격렬한 이유는 할례 문제였다(행 15:1). 바울은 이 문제에 대하여 분명한 입장을 취했다. "그리스도 예수 안에서는 할례나 무할례가 효력이 없되 사랑으로써 역사하는 믿음 뿐이니라"(갈 5:6). 그는 또 이렇게 말했다. "대저 표면적 유대인이 유대인이 아니요 표면적 육신의 할례가 아니라 오직 이면적 유대인이 유대인이며 할례는 마음에 할지니 신령에 있고 의문에 있지 아니한 것이라"(롬 2:28-29).

그렇다면 우리는 바울이 디모데에게 할례를 행하기로 결심한 것과(행 16:3) 디도에게 할례를 거부한 것(갈 2:3-4)을 어떻게 설명할 수 있겠는가? 복음전파의 유익을 위해서였다. 바울도 모든 사람들이 할례에 관한 그의 고상한 견해를 이해하고 있지 못하다는 것을 알았다. 따라서 그는 무지나 편견을 가진 그들을 기꺼이 수용하였다. 그는 세상과 육체와 마귀와는 싸울 태세가 되어 있으나 그리스도 안에 있는 형제들과는 적어도 복음의 근본적인 부분이 아닌 문제들에 관하여 싸우기를 원치 않았다. 그는 심지어 '투기와 분쟁으로' 그리스도를 전하는 자들을 기뻐했다. 그들은 투옥된 바울에게 고통을 주기 위해서 그렇게 한 것이었다(빌 1:15-17). 갈라디아 1장에 나타난 바울의 복음이해를 빌립보 3장에 나타난 복음 전파자들에게 나타난 그의 태도와 분리시켜 생각할 수 없다.

이방교회에 있어서 주요한 이슈는 우상숭배, 특별히 우상에게 바친 음식문제였다(고전 8장). 바울은 우상이 실제하지 않는다는 지식을 가지고 있었으므로 자기로서는 그 문제를 해결했으나 모든 신자들이 그러한 지식을 소유하고 있지 않음을 알고 있었다. 따라서 그는 지식이 있는 강한 신자들에게 동정과 이해를 보이도록 충고했다. 바울은 자기로서는 약한 형제를 위하여 기꺼이 모든 것을 희생할 준비가 되어 있었다. "만일 식물이 내 형제를 실족케 하면 나는 영원히 고기를 먹지 아니하여 내 형제를 실족치 않게 하리라"(고전 8:13).

바울이 모슬렘지역의 선교사라면 돼지고기를 먹지 않고 힌두교인들의 선교사라면 소고기를 먹지 않을 것이라는 말인가? 그 밖에 다른 의미가 있을 수 있을까? 현대의 선교사들 중 얼마나 많은 사람들이 그렇게 융통성이 있는가? 일부 미국 선교사들은 사회주의 국가에서 전도의 길이 막힐 줄 알면서도 자본주의와 자유기업제도를 수호할 의무감을 느끼고 있다. 또 어떤 사람들은 하나님의 나라는 미국적 생활방식과 동일시 되어야 한다는 인상을 주고 있다. 오늘날의 선교운동은 정치 경제 사회 및 인종문제가 난제로 부각된 고도로 복잡한 국제적인 상황 속에서 전개되고 있다. 기독교 선교사, 특별히 미국 선교사는 뱀처럼 지혜롭고 비둘기처럼 순결해야 한다(마 10:16). 가급적이면 유대인이나 이방인이나 하나님의 교회에 상처를 주지 말아야 한다(고전 10:32).

2. 바울 성공 요인들(Factors in Paul's Success)

바울 사도처럼 성공한 선교사는 별로 없다. 바울이 무슨 일을 하든지 하나님의 축복이 그의 수고 위에 임했다. 어디서나 복음은 구원에 이르는 하나님의 능력으로 판명되었다. 영혼들이 구원을 얻었고, 신자들은 성장하였고, 교회들은 설립되었으며 사회전체가 변화되었다. 그러나 좋은 반응만 있는 것은 아니었다. 그를 추종한 자들도 있었지만 끈질기게 달라붙어 그와 싸워 그를 성밖으로 추방한 자들도 있었다. 적어도 그는 무시당하고 있지는 않았다. 사실, 그의 흥분을 자아내는 명성은 대단한 것이었다. 그와 그의 동료들은 세상을 뒤집어 놓은 자들로 알려지게 되었다(행 17:6).

바울은 그야말로 참된 의미에서 성공지향적인 인물이었다. 그는 이기기 위해서 경기했고(고전 9:26-27), 그는 따먹기 위해서 경기했다(고후 5:9-10). 그는 순수한 동기와(고전 13:1-3) 고상한 목표를 가진(빌 1:21) 고결한 인물이었다(빌 4:8). 그는 자신을 위해서는 아무것도 추구하지 않았으나(살전 2:5-9), 그리스도를 위해서는 모든 것을 원했다(빌 1:20). 그에게 있어서 성공은 두

가지를 의미했다. 하나님의 영광(고전 10:31)과 동료 인간들의 유익(롬 15:1-2)이 바로 그것이었다. 그도 이 두가지 사상을 다음의 한 구절에서 간추려 나타냈다. "그리스도를 섬기는 자는 하나님께 기뻐하심을 받으며 사람에게도 칭찬을 받느니라"(롬 14:18). 그는 성공하리라고 믿었고(고후 2:14), 성공을 위해서 기도했으며(롬 1:10), 성공을 기대했고(롬 15:20), 성공을 성취했다(딤후 4:6-8).

그러면 그의 놀라운 성공을 어떻게 설명할 수 있겠는가?

(1) 그의 소명에 대한 깊은 확신감

현대에는 많은 선교사들이 자기 동일시의 위기(identity crisis)를 가지고 있다. 자기들이 누구이며 선교분야에 있어서 새로운 체계 속에 어떻게 적응할 것인가를 확실히 모르고 있다. 바울은 그런 문제를 가지고 있지 않았다. 그는 자기가 사도인 것을 알았고 자기가 사도인 것을 누차 언급하였다. 그는 또한 다른 직분도 지니고 있었다. 그는 저자요, 설교가요, 여행가요, 조직가요, 천막 만드는 자였다. 그러나 이 모든 것은 그의 주요 소명인 사도직에 부차적인 것이었다.

그는 자기가 사도로「부르심」을 받았다고 했다(롬 1:1, 고전 1:1). 그 부르심은 '하나님의 뜻'에 의한 것이라고 했다(고후 1:1, 엡 1:1, 골 1:1, 딤전 1:1, 딤후 1:1). 그는 태어나기 전에 이미 복음을 위하여 '택정함'을 입었다고 했다(갈 1:15). 그가 회심하는 순간에 하나님께서는 그를 가리켜 '내 이름을 이방인과 임금들과 이스라엘 자손들 앞에 전하기 위하여 택한 나의 그릇'이라 하셨다(행 9:15).

회심한 후에 그는 '혈육과 의논하지 아니하고' 자기보다 먼저 사도된 자들을 만나기 위해 예루살렘으로 올라가지 않았다. 그

대신에 그는 아라비아로 가서 성찰과 방향제시의 기간을 가졌다 (갈 1:16-17).

더 구체적으로 말해서 그는 이방인의 사도로 부르심을 받았다 (엡 3:7-8). 이것 역시 자기 스스로 한 일이 아니었다. 만일 선택권이 주어졌다면 바울은 분명히 자기가 사랑하는 민족의 사도가 되기를 원했을 것이다. 왜냐하면 그는 자기 민족의 구원을 애타게 소원했기 때문이다(롬 9:1-5). 하나님께서는 바울에게 이방인 선교사명을 상기시키면서 예루살렘 밖으로 벗어날 것을 명령하신 것이 적어도 한번 있었다(행 22:17-21).

바울이 결코 의심하거나 망각하지 않은 한 가지 사실은 예수 그리스도와 맺은 그의 관계였다. 그가 죄수라면 로마의 죄수가 아니라 예수 그리스도의 포로였다(엡 3:1). 로마는 그의 기동성을 제거하거나 그를 무력하게 하거나 그를 희생시킬 수는 있었다. 그러나 그는 쇠고랑을 찼어도 그리스도의 대사로 남아 있었다 (엡 6:20). 그는 로마 시민권을 상실할지언정 사도의 신임장은 결코 상실하지 않았다. 사도의 신임장은 정치적이거나 종교적인 적대 세력이 미치지 못하는 상태에서 본래 그대로 보존되었다. 그 무엇도 그의 정신을 흐리게 하거나 그의 비젼을 흐리게 할 수 없었다. 그는 심지어 로마의 감옥에 투옥되어 있으면서도 이렇게 편지할 수 있었다. "내가 기뻐하고 또한 기뻐하리라 이것이 너희 간구와 예수 그리스도의 성령의 도우심으로 내 구원에 이르게 할 줄 아는 고로 나의 간절한 기대와 소망을 따라 아무 일에든지 부끄럽지 아니하고 오직 전과 같이 이제도 온전히 담대하여 살든지 죽든지 내 몸에서 그리스도가 존귀히 되게 하려 하나니 이는 내게 사는 것이 그리스도니 죽는 것도 유익함이니라"(빌 1:18-21).

(2) 하나님의 뜻에 대한 그의 전폭적 헌신

하나님의 뜻을 피하는 자들이 많다. 피하지 않는다면 억지로 참아내는 경우도 있다. 그러나 바울은 그렇지 않았다. 바울은 주님처럼 하나님의 뜻을 중시하여 이렇게 말할 수 있었다. "내가… 하나님의 뜻을 행하러 왔나이다"(히 10:7). 마치 다윗이 하나님의 뜻에 의하여 그 시대에 봉사하였듯이 바울도 역시 그러했다.

바울은 다메섹 도상에서 그리스도를 주님으로 인식한 첫 날부터 그의 길고 열매맺은 생애의 종말까지 하나님의 뜻을 행하는데 최대의 관심을 두었다. 그의 모든 계획이 그 하나의 위대한 목표에 집중되었으며 그는 로마를 애타게 보고 싶어 했으며 그 목적을 두고 기도했다. 그러나 하나님께서 형통한 길을 주실 때만 그리로 가겠다고 했다(롬 1:10). 에베소에 머물러 있도록 강요를 받았을 때도 그는 다음과 같이 거절했다. "하나님의 뜻이면 너희에게 돌아오리라"(행 18:21). 예루살렘을 마지막으로 방문했을 때도 그의 친구들은 그로 하여금 위험한 일에 몸을 던지지 말도록 만류하는 데 최선을 다했다. 그가 그들의 충고를 받아들이기를 거부하였을 때 그들은 "주님의 뜻이 이루어지기를 빈다"고 하면서 단념했다(행 21:14). 어떤 주석가들은 바울이 그 시점에서 잘못했다고 생각하고 그들의 충고를 받아들이고 투옥을 피했어야 했을 것이라고 생각했다. 그러나 바울의 글에서 그런 암시를 찾아 볼 수 없다. 후에 그는 그 문제에 대해서 이렇게 말했다. "형제들아 나의 당한 일이 도리어 복음의 진보가 된 줄을 너희가 알기를 원하노라"(빌 1:12). 예루살렘에서 시작된 그의 투옥이 그로 하여금 하나님의 뜻에서 벗어나게 하였다는 암시가 없다.

바울의 육체의 가시는 몹시 괴로운 것이었을 것이다. 그는 그것을 제거해 주시기를 세차례나 요구했다. 그러나 그것이 하나님의 뜻이 아니라는 것을 발견했을 때 그는 그 사실을 묵묵히 받아들이면서 이렇게 말했다. "도리어 크게 기뻐함으로 나의 여러 약한 것들에 대하여 자랑하리니 이는 그리스도의 능력으로 내게 머물게 하려 함이라"(고후 12:9). 일단 하나님의 뜻을 안 후에는 바울은 결코 그 뜻을 의심하지 않았다. 그는 다음과 같은 찬송가 작가의 가사에 진심으로 '아멘' 했을 것이다.

> 하나님 편에 선 자는 항상 승리한다. 그는 결코 지지 않는다.
> 하나님의 뜻은 그가 가장 기뻐하는 것이다.
> 그가 희생되고 그 뜻이 승리할지라도
> 하나님의 축복하시는 불행은 우리의 행복이 되고
> 축복받지 못한 행복은 도리어 불행이다.
> 하나님의 기뻐하시는 뜻이라면
> 가장 그릇된 것으로 보이는 것이 모두 올바르다.

(3) 성령에 대한 완전한 의존

바울은 위대한 재능을 타고난 비상한 사람이었다. 그러한 재능에 의존하고 싶은 유혹을 계속 느낄 법도 했다. 그는 아덴에서 그러한 유혹에 굴복했던가? 만일 그랬다면 그가 고린도에 이르렀을 때 그 상황을 시정했을 것이다. "형제들아 내가 너희에게 나아가 하나님의 증거를 전할 때에 말과 지혜의 아름다운 것으로 아니하였나니 내가 너희 중에서 예수 그리스도와 그의 십자가에 못박히신 것 외에는 아무것도 알지 아니하기로 작정하였음이라 내가 너희 가운데 거할 때에 약하며 두려워하며 심히 떨었노라 내 말과 내 전도함이 지혜의 권하는 말로 하지 아니하고 다만 성령의 나타남과 능력으로 하여 너희 믿음이 사람의 지혜에 있지 아니하고 다만 하나님의 능력에 있게 하려 하였노라"(고전 2:1-5). 이 능력은 하나님의 능력(롬 1:16), 그리스도의 능력(고후 12:9), 그리고 성령의 능력(롬 15:19) 등 여러가지로 언급되었다. 이것은 세 종류의 능력이 아니라 신자에게 전달되고 신자를 통하여 매개

되는 하나님의 한 능력을 가리킨다(롬 8:11, 15:18-19).

성령은 생명의 영(롬 8:2), 진리의 영(요 14:17), 그리고 능력의 영(행 1:8)이시다. 성령은 이 삼중적 능력으로 하나님의 구원사역 전체에 불가결한 존재이시다. 허물과 죄로 죽은 영혼에게(엡 2:1, 롬 8:11) 하나님의 생명을 전달하는 분은 성령이시다. 죄와 사탄에 의해 어두워진 마음에(고전 2:11-15, 고후 4:4) 하나님의 진리를 계시하는 분은 성령이시다. 하나님을 봉사하는 일에 헌신하는 자에게(롬 15:15-20) 하나님의 능력을 전달하시는 분은 성령이시다. 성령의 임재와 능력 없이는 기독교 사역자는 헛수고를 할 뿐이다. 그의 모든 최선의 노력들이 비참한 실패를 거둘 수밖에 없다. 하나님의 일이 성취되는 것은 힘으로나 능으로 되는 것이 아니라 오직 성령으로 되는 것이다(슥 4:6). 육체의 능력으로 살며 일하기를 원하면서 성령의 능력이 없을 때 선교 활동을 한다는 것은 극도로 어리석은 행위이다. 이러한 문제를 바울 사도보다 더 잘 아는 자는 없었다.

(4) 담대한 복음제시

오늘날의 선교사가 복음을 제시하는데 있어서 이교주의, 인도주의, 민족주의, 공산주의, 혼합주의, 보편주의 등의 문제를 가지고 있다면 바울이 일세기에 궁지에 처했던 사실을 기억해야 한다.

바울 당시 세계는 유대인과 헬라인과 로마인 등으로 3분되어 있었다. 바울은 이들 전체에게 복음을 전했다. 그들은 모두 그의 메세지가 자기들에게 거슬리는 것을 발견했다. 유대인들은 표적을, 헬라인들은 지혜를, 로마인들은 권력에만 관심이 있었다.

유대인들은 바울이 구약에 대해서 설교하는 동안에는 점잖게 들어 주었으나 이야기를 바꾸어 나사렛의 멸시를 받은 목수 예수가 그들의 메시아라고 선언하는 순간 돌을 들어 치려 했다(행 14:19).
  헬라인들은 철학적인 논쟁을 무엇보다도 가장 사랑한 지적인 사람들이었다. 그들은 문명과 지혜를 동일시하였다. 육체가 아니라 정신이 중요했다. 그들에게 있어서 구원이란 사람이 죽을 때에 정신이 육체의 감옥으로부터 벗어나면 이루어지는 일이었다. 따라서 그들은 부활에 대해 전혀 관심이 없었고 바울이 그것을 언급할 때 조롱했다(행 17:32).
  로마인들은 당시 대제국 건설자들이다. 그들의 도시들과 도로들과 도서관들과 왕궁들과 원형극장들은 제국의 위력을 과시하는 상징들이었다. 그들은 문명을 권력과 동일시했다. 로마의 십자가 위에 처형된 나약한 유대인 죄수가 세계의 주권자와 구주라는 사실을 믿으라고 하였을 때 그들이 어떠한 반응을 보였겠는가?
  이와 같이 바울은 분명히 문제를 알고 있었다. 그러나 그는 결코 복음선포에 있어서 위축되지 않았다. 그의 청중이 누구든 상관없이-유대인이나 헬라인이나 로마인이나 혹은 이들 전부라도-그는 하나님의 전체적인 작정을 기어이 선포했다. 물론 그의 접근 방법이 경우에 따라 달랐던 것은 사실이다. 그는 이해의 다리를 세우기 위해서 노력했다. 그는 이해심이 많았고 화해에 관심을 두었다. 그는 항상 청중들이 익숙히 알고 있는 것으로부터 출발하여 그들이 알지 못하는 복음의 새로운 진리를 전달했다. 그것은 일부 진리가 그들이 전혀 받아들일 수 없는 것임을 알았기 때문이다.
  여기에는 신앙과 노력이 필요했다. 그러나 바울은 이 두 가지를 완벽하게 소유하고 있었다. 그는 복음의 진리(골 1:5)와 능력(롬 1:16)을 참으로 믿었다. 그는 또한 듣는 사람들의 머리와 마음에 복음을 적용시키는 성령의 능력도 믿었다(요 16:8).

용기에 있어서 바울은 하나님이 나타나시면 모든 다른 존재들은 그림자에 불과하다는 진리를 보여주는 산 증인이었다. 그런데 바울에게는 하나님이 바로 곁에 나타나셨다. 그는 결코 인간을 두려워 하지 않았다. 그의 최대의 관심은 하나님을 기쁘시게 해드리는 것이었다(갈 1:10). 그는 아무것도 하나님의 사랑이나(롬 8:39), 그리스도의 생명(빌 1:21-24)으로부터 그를 떼어 놓을 수 없다는 것을 확신하고 있었다. 그는 존 웨슬레처럼 그의 사명이 끝나는 날까지 결코 죽지 않는다는 것을 믿었다. 그에게는 살고 죽은 것이 매일반이었다(빌 1:20). 혹시 대적들이 언젠가 그를 죽이는데, 성공한다면 그는 찬란한 영광 중에 천국의 본향으로 돌아갈 것이었다.

(5) 지교회의 자치에 대한 강조

교회설립 문제에 있어서보다 바울의 방법과 우리의 방법이 판이한 문제는 없다. 롤란드 알렌은 다음과 같이 말했다.

"사도 바울의 설교와 우리의 설교 사이에 두드러진 차이가 있다면 그가 회심자들을 다루는 방법과 오늘날 우리들이 흔히 다루는 방법 사이에는 훨씬 큰 차이가 있다. 우리가 문제의 핵심으로 들어가 바울의 놀라운 성공의 비결을 찾아볼 수 있는 것이 바로 바울이 회심자들을 다루는 방법이었다고 해도 과언이 아닐 것이다. 그러면 우리는 회심자들을 어떻게 다룰 것인가?"

알렌은 계속해서 다음과 같이 말했다.

"우리는 회심자들을 위해서 온갖 편의를 제공했다. 그들을 가르치고 그들에게 세례를 베풀고 그들을 양처럼 길렀다. 그들의 재정을 돌아보고 그들의 봉사를 질서있게 하며 그들의 교회를 세워주고 그들에게 교사들을 제공하였다. 그들을 간호하고 먹이고 치료하였다. 그들을 교육하고 그들 중의 몇사람을 성직자로 세우기도 하였다. 우리는 그들에게 모든 것을 해 주었다. 그러나 단 하나 동등성을 인정하지 않았다. 우리는 그들을 위하여 모든 것을 행했으나 그들과 함께 행한 일은 거의 없다. 우리는 그들을 위해서 모든 것을 행했으나 그들에게 일할 기회를 주지 않았다. 우리는 그들을 '사랑하는 자녀들'로 취급했으나 '형제들'로 취급하지는 않았다."

이와 같은 사실이 지적된 다음에 여러가지로 변화가 이루어졌다. 그러나 우리가 그것을 항상 인정하지는 않았으며 우리가 주도한 적도 별로 없다. 우리는 역사의 역사적인 전개에 있어서 귀찮은 동료가 될 때까지 우리는 꾸물거렸다. 설상 가상으로 우리가 정치 변혁의 불행한 희생자가 될 때까지 꾸물거렸던 것이다. 우리가 범한 단 하나의 최대의 실수는 오래도록 붙잡고 있는데 있었다. 오늘날 교회와 선교부의 알력은 대개 이러한 침울한 사실에 기인하고 있다.

바울은 회심자들을 어떻게 다루었는가? 각 지교회는 보편교회의 일부분이었으나 각기 바울이나 어떤 다른 사람의 통제를 받지 않고 제발로 서서 자체 행정을 스스로 감당하게 되어 있었다. 지교회는 모든 외부의 영향으로부터 벗어나 오직 성령에만 의존하고 있었다. 바울은 교회설립을 위하여 장로들 제1진을 임명했다. 그 후에 그들은 그들 교회의 장로들을 스스로 임명하였다. 그때부터 모든 것이 그들의 통제하에 있었다. 세례, 성찬, 교육, 훈련, 권장, 재정 등 제반문제를 그들이 통제한 것이다.

바울은 회심자들로 하여금 전적으로 자활하도록 내버려 두지 않았다. 그는 그들을 성령의 부드러운 사역에 위탁하였다. 성령께서 자기 백성을 돌아 보실 것을 믿었기 때문이다. 결국 따지고 보면 장로 제1진을 구별하여 세우신 분은 성령이었다(행 20:28). 성령께서 그들을 버리지 아니하실 것이었다. 에베소 교회의 경우

바울은 자기가 떠난 후에「사나운 이리들」이 양떼들을 공격할 것을 알았다. 그렇다고 해서 그는 그의 출발을 지연하지 않았다. 그는 다만 그들을 하나님과 그 은혜의 말씀에 부탁했다(행 20:32). 자기의 피로 교회를 사신 하나님께서 내외적으로 모든 잠재적인 원수들이 있음에도 불구하고 자신의 기업을 보호하실 수 있었다.

사도 바울에게 있어서 성령은 살아있는 밝은 실재였다. 그는 능력일 뿐 아니라 인격자였다. 그는 성부와 성자와 함께 신성의 모든 특권을 소유하고 계셨다. 그는 오순절에 교회 속에 성육신 하셨다. 그는 신약시대 전체를 통하여 교회일을 전담한 삼위 하나님의 집행위원장이 될 것이었다. 그는 교회를 모든 진리 가운데로 인도하신다. 그는 교회에 능력을 주셔서 증거와 봉사를 하게 하신다. 그는 교회를 통제, 교육, 정화, 보호 하신다. 바울은 회심자들에게 성령께 의존하라고 가르쳤다. 만일 그렇게 하기만 한다면 어떤 다른 사람에게 의존할 필요가 없을 것이다.

(6) 그의 지혜로운 재정 정책

돈은 현대 선교의 필수조건이다. 아니 그렇게 보일 것이다. 그러나 기독교 신앙에 돈만큼 많은 피해를 준 것도 없을 것이다. 이것은 오늘날 우리들의 문제이기도 하다.

돈은 예수님의 사상이나 초대교회의 행정에 있어서 별로 중요한 비중을 차지하지 않았다. 물론 예수님과 그의 제자들이 음식값을 내시고(요 4:8) 유다가 열 두 제자의 회계로 일한 것은 사실이었다(요 12:16). 그럼에도 불구하고 예수님이나 그의 제자들은 돈에 큰 비중을 두지 않았다. 예수님은 땅에 보물을 쌓아 두지 말도록 경고했다(마 6:19). 하나님과 재물을 겸하여 섬길 수 없다고 명백히 말씀하셨다(마 6:24). 사람의 생명이 소유물의 풍성함에 있지 않다는 것도 가르치셨다(눅 12:15). 열 두 제자를 파송하실 때도 이렇게 말씀하셨다. "너희 전대에 금이나 은이나 동이나 가지지 말고 여행을 위하여 주머니나 두 벌 옷이나 신이나 지팡이를 가지지 말라 이는 일군이 저 먹을 것 받는 것이 마땅함이니라"(마 10:9-10).

사도들이 예수님의 교훈을 추종한 것처럼 보인다. 베드로가 적선을 요구 받았을 때 이렇게 말했다. "은과 금은 내게 없거니와 내게 있는 것으로 네게 주노니 곧 나사렛 예수 그리스도의 이름으로 걸으라"(행 3:6). 돈의 결핍이 베드로에게 장애물이 되지 않았던 것은 분명하다. 그는 돈으로 살 수 없는 것을 가지고 있었다.

바울의 재정정책은 삼중적이었다. ① 그는 스스로 일함으로써 자기와 자기 동료들의 쓸 것을 감당하였다. ② 그는 자기가 설립한 교회들이 처음부터 자립하기를 기대했다. ③ 그는 가난한 교회들일지라도 다른 사람들의 궁핍을 돕기 위해 헌금하도록 격려했다.

바울은 사도로서 신자들이 그를 뒷받침해 주도록 기대할 권리가 얼마든지 있었다. '복음을 전하는 자들이 복음으로 말미암아 살리라'(고전 9:14)는 것은 주님 자신이 세우신 기존 원리였다. 사도들은 이 원리에 따라 생활했다(고전 9:1-7). 그러나 바울은 이 문제에 있어서 자기의 권리를 주장하기를 거부했다. 바울은 자기 생활비는 자기가 감당하기를 더 좋아했다. 그것은 복음을 '값없이' 전하기 위함이었다(고전 9:18). 그는 데살로니가 교인들에게 자기가 '밤낮' 일함으로써 아무에게도 '부담'이 되지 않았다는 것을 상기시켰다(살전 2:9). 그는 또한 에베소 장로들에게 '아무의 은이나 금이나 의복을 탐하지 아니하였다'는 사실을 상기시켰다(행 20:33).

이것은 설교자의 명성과 복음의 성공에 중요한 것이었다. 당시 로마세계에는 순회교사들이 많아서 어리석은 청중들의 귀를 쉽게 간지러 주고 그들의 '헌금'을 받아 먹으며 살고 있었다. 따라서 바울은 돈벌이 한다는 비난을 받지 않고 복음을 욕되게 하지 않기 위해서 최선을 다했다.

반면에 바울은 그리스도인의 사랑의 표현으로 주는 개인적인 선물을 거절하지 않았다. 바울은 이러한 선물을 빌립보 교회로부터 받았다. 바울의 빌립보서는 아름답고도 재치있게 인정해 준 것이다. 바울은 그 선물에 대해 감사했다. 그들이 자기의 궁핍을 채워 주었을 뿐만 아니라 그렇게 함으로써 도리어 그들의 과실이 풍성할 것이었기 때문이었다(빌 4:17).

더욱 더 중요한 것은 바울이 자립교회를 설립한 것이다. 바울이 그 교회들에게 돈을 주었다는 기록이 없다. 바울은 그들 태반이 극도로 가난했지만 자신들의 문제를 스스로 처리하고 스스로 재정을 부담하기를 기대했다(고후 8:2). 가난은 진보의 방해물이 되지 않았다. 그들은 분수대로 살면서 자기 지역에서 해야 할 구제 사업을 포함한 기타 사업에 재정 지원을 하였다. 그들은 토지를 구입하지 않았고 건물을 세우지 않았으며 어떤 기관에 기부금을 내지도 않았다. 따라서 그들의 일년 예산은 자기들의 수입으로 지탱할 수 있을만큼 적절한 것이었다.

이 모든 것은 현대 선교부가 구사하는 방법과 예리하게 대조되고 있다. 풍부한 서양 출신의 선교사들은 많은 돈을 항상 지혜롭게 사용하지는 못했다. 그들은 값진 소유지를 구입하였고 나아가서 자국교회가 유지할 수 없는 비싼 건물들을 세웠다. 선교사들은 목사들과 교사들과 전도사들을 고용하여 외국자금으로 봉급을 지불했다. 일단 이러한 패턴이 형성된 이상 이것을 바꾸기는 거의 불가능 했다. 선교 일선에서 가장 오래된 교회들까지도 자립과는 거리가 먼 교회들이 있었다.

바울은 이방교회들로 하여금 자립하도록 교육할 뿐만 아니라 예루살렘에 있는 가난한 성도들을 위하여 특별한 헌금을 하도록 격려하였다. 이 일은 너무나 중요했기 때문에 그와 그의 동료들이 여러 해를 바쳐 이 일에 헌신하였다. 이 제스춰는 단순한 구제행위 이상의 것이었다. 적어도 바울이 생각하기에 그것은 그리스도의 사랑의 표현이었으며 그리스도인의 연합을 과시한 것이었다. 바울은 극도로 가난한 가운데서 거두어들인 이 풍성한 헌금이 유대계 기독교회와 이방계 기독교회의 관계를 개선하는데 도움이 될 것을 희망했다.

(7) 그의 모범적인 생활

기독교의 모든 사업에 있어서 사역자의 인격이 메세지의 내용만큼 중요하다. 주의 일에 있어서 두가지 측면이 있으니 하나는 인간적인 면이요 하나는 신적인 면이다. 바울은 누구보다도 이 사실을 잘 알고 있었다. 그는 데살로니가에서 그의 성공을 설명하면서 이 두가지 측면을 언급했다. 신적인 측면이란 성령의 능력과 동일한 것이다. 인간적인 측면이란 디모데와 실라를 포함한 사역자들의 인격과 관계된 것이었다. 바울은 이렇게 선언했다. "이는 우리 복음이 말로만 너희에게 이른 것이 아니라 오직 능력과 성령과 큰 확신으로 된 것이니 우리가 너희 가운데서 너희를 위하여 어떠한 사람이 된 것은 너희 아는 바와 같으니라"(살전 1:5). 그는 데살로니가전서 2장에서 열두절을 세 사람의 사역자들을 묘사하는데 할애했다. "우리가 너희 믿는 자들을 향하여 어떻게 거룩하고 옳고 흠없이 행한 것에 대하여 너희가 증인이요 하나님도 그러하시도다"(살전 2:10).

그는 또한 그들에게 다음과 같이 상기시켰다. "너희는…… 우리와 주를 본받은 자가 되었다"(살전 1:6). 여기서 순서가 중요하다. 그들은 먼저 바울에게로 돌아오고 다음에 그리스도에게로 돌아왔다. 바울이 그리스도의 사랑을 몸소 표적으로 보여주었기 때문에 그들은 바울에게 이끌려 왔고, 바울을 통하여 주님을 알게 된 것이다. 현대 교육은 교사의 인격이 얼마나 중요한지를 보여 주었다. 학생이 교사에게 '싫증이 나면' 그의 교훈을 받아들이지 않는다.

바울은 고린도후서를 비롯한 그의 서신들에서 정직하고도 겸손하게 그가 새신자들 가운데서 어떻게 생활하였던가를 몇번이고 상기시켰다. 그는 비상할 정도로 가르치고 싶은 성품들을 자기 인격 속에서 직접 보여 주었다. 이것이 그의 놀라운 성공과 대단한 관계가 있음이 분명하다.

宣敎의 聖書的 基礎

요하네스 베르쿠일
(Johannes Verkuyl)

여기 실린 글은 암스텔담 자유대학(Free University of Amsterdam)·선교학교수 요하네스 베르쿠일(Johannes Verkuyl)의 최근 저서「現代 宣敎學」(Contemporary Missiology, Eerdmans Publishing Company, 1978)의 제 4장 "세계선교위임령에 대한 성서적 기초"(The Biblical Foundation for the Worldwide Mission Mandate)의 전반부를 번역한 것이다. 베르쿠일 교수는 1965년 이래 요하네스 바빙크(J. H. Bavinck)의 후임으로 자유대학에서 선교학을 교수해 오고 있다. 화란 캄펜신학교의 헤르만 리더보스(Herman Ridderbos) 교수는 베르쿠일 교수의 「현대 宣敎學」을 가리켜 "풍부한 지식, 비판적 안목, 성서적 기초, 그리고 에큐메니칼 사상의 폭을 제공해 주는 높은 수준의 표준적 저서"라고 평했다.

다음에 서술하는 것은 선교의 성서적 근거에 대한 다소간의 이해를 돕기 위한 것이다. 어떤 새로운 학설을 제창하려는 것은 아니다. 바빙크(J. H. Bavinck), 불라우(J. Blauw), 구루트(A de Groot), 겐지켄(H. W. Gensichen)과 같은 선교학자들의 연구를 보충하려는 것이고, 지금까지 무시되어 온 점들을 강조하여 밝히려는 것이다.

1. 구약의 의미

 구약을 교회의 선교적 과업에 대한 불가피하고 대치시킬 수 없는 근거로 간주하는 저서들이 20세기에 쏟아져 나왔다. 이와 같은 저서들을 참고해온 본인은 신약의 선교적 요청에 대한 불가결한 근거를 이루는, 구약에 나타난 네가지 동기에 대해 살펴보고자 한다. 우주적 동기, 구원의 동기, 선교적 동기, 그리고 적대적 동기에 대해 생각해 보자.

1. 우주적 동기(The Universal Motif)

 구약에서 자신을 아브라함과 이삭과 야곱의 하나님으로 나타내시고 그리고 모세에게 자신의 이름 야웨를 알려주신 하나님은 온 세계의 하나님이시었다. 몇몇 족장들이 가졌던 이 하나님과의 경험이 이들 족장들과 한 나라에 국한한 것이 아니라 전 세계의 지평선을 포함하는 우주적 경험으로 확장되어 나아갔다. 구약에 나타난 이와 같은 우주적 동기에 대한 실례를 몇가지를 들어보자.

(1) 창세기 10장의 나라들의 목록

 창세기 10장은 나라들의 목록을 열거하고 있는데 이는 구약의 우주적 동기를 이해하는 데 매우 중요한 의의를 가진다. 폰 라드(Gerhard von Rad)는 창세기 10장을 창조 역사의 결론으로 묘사했다. 모든 나라들은 하나님의 창조적 손으로부터 발생하며 그의 인내와 심판의 보살피는 눈 아래 서 있다. 나라들은 하나님과 인간들 사이에서 엮어지는 참된 역사에 부수적으로 나타난 장식에 불과한 것이 아니라, 나라들이 바로 역사자체의 일부분을 구성하고 있는 것이다. 하나님의 사역과 활동은 인류 전체를 향하고 있다.

이것이 창세기 1장부터 11장까지에 나타난 근본적 진리 중의 하나이다. 이것은 또한 역사의 종말을 기록하는 계시록에서도 찾아볼 수 있는 진리이다. 자기 자신을 이스라엘 백성에게 계시하던 하나님 그리고 예수 그리스도 안에서 우리와 함께 거하시게 된 하나님이 자신을 알파와 오메가 즉 처음과 나중이 되는 분이라고 밝혔다. 그 분은 "모든 방언과 나라"가 그리고 "수를 헤아릴 수 없는 많은 무리들"이 그의 보좌 주위에 모여질 때까지 계속 그의 일을 수행하신다(계 5:9-10, 7:9-17). 창세기 10장에서는 나라들이 점선에 불과하지만 역사가 진행함에 따라 점차 굵은 선을 이루게 되어 있다. 창세기의 초기 역사는 하나님의 계획이 세계적으로 완성될 계시록의 종말을 가리키고 있는 것이다.

(2) 하나님의 이스라엘 선택이 열방에 대한 관심과 함께 이루어짐

창세기는 나라들에 대한 하나님의 심판의 기사를 기술한 다음 12장에서는 하나님께서 아브라함을 부르시고 갈대아 우르를 떠나라고 하시는 기사를 기록하고 있다. 피상적으로 관찰할 때 "온 땅의 하나님"께서 그의 관심을 한 가족 또는 한 종족의 사적 이야기에 국한시키고 있는 듯한 인상을 받게 된다. 그러나 실상은 그렇지 않다. 구루트(de Groot)의 말을 빌린다면 "이스라엘은 하나님의 구원 선포에 있어 문을 여는 말이지(the opening word) 완성을 의미하지는 않는다 (not the Amen)" (A. de Groot, *De Bijbel over het Heil der Volken*, Romens, 1964). "아브라함의 백성"인 이스라엘이 다른 나라들과 분리되어 있는 것은 잠시 뿐이었다(출 19:3ff, 신 7:14ff). 그것도 하나님께서 온 세계를 포함하는 그의 구원 계획을 성취하는 길을 마련하시기 위한 방편으로 삼기 위해서 그렇게 하셨던 것이다. 모든 인류의 부분으로 이스라엘을 선택했을 때 하나님은 다른 나라들에 대한 그의 관심을 중단하신 일이 없다. 이스라엘은 전체를 위한 부분(pars pro toto)이었고 다수를 섬기기 위해 부름받은 소수였다(See J. Verkuyl, *Break Down the Walls*, Eerdmans, 1973, p. 40).

하나님께서 아브라함과 이스라엘을 선택하신 것은 온 세계와 관련되는 일이다. 그가 이스라엘을 특별하게 취급하신 이유는 바로 온 세계에 대한 그의 개인적 주장을 유지하기 위함이었다. 때가 찬 때 이 세계를 향해 말씀하시기 위해서는 한 민족이 필요했다. 바로 이 점을 강조하는 연구가 최근 수없이 나타났다. 하나님이 이스라엘을 택하신 것은 그의 우주적 관심과 계획을 드러내기 위한 준비에 불과했다. 폰 라드(G. von Rad), 아이크로트(W. Eichrodt), 배클리(Bächli), 라이트(G. E. Wright) 같은 학자들이 이를 강조했다.

이스라엘이 자기를 택하신 하나님의 목적(다른 나라에게 하나님의 뜻을 전달하는)을 잊어버리고 이방 나라들로부터 돌아서서 자기 도취의 교만에 빠지게 될 때마다, 아모스와 예레미야와 이사야 같은 선지자들은 백성들의 종족중심적 자만을 책망하며 그들이 하나님의 의도를 뒤집어 놓았다고 지적했다(특히 아모스 7:9-10 참조할 것).

(3) 포로시대에 나타난 우주적 동기

이스라엘 백성은 주전 7세기와 6세기의 경험을 통해서 하나님의 우주적 의도에 대해 눈을 뜨게 되었다. 이스라엘 백성이 바벨론 포로의 재난을 경험해 가는 동안, 선지자들은 이스라엘의 운명이 다른 나라들의 역사와 밀접히 관련되어 있다는 사실을 깨닫게 되었다. 이스라엘 백성이 경험하고 느낀 심판으로부터 새 계약, 새로운 출애굽, 그리고 새로운 다윗의 아들에 대한 열망이 꽃

피어나게 됐다. 예레미야, 에스겔, 그리고 제2 이사야는 모두 지평선이 점점 확장되어감을 보았고 모든 나라들이 이제 하나님의 약속의 빛가운데로 들어왔음을 증거했다.

(4) 포로 후 묵시사상에 나타난 세계주의

포로 후 새로운 박해의 시련 가운데서 묵시신학이 형성됐다. 묵시신학의 메세지는 구약에 나타난 우주적 표현의 일면을 대담하게 드러냈다. 예를 들어 다니엘의 묵시적 환상은 인자의 도래를 예언하는데 그의 왕국이 이 세상의 야만적인 왕국들을 폐하고 모든 백성들을 통치하게 될 것을 기록했다(단 7:1-29).

이와 같은 묵시신학 안에 구약역사와 예언에 나타난 우주적 요소가 뚜렷하고 분명하게 나타났기 때문에, 창세기 10장에 열거된 나라들의 세계가 출발점에 그치지 않고 하나님의 모든 노력의 궁극적 목적이 되고 있었다는 사실을 부인하지 못할 것이다.

2. 구원과 해방의 동기(The Motif of Rescue and Liberation)

(1) 이스라엘의 구원자이신 야웨

성경의 구속론적(soteriological) 주제, 즉 하나님이 이스라엘과 다른 백성들을 구원하시는 사역에 대한 주제는 세계주의(universalism)의 주제와 밀접히 관련되어 있다. 온 땅의 하나님이신 야웨는 그의 강하고 편 팔로 이스라엘 백성을 종살이에서 구원하시므로 이스라엘에 대한 그의 사랑을 나타내셨고 이스라엘에 대한 그의 약속을 지키셨다(신 9:26, 13:5, 15:15, 24:18). 이것이 이스라엘 백성의 신앙고백의 기초를 구성했으며 첫째 계명을 이해하는데 중요한 요소가 되었다. 자기들을 구원하시고 해방시킨 하나님만이 하나님이시었다. "내 앞에서 다른 신을 내게 두지 말라"(출 20). 이 신앙고백은 이스라엘 백성으로 하여금 여러 나라들 중 단순히

한 나라로 존재하는 것으로부터 선택된 공동체로 존재하도록 변화시켰고 그들의 존재자체가 하나님의 구원의 행위에 의존하는 것을 알아 시와 감사의 기도로 찬양을 하나님께 돌리도록 만들었다.

(2) 나라들의 구원자이신 야웨

이스라엘의 예언자들은 이스라엘만이 하나님의 구속행위에 참여하시도록 되어 있지 않다는 사실을 점점 분명히 깨닫게 되었다. 하나님께서는 온 세계의 나라들에게 자유케 하는 그의 주권을 회복시킬 것이었다.

순드클러(Sundkler)와 불라우(Blauw)는 그의 연구에서 지적하기를 선지자들이 이와 같은 주제를 구심적으로(centripetally) 발전시켰다고 했다. 즉 나라들이 시온으로 돌아오는 순례의 길을 걸을 것이라고 묘사했다. 선지자들은 다른 나라들의 백성이 예루살렘으로 돌아올 것을 묘사했는데 그때 이스라엘의 하나님은 모든 백성들의 하나님으로 나타날 것이라고 했다(사 2:1-4, 미 4:1-4, 렘 3:17, 사 25:6-9, 사 60, 슥 8:20ff 참조).

시편들도 이와 같은 주제를 노래한다. 시편 87편은 예루살렘을 세계적인 도시(ecumenical city)로 선언하고 있는데 장차 어느 날에는 그 시민들이 여러 나라의 백성들 심지어는 이스라엘의 하나님을 열렬히 반대하던 백성들까지 포함할 것을 선언한다. 그들은 모두 함께 하나님께서 회복시킨 온세계 백성들과의 교제를 찬양할 것이다.

(3) 구원을 성취하시는 하나님의 방법

성경은 또한 하나님께서 이스라엘과 열방들을 구원하는데 사용하시는 방법들을 서술한다. 이사야 40-50장에 나타나는 소위 "종의 노래들"(Ebed-Yahweh, Servant songs) 만큼 이 문제를 깊이 다루는 구약의 구절들이 없을 것이다. 이 노래들은 물론 신비에 싸여있다. 그러므로 조직신학자 헨드리쿠스 베르코흐(Hendrikus Berkof)는 지적하기를 이 노래들을 먼저 구약의 배경을 고려함이 없이 신약의 관점에서 너무 단순하고 피상적으로 해석하는 것은 잘못이라고 했다.

이 종의 노래들은 틀림없이 구원이 온 세계에 전파되는 것을 언급하고 있다. 종은 구원의 사역을 땅끝에까지 수행해 나아갈 것이다(사 49:6). 공의가 온 세계에 편만할 때까지 종은 그의 사역을 계속할 것이다. 섬들이 그의 교훈을 앙망할 것이다(사 42:4).

이사야 53장에 기록된 네번째 종의 노래는 주의 종이 그의 사명을 수행할 방법의 비밀을 드러내고 있다. 이 감동적인 노래는 주의 종이 가장 야만적인 인간의 도살의 희생물이 될 것을 묘사한다. 인간의 마음이 생각해 낼 수 있는 모든 종류의 학대가 그에게 가해질 것이다. 그러나 바로 그 순간에 종은 이스라엘 백성과 온 세계 백성들이 받아야 할 하나님의 진노를 대신 짊어지는 대속의 과업을 수행할 것이었다.

랍비 이그나즈 메이바움(Rabbi Ignaz Maybaum)은 이 구절에 묘사된 종의 두가지 특성 즉 희생과 대속에 대해 언급하면서 "진노는 마귀적이지만, 대속은 치유를 가져온다"고 지적했다(*Trialogue between Jew, Christian and Muslim*, Routledge & Kegan Paul, 1973). 물론 이 저자가 이 구절을 더 상세히 설명할 때 비 기독교적인 해석을 하지만, 한가지 한가지 점에 있어서 하등의 논란의 여지가 없음을 발견한다. 즉 이스라엘과 열방을 위한 대속의 사역을 수행하기 위해서 종이 고난의 길을 걸어가야 한다는 점이다. 한걸음 더 나아가서 이 구절은 죽음을 감수하는 종의 순종의 대가로 하나님께서 열방들을 종에게 선물로 주시는 것을 묘사한다. 종은 모든 백성에게 구원과 치유를 가져오는 일을 완성하신 것이다.

겸하여 지적하고자 하는 것은 이방의 사도인 바울이 세계선교에 종사하도록 부름받은 하나님으로부터의 소명을 바로 이들 종의 노래들에 근거하고 있다는 사실이다(행 13:47 참조).

3. 선교적 동기(The Missionary Motif)

위에서 언급한 두가지 동기와 연결되어 있는 것은 선교적 동기이다. 선지자들이 거듭 거듭 강조한 것은 선택은 이기적인 생각에서 자만할 수 있는 특권이 아니라 봉사를 위한 부르심이라는 사실이다. 선택은 열방 중에서 증거하여야 할 의무를 내포한다. 이스라엘은 여호와가 창조주요 구원자라는 사실을 다른 나라들에게 나타내기 위한 표시로 존재해야 했다. 종의 노래 중의 하나는 이스라엘의 사명이 이방을 위한 빛이라고 언급한다.

하나님에 의해 특별히 선택되어 하나님의 자비와 공의를 수납하게 된 이스라엘은 이제 열방 가운데 살면서 하나님의 은혜와 자비와 공의와 자유케 하는 능력을 나타내며 살아야 할 의무를 가지게 되었다. 이스라엘이 이와 같은 신적 사명을 계속적으로 거부한데서 선지자들은 거듭 거듭 그들의 깊은 실망을 기록했다. 선지자들의 의로운 분노가 뜨겁게 불탔음에도 불구하고 선지자들은 계속하여 이스라엘의 사명은 열국 중에서 특수한 백성 곧 왕같은 제사장으로 존재하는데 있음을 상기시키곤 했다. 2차 대전 이후 상당수의 선교학자들이 기독교인의 존재(Christian presence) 자체가 현대의 선교과업을 수행하는 중요한 방법의 하나임을 강조해온 사실은 주목할 만한 가치가 있다. 이들 선교 학자들은 다양한 이유와 다양한 방법을 제시하면서 가장 적절한 형태의 증거는 다른 백성들 속에 살면서 특수한 종류의 백성으로 존재하는데 있다고 주장했다. 여기서 이 개념에 대해 깊이 논하려고 하지 않는다. 한가지 지적하고자 하는 것은 존재 자체가 증거라는 개념이 구약성경에 깊이 뿌리를 박고 있다는 사실이다. 선지자들은 계속하여 이스라엘이 신적봉사의 사명을 수행하며 살므로 다른 나라들에 대한 표시가 되고 다른 나라들을 위한 교량이 된다고 강조해서 주장했다.

그러나 본인은 선교의 동기를 단지 존재의 개념의 관점에서 보는 것은 옳은 견해가 아니라고 생각한다. 왜 여러 학자들이 구약은 결코 선교의 명령에 대해 언급하고 있지 않다고 언명을 하고 있는지 나는 그 이유를 알 수 없다. 블라우(Blauw), 겐지켄(Gensichen), 하안(Hahn) 등등의 학자들이 이와 같은 언명을 했다. 예를 들면 하안은 그의 저서 「신약에 있어서의 선교」(*Mission in the New Testament*)에서 구약은 "전적으로 수동적 성격"을 지니고 있다고 했다. 이것은 지나친 과장이라고 생각한다. 배클리(Bächli)는 그의 저서 「이스라엘과 그 백성들」(*Israel und die Völker*)에서 출애굽의 기사와 신명기의 전통은 "백성"('*am*)과 "종교적 공동체"(*qahal*)를 구별하며 이미 사막에서 본래 백성('*am*)에 속하지 않았던 많은 개인들이 종교적 공동체(*qahal*)에 참여했다는 사실을 언급했는데 그의 입장이 진리에 더 가깝다고 본인은 생각한다. 이스라엘 백성을 따라와서 그들과 함께 나그네로 살던 이방 백성들도 이스라엘의 예배에 참여했다. 그들도 하나님의 놀라운 행정에 대해 들었고 이스라엘 백성과 함께 찬양의 노래를 불렀다.

또한 구약에는 상당수의 개인들이 그들의 이방의 본거지를 떠나 말씀과 행위의 증거를 통해 살아계신 하나님을 신뢰하고 섬기게 된 경우가 많다. 멜기세덱, 룻, 욥, 그리고 니느웨 백성들의 이야기들을 비롯하여 구약에 나타난 다른 이야기들이 이와 같은 경우들을 말해 준다. 이와 같은 이야기들은 마치 창문들과 같아서 우리는 이 창문들을 통해서 이스라엘 나라 밖에 무한히 펼쳐진 다른 백성들의 모습을 바라볼 수 있으며 온 백성들을 향해 이미 발해진 선교적 부름의 희미한 소리를 들을 수도 있다.

더욱이 디아스포라(Diaspora)(유대인의 흩어짐, 역자주) 기간중 유대주의는 강력한 선교적 영향력을 행사했으니 흩어진 유대인들은 그 초기부터 그들의 존재(presence)에 의해서 뿐아니라 직접 증거(witness)하므로 그들의 사명을 수행한다고 이해했다.

4. 적대적 동기(The Motif of Antagonism)

위에 열거한 구약의 선교적 동기들은 아직 불완전하다. 위에 열거한 동기들과 상호 밀접하게 연결된 또 하나의 동기는 적대적 동기이다. 하나님의 권위를 적대하는 능력들 및 세력들과 대항해서 싸우시는 하나님이 선교의 중요한 동기로 등장한다.

구약전체는 (물론 신약도 포함하여) 이스라엘과의 계약의 하나님이신 주 여호와(Yahweh-Adonai)가 그의 창조의 계획을 방해하고 번복시키려는 세력과 전쟁을 하시는 기사들로 가득 차 있다. 하나님은 인간들이 만들어내고 우상화하고 그들의 목적을 이루기 위해 이용하는 거짓 신들과 싸우신다. 바알과 아스다롯을 생각해 보라. 그 숭배자들은 자연과 종족과 국가를 하나님의 자리에까지 높이 끌어 올려 숭배했다. 하나님은 또한 요술과 점성술과 싸우신다. 신명기에 의하면 요술과 점성술은 하나님과 피조세계의 구분을 폐한다고 했다. 하나님은 또한 모든 형태의 사회적 불의와 싸우시며 불의를 숨기려고 하는 모든 형태의 사회적 불의와 싸우시며 불의를 숨기려고 하는 모든 수단과 방법을 무너뜨린다(아모스와 예레미야 참조).

구약전체는 이와같은 적대적인 세력들을 파괴하려는 열렬한 욕망으로 불타고 있다. 구약에는 도래하는 왕국에 대한 장대한 환상들이 있는 바, 모든 종류의 관계가 적절하게 회복되고 모든 피조세계가-사람들과 동물들과 식물들과 다른 모든 종류의 피조물들이-하나님의 본래적 의도에 완전히 일치하게 될 그날을 묘사하고 있다(사 2, 미 4, 사 65 참조). 구약은 이 왕국의 궁극적 도래를 열망하고 있으며 야웨가 궁극적으로 모든 것을 다스리게 될 것을 일방적으로 선언하고 있다. 이것은 선교적 참여의 관점에서 볼 때 매우 의미깊은 주제이다. 하나님의 의도에 반대하는 모든 종류의 적대세력과 싸우는 일이 없이 선교에 참여하는 것은 불가능하다. 그 적대세력이 교회 안에 있건, 세계 안에 있건, 개인의 생활 안에 있건, 그 세력들과 싸워야 한다.

구약은 적대적 동기를 찬양의 주제(doxological theme)와 밀접하게 연결시키고 있다. 주 여호와(Yahweh-Adonai)의 영광이 모든 백성들 가운데 나타날 것이다. 그 때에 모든 인간들은 하나님을 참으로 알게 될 것이다. 곧 그가 "은혜로우시며 자비로우시며 노하기를 더디하시며 인애가 크시사 뜻을 돌이켜 재앙을 내리지 아니하시는 하나님이신 줄을" 알게 될 것이다(욘 4:1-2).

이 네가지 동기는 각기 선교사역을 이해하고 수행해 나아가는 데 기본적인 요소가 된다. 여기서는 간단히 취급할 수밖에 없었다. 그러나 구약의 연구를 결론짓는 마당에서 한 구절을 좀 길게 취급하고자 한다. 왜냐하면 이 구절이 위에 지적한 기본적인 주제들을 분명히 나타내고 있기 때문이다. 그것은 요나서이다.

5. 요나서(The Book of Jonah)

요나서는 선교의 성서적 근거를 이해하는데 매우 의미가 깊다. 왜냐하면 그것은 이방백성에 관해 자기 백성에게 주신 하나님의 명령을 취급하는데 신약의 선교적 명령에 대한 준비적 단계의 역할을 하고 있기 때문이다. 또한 요나서는 이 명령이 하나님 자신이 택한 종으로부터 강력한 반항을 받고 있음을 보여주고 있는 점에서 매우 중요하다고 하겠다.

오늘날 선교를 위해 "교인들을 계몽하고"(educating congregation) "개인들을 계몽하는"(educating personnel)일에 관해 많은 이야기와 저술이 나타나고 있다. 요나야말로 한 사람을 선교사가 되게 계몽하고 교육하는 데 좋은 교훈을 던져줄 것이다. 그것은 한 생애가 선교를 위해 바쳐지려면 먼저 그의 자연적 성향의 급격한 변화와 그의 삶의 완전한 재구성이 필요함을 보여주고 있다.

(1) 요나서의 배경

문학적 장르, 요나서는 12 소선지서 가운데 특이한 책이다. 다른 책들은 여러 선지자들의 말을 모아 놓은 것인데 요나서는 선지자 자신에 관한 이야기의 책이다. 그것은 특수한 목적을 마음에 두고 기록한 이야기의 책이다.

구약학자들은 요나서가 미드라쉬(midrash) 즉 특수한 이유 때문에 쓰여진 이야기를 설교적으로 적응하는 것이라고 주장한다. 즉 사건들의 역사적인 기술이라기 보다는 메세지가 담긴 이야기라고 한다. 그리고 요나서를 요나에게 일어난 사건의 실제적 기록이라고 주장하는 학자들도 요나서의 근본적 메세지와 의도를 결코 무시하지 않는다. 미드라쉬는 여덟 개의 계속되는 장면을 내포하는데, 매 장면은 이방을 향한 하나님의 포괄적 계획과 이 계획을 거부하려고 하는 요나의 노력의 헛 수고를 지적하고 있다.

제목, 이 책의 제목은 억지로 끌려가는 선지자 요나의 개인적인 이름을 사용하고 있다. 그리고 아밋대의 아들 요나(Jonah ben Amittai)라는 이름의 선지자가 살던 여로보암 2세(787-746 B.C.)의 시대로 소급한다. 그러나 이 미드라쉬는 이 선지자의 생애를 자세히 기술하려는 목적 이외에 다른 이유 때문에 쓰여진 것이 분명하다. 이 책의 저자나 이 선지자의 이름을 사용하는 것은 독자들에게 이방에 대한 선교적 마음을 전혀 갖지 않은 한 선교사를 묘사하기 위해서이다. 선교사 요나는 후대의 바리새인들처럼 이방인들에게 자비를 베푸는 하나님을 도저히 용납하지 못하는 선교사로 묘사되고 있다. 화란 작가 미스코테(Miskotte)의 말을 빌린다면 "저자는 사도와는 정 반대되는 사람을 묘사하려고 한다." 요나서의 저자는 이와같은 편협한 태도에 대해 경고하면서 독자들 자신들이 하나님의 명령을 수행하기 위해 일하는 하나님의 종으로 바꾸어지고자 하는 의사가 있느냐는 질문을 던지고 있다.

기원, 시락 및 토빗(Sirach and Tobit)에 나타난 증거에 비추어 볼 때 이 책이 이미 주전 2세기에 잘 알려져 있었다고 하겠다. 구약학자들에 따라 요나서의 연대를 다양하게 잡는다. 어떤 학자는 주전 600년경으로 잡고 어떤 학자는 주전 200년경으로 잡는다.

성경의 정경 안에서의 위치, 종족중심주의에 대한 강한 경고를 내포한 요나서가 정경에 포함된 것은 기적적인 일이라 하겠다. 요나서는 하나님의 세계적인 계획을 방해하려는 인간적 기도를 잘 보여주고 있다. 그러므로 요나서를 읽는 독자들—이스라엘 사람들, 신약시대의 교회, 그리고 우리들—은 이 작은 책을 통해 성령께서 그들에게 말씀하시고자 하는 것이 무엇인지를 들을 수 있게 된다.

메세지의 수신자, 저자가 보는 대로 이스라엘은 너무나 자기 자신에 집착되어 이제는 그의 눈을 세계로 향할 수 없게 되었다. 하나님 계시의 수납자인 이스라엘은 다른 나라에 발을 들여놓기 조차 싫어했고 다른 민족에게 하나님의 심판과 구원의 메세지를 전달하기를 거절했다. 요나서의 메세지는 또한 신약교회의 교인들에게도 주어졌다. 주님의 메세지를 세계에 전하라는 주님의 명령을 여러가지 모양으로 피하려는 신약교회를 향해서도 요나의 메세지가 주어졌다.

요나의 간교한 회피노력은 주님의 명령을 듣지 않으려는 게으르고 불충성한 교회의 모습을 드러내고 있다고 하겠다. 하나님은 그들의 활동을 이스라엘 영토 내에 국한시키려고 했던 이스라엘의 편협한 종족중심주의(ethnocentrism)와 싸워야 했고 또한 하나님의 메세지를 선포하고 그의 일을 수행하기 위해 세계 속으로 뛰쳐 나아가기를 거절하는 교회중심주의(ecclesicocentrism)와 싸워야만 했다. 요나서의 저자는 하나님의 구원활동의 반경이 너무 넓어 이스라엘과 이방을 동시에 포함하고도 남는다는 확신에 도달하게 되며 이를 독자에게 전달한다. 저자가 보는대로 이스라엘은 전체를 위한 부분(a pars pro toto)이다.

2. 중간 시대

유대인들이 흩어져 살던 디아스포라(Diaspora) 기간에 유대인들이 이방 사람들을 개종시키려고 했던 흔적을 찾아 볼 수 있다. 그리고 이와 같은 개종의 노력은 후일 그리스도인들의 선교적 노력과 연결되었다. 구약을 희랍어로 번역한 70인경(LXX)은 당시 문명세계 전역에 보급되었고 유대인 회당에서 설명되었다. 디아스포라 유대주의의 선교적 노력과 그 영향은 많은 사람들이 인식하는 것보다 훨씬 더 컸다. 그리고 이 유대주의는 초기 기독교에 깊은 영향을 미쳤다. 유대인 그리스도인들이 회당을 중심한 유대인

공동체와 긴밀한 관계를 유지했기 때문이었다. 회당은 중요한 역할을 수행하고 있었다. 개종자(유대주의 신앙과 의식 전부를 받아들이고 할례를 받은 이방인들)들 뿐아니라 "하나님을 경외하는 자들"(Godfearers)이라고 불려진 사람들(대부분의 유대주의 윤리와 의식을 받아들였으나 할례받기를 거절한 이방인들)에게 깊은 영향을 미치고 있었다.

양자간의 긴밀한 관련이 있었음에도 불구하고 유대주의의 메세지는 하나님의 왕국에 대한 신약의 복음이나 예수를 메시아로 믿는 기독교 신앙과는 전혀 다른 것이었다. 팔레스틴 안의 유대주의가 이방인들이 개종하기 위해서는 유대주의적 생활양식에 전적으로 동화되어야 한다고 주장한데 비해 팔레스틴 밖의 유대주의는 이방인들에 대해서 유일신 신앙을 받아들이면 된다고 강조했다. 여러 신들을 섬겨오는데 지쳐버린 이방인들에게 유일신 신앙은 극히 매력적인 것으로 보였다. 유대주의는 종교의식에 영적의미를 부여했고 이방 세계의 타락한 생활양식을 비난했다. 유대주의의 메세지는 다분히 스스로 자기를 구원할 수 있다는 내용을 포함하고 있었다. 하나님의 백성은 하나님이 자기의 일을 이방인들 가운데서 수행하시는 것을 고요히 보고 기다릴 뿐이라고 했는데 이는 결국 후기 유대주의가 선교적 안목이 없는 종말론을 주장했다고 할 수 있다. 후기 유대주의는 또한 한 개인의 구원이 그 자신의 태도와 노력에 달려있다고 주장했는데 이는 결국 유대주의의 선교가 종말론을 결하고 있었다고 하겠다.

예수님이 마태복음 23:15에서 날카로운 비난의 말을 했을 때 유대주의의 상기 요소들을 지적했을 가능성이 크다고 하겠다. "화 있을진저 외식하는 서기관들과 바리새인들이여 너희는 교인 하나를 얻기 위하여 바다와 육지를 두루 다니다가 생기면 너희보다 배나 더 지옥 자식이 되게 하는도다." 바울도 로마서 2:17-24

에서 유대주의의 율법주의와 자의적 칭의의 노력을 비난했다.

예수님과 바울이 유대인들의 이방인 선교 그 자체를 반대하지는 않았다. 사실 바울은 자기의 이방인 선교 사역을 디아스포라 기간의 유대인들이 이미 시작했던 이방인 개종사역의 계속으로 간주했다. 예수님과 바울이 반대한 것은 유대인들이 가르친 내용이었다. 그러므로 예수님이 자신의 메세지를 선포하기 시작했을 때 유대주의적 전통에 의존한 것이 아니라 구약 자체로 돌아갔던 것이다.

3. 신약의 의미

신약은 처음부터 끝까지 선교의 책이다. 신약이 존재하게 된 것부터가 초대교회의 선교적 사역 때문이었다. 복음서들은 선교적 메세지들의 "생생한 기록들"이며 서신들도 일종의 선교적 변증이라기 보다는 선교사역 자체의 참되고 실제적인 수단이요 도구였다. 우리는 여기서 선교의 근거와 실제에 대해 신약이 가르치는 중요한 교훈을 일일이 다룰 수는 없다. 그 중 몇 가지만 취급하고자 한다.

1. 세상의 구주이신 예수님(Jesus, the Savior of the World)

구약에 나타난 모든 선교적 동기들이 나사렛 예수의 인격과 사역 안에서 함께 나타난다. 변화산상의 이야기는 우주적, 메시아적, 그리고 선교적 동기들이 그의 생애 안에 함께 나타남을 드러낸다. 마가복음 9:2-13에는 모세와 엘리야가 예수님과 함께 언급되었다. 마가복음의 저자는 베드로, 요한, 야고보 세 제자 가운데 계신 분이 모세나 엘리야보다 크시다고 선언하므로 예수님이 구약 모두를 능가하실 뿐 아니라 구약 자체를 자신의 생애 안에서 완성하셨다고 주장했다. 하나님이 온 세계에 대한 관심을 가지고 계시다는 사실을 선언하기 위하여 예수님은 앞으로 전진하고 있었다. 구약의 약속들을 자신의 인격과 사역을 통해 수행하시므로 구약을 실로 지나간 오래된 책으로 만드셨고 신약의 시작을 이루셨다. 헨드리쿠스 베르코흐(Hendrikus Berkhof)가 적절히 지적한대로 "그리스도는 하나님이 이스라엘 백성과 더불어 오랫동안 여행하신 후 취하신 두번째의 결정적인 단계이다." 수가 동네의 사마라아인들이 "그가 참으로 세상의 구주[*soter tou kosmou*]신 줄 우리가 앎이니라"(요 4:42)라고 말했을 때 그들이 이 사실을 제일 먼저 선포한 사람들이 되었다고 하겠다.

(1) 하나님의 왕국의 도래

예수님은 그의 사역 초기에 그의 고향 나사렛에 왔다. 안식일에 예배하러 회당에 들어갔을 때 지도자들이 예수님에게 성경을 드려 읽게 했다. 이사야 61장의 글을 읽으신 후 예수님은 많은 사람들에게 무한한 소망을 가져다주는 말씀을 하셨다. "이 글이 오늘날 너희 귀에 응하였느니라"(눅 4:21).

선지자들이 증거했던 도래하는 구원이 예수 그리스도 안에서 실현되었다. 구원이 이미 도래했다. 그러므로 예수님이 선포하신 복음은 이미 도래한 동시에 아직 오고 있는 왕국(a kingdom which had both *already come* and is *yet coming*)을 묘사한다. 이사야 61장의 말씀을 자신에 적용하시면서 주의 영이 자기에게 임했다고 말했다. 하나님 왕국의 시작을 선언하시면서 다양한 형태의 '주의 은혜의 해'를 소개하셨다. 왕국의 도래가 잠정적이며 미완성적임에도 불구하고 예수님이 다음과 같은 대단한 선언—"그가 나를 보내심은 가난한 자에게 복음을 전하게 하시려고, 포로된 자에게 자유를 선언하게 하시려고, 눈먼 자에게 보게함을, 눌린 자를 자유케 하시려고, 그리고 주의 은혜의 해를 선언하게 하시려 함이니라"-을 하셨을 때 왕국은 실제로 도래했고 결단의 시간이 다가왔었다고 하겠다. 하나님은 예수 그리스도 안에서 그의 구속 사역을 그 이전 어느 때보다도 직접적으로 그리고 긴급하게 이루고 계셨다. 도래할 왕국의 모습이 메시아의 인격과 교훈과 행위 안에서 너무도 분명하게 나타났다. 그는 사람의 영혼과 육체를 파괴하는 악한 세력을 여지없이 굴복시켰고 악한 세력의 희생물과 노예가 된 사람들을 구원하셨다. 그는 사람들을 향해 회개를 외쳤다.

신약은 전체적으로 성취의 언어를 구사한다. 하나님의 은혜로운 구속 사역이 이미 나타났다(딛 2:11, 엡 1:10, 갈 4:4-5, 히 1:1-4 참조). 그러나 동시에 이 왕국의 궁극적 도래는 아직 오고 있음을 가르치고 있다. 신약에는 미래에 대한 기대가 넘치고 있다.

복음서들 안에는 이 두 동기가 교차된다. 하나가 다른 것을 전제하고 있다. 복음서들에 의하면 우리는 이미 실현된 왕국의『실현』(already)과 궁극적 완성이 이루어지지 않은『미 완성』(not yet)과의 사이에서 살고 있는 것이다. 즉 "이 글이 오늘날 너희 귀에 응하였느니라"(눅 4:21)의 약속과 "이 천국 복음이 모든 민족에게 증거되기 위하여 온 세상에 전파되리니 그제야 끝이 오리라"(마24:14)의 기대 사이에서 살고 있다.

(2) 왕국 도래의 방법

예수님의 이적과 비유들은 왕국이 이 세상에 어떤 방법으로 나타나는지에 대해 특별한 교훈을 제공해 준다. 요한복음은 이적들을 가리켜 도래하는 왕국과 메시아의 당당한 모습을 지적하는 표적이라고 부른다. 이들 이적들은 인간의 모든 필요 즉 가난, 질

병, 배고픔, 죄, 마귀의 시험, 죽음의 위협에 대해 언급한다. 그와 같은 것들을 언급하므로 예수님은 부활의 아침을 바라보셨다. 하나님의 이름으로 인간의 필요와 문제들이 해결되는 때와 곳마다 하나님의 왕국이 밝히 빛난다. 마찬가지로 예수님이 말씀하신 비유들 - 예를 들면, 씨뿌리는 비유, 물고기 그물비유, 추수의 비유, 겨자씨비유, 누룩의 비유 - 은 왕국에 대한 메세지가 어떻게 모든 족속과 민족에게 퍼져 가는지를 말해 준다(마13, 눅 8, 막 4 참조).

"예수님 자신의 말씀에 근거하여 생각할 때 온 세계에 대한 교회의 사도적 사역의 중요성 때문에 중간기(예수님의 승천과 재림 사이의 기간)가 존재한다고 주장할 수 있다" ["Report of the Netherlands Missionary Council on the Biblical Foundation for Mission," *De Heerbaan* 4 (August, 1951, 197-221)].

(3) 예수님과 이방인들

예수님이 죽음과 부활 이전에 그의 사역을 의식적으로 이방인들을 향해서 수행했는지의 여부에 대한 논쟁이 많이 벌어져왔다. 아돌프 하르낙(Adolph von Harnack)은 그의 저서 「선교와 확장」(*Mission und Ausbreitung*)에서 이방인에 대한 선교는 예수님의 생각에서는 전혀 찾아볼 수 없다고 주장했다. 순드클러(Bengt Sundkler)는 하르낙의 주장을 반박하면서 「예수와 이방인들」(*Jésus et les Paiens*)을 출판했고 그후 보쉬(David Bosch)도 자기의 저서를 출판해서 순드클러의 주장을 지지했다.

순드클러는 주장하기를 하르낙의 추종자들이 상황을 지방주의 대 세계주의(particularism-universalism)의 도식으로 이해하며 예수를 지방주의자들의 무리에 분류하기 때문에 오류를 범했다고 했다. 순드클러는 그와 같은 도식을 전적으로 거부하면서 자기 자신의 새로운 도식--구심성 대 원심성(centripetal-centrifugal)--을 내세웠다. 초기에 있어서 이스라엘의 이방에 대한 관계는 구심적이었다. 나라들(gôyim)이 예루살렘에 있는 주의 산 곧 시온 산으로 찾아왔다. 그러나 구약이 완성되고 모든 조건들이 나사렛의 예수 안에서 이루어졌을 때 그리고 이스라엘에 대한 집중적 사역이 잠시 수행된 후 이스라엘 관계는 원심적으로 바뀌었다. 좁은 선은 부채모양으로 넓게 퍼져 나아가게 되어 결국 이방으로 가는 길이 마련되었다.

페르디난드 하안(Ferdinand Hahn)의 저서 「신약에 나타난 선교」(Mission in the New Testament)의 "이방인들에 대한 예수님의 태도"의 부분은 이 문제에 대한 여러가지 연구들을 알기쉽게 요약해 준다. 저자는 예수님이 이방인들을 만난 경우들 ― 수리아 ― 뵈니게 여인(요 4), 로마인 백부장(마 8:5-13), 헬라인들의 대표 (요 12:20-36) ― 을 주목한다. 그는 또한 예수님이 말씀하시고 행하신 다른 일들에 주의를 기울인다. 즉 팔레스틴의 북방 지역을 방문하신 일(거라사 지역을 포함, 막 5, 눅 8:26-56), 그리고 이방인들도 언젠가는 잔치에 참여하기 위해 순례의 길을 떠날 것이라고 말씀하신 일들에 주의를 기울인다.

내 자신의 작은 책 「장벽을 무너뜨려라」(Break Down the Walls)는 인종 관계를 취급하는데 예수님이 이들 이방인들과 만나는 일들을 논한다. 거기서 나는 예수님이 때가 오기를 안타깝게 기다리시는 거룩한 모습을 본다. 얼마동안 예수님은 자기의 메세지를 이스라엘집의 잃어버린 양들에게 국한시킨다. 자기 메세지가 이방에게 전파되기 전에 몇가지 조건이 이루어져야 함을 아셨기 때문이었다 이스라엘 백성이 먼저 들어야만 했고(마 10) 많은 사람들을 구속하기 위한 어린양의 피가 쏟아 부어져야 했다(막 10:45, 14:24).

(4) 십자가와 부활- 세계선교의 근거

십자가 위에서 예수님은 이스라엘 백성과 이방인들이 받아야 할 하나님의 심판을 대신 받으셨다. 그의 부활 역시 온 세계 나라와 민족들에게 자유케 하는 통치를 가져왔다. 그러므로 예수님의 십자가와 부활은 세계선교의 근거가 된다. 십자가와 부활의 메세지를 모든 민족들에게 자유케하는 통치를 가져왔다. 그러므로 예수님의 십자가와 부활은 세계선교의 근거가 된다. 십자가와 부활의 메세지를 모든 민족들에게 전파해야 할 의무가 부여되었다. 이 선교의 과업은 "이방의 충만한 수가 차서 하나님의 왕국이 완전히 도래할" 때에야 완성될 것이다. 이하에서 복음서들의 선교적 명령을 제시하는 몇가지 방식에 대해서 고찰하고자 한다.

2. 마태복음에 나타난 선교령

신약학자들은 주장하기를 마태복음은 새로 개종한 자들에게 예수의 사역과 인격 및 도래하는 왕국에 대해 가르치고 그리고 복음의 메세지를 다른 사람들에게 전하게 만들기 위해 교훈적 자료들을 조직적으로 모아놓은 책이라고 한다. 마태는 예수의 사역에 관한 이야기를 기술할 때 많은 경우에 있어 마가복음을 원 자료로 사용했으나, 마태 자신이 자료들을 수집한 일도 있으니 예수의 교훈 아홉가지 등을 들 수 있다. 마태복음은 결국 선교에 대한 교과서가 되었다.

학자들은 마태복음의 기록연대에 대해 조금씩 다른 입장을 취한다. 주후 75년경으로 잡는 학자도 있고 80년에서 100년 사이로 잡는 학자들도 있다. 여하간 마태복음은 유대인 크리스챤과 이방인 크리스챤이 다 함께 복음을 힘있게 전파하던 초대교회의 한 기간을 반영하고 있다고 하겠다. 따라서 이 복음서가 이스라엘 백성과 아울러 이방민족과 국가에게 예수를 메시아로 받아들이는 신앙을 전달해야 한다는 강력한 명령을 발하고 있는 이유를 쉽게 이해할 수 있게 된다.

(1) 이스라엘 백성에게 복음을 전달

마태복음 10장은 예수님이 제자들에게 복음의 메세지를 이스라엘 백성에게 선포하라고 명하신 일을 기록한다. 5절에 나타나 있는 강한 말씀—"이방인의 길로도 가지 말고 사마리아인의 고을에도 들어가지 말고 차라리 이스라엘 집의 잃어버린 양에게로 가라"—이 28장의 선교 대 위임령에서는 모든 족속에게 가라고 명하는 같은 책 마태복음에 기록되어 있다는 사실을 주목해 보라. 마태복음의 저자는 이 두 구절을 "조화"시키려 하지 않았다. 그렇게 할 필요가 없었다. 양자는 서로를 보완해 주며 따라서 양자는 각기 타당하다. 마태복음이 기록되었을 때 팔레스틴 안에는 이방인에 대한 선교를 극력 반대하는 유대인 크리스챤들이 살고 있었다. 어떤 다른 사건들이 먼저 일어나야 한다고 기대하고 있었기 때문이었다. 마태복음의 저자도 수리아에 살던 유대인 크리스챤 공동체의 일원이었을 가능성이 많지만 그는 복음의 메세지를 이스라엘에게 전파하는 선교적 과업이 이방에 대한 선교적 과업과 병행하여 수행되어져야 한다는 확신을 가지고 복음서를 기록했다. 양자 동시수행(synchronization)의 명령이 주님으로부터 주어졌다고 확신했다. 부활 이전 이스라엘에게 집중한 것은 하나의 전략적 의미를 가진다고 보았다.

유대적 기독교의 일부는 이방인들에 대한 선교를 유대인들에 대한 선교와 대립시켜 생각했으니 "12지파의 양들을 모으는" 종말론적 사건이 일어나기 전에는 이방인들에 대한 선교를 시작해서는 안된다고 믿었다. "이방인들에게 가는 길"은 그 후에야 열린다고 생각했다.

마태복음 10장의 저자는 의견을 달리했다. 이방인들에게로 가는 길을 열어놓은 사건은 예수의 부활사건이었다고 믿었다. 그 사건 이전에 모든 관심이 이스라엘에게 집중되었다. 그러나 십자가와 부활의 사건이 세계선교의 근거가 되었고 세계선교 시작의 신호가 되었다. 마태복음 10:23에 기록된 예수님의 말씀—"내가 진실로 너희에게 이르노니 이스라엘의 모든 동네를 다 다니지 못하여서 인자가 오리라"—은 자신의 부활사건을 은밀히 가르치는 말씀이었다. 인자의 근본적인 현현은 부활하신 주님의 그리스도 현현(Christophany)이었다.

페르디난드 하안(Ferdinand Hahn)은 마태복음 10장과 28장과의 관계를 멋있게 설명했다. 두 구절은 동심원의 원들이며 따라서 유대인들에 대한 선교와 이방인들에 대한 선교를 동시화한다. 이스라엘을 위한 메신저로 오신 지상의 예수님이 하나님의 옛 백성과의 계속적인 접촉을 시도하라고 교회에게 명하시는 한편 부활하여 온 세상 위에 높이 들림을 받으신 주님이 또한 모든 백성에게 가라고 명하신다. "마태가 주장하고자 하는 것은 이스라엘에 대한 선교의 우선권과 이스라엘 선교에 대한 영속적 의무가 존재함을 지적하는 것이다. 왜냐하면 이스라엘을 구심점으로 삼지 않으면 구원이 있을 수 없기 때문이다. 그러나 선교가 옳게 수행되려면 이스라엘 선교와 더불어 우주적 선교 위임령이 함께 수행되어져야 한다."(Ferdinand Hahn, *Mission in the New Testament*, London:SCM Press, 1965, pp. 127-128).

그러므로 마태복음 10장과 28장은 모순 되지 않는다. 오히려 부활 후 제자들이 선교수행의 과업을 위임받았을 때의 역사적 상황을 분명히 해주고 있다. 그러므로 이방이 이스라엘의 지위를 대신 차지하게 됐다고 주장하는 학설(예:Joachim Gnillsa)은 오래된 잘못을 반복하는 것에 불과하다고 하겠다(Joachim Gnillsa, "Der Missionsauftrag des Herrn nach Matthäus 28 und Apostelgeschichte I," *Bibel und Leben*, 1968:1-9). 모든 것을 종합해 볼 때 상기 두 구절이 가르치는 교훈은 모든 사람에게로 가는 선교의 문이 지금 활짝 열려 있다는 것이다.

(2) 마태28장의 대 위임령

마태복음만이 세계선교 수행에 대한 명령을 포함하고 있다는 생각은 널리 알려진 생각이지만 그것은 지독하게 잘못된 생각이다. 사도행전은 물론 모든 복음서들이 이를 제시하고 있다. 마태복음의 마지막 부분이 이를 가장 분명하게 표현하고 있는 사실을 부인할 수는 없다.

다른 복음서들에 비해 마태복음의 결론이 선교의 개념을 가장 강력하게 표현하고 있으며 특히 마지막 몇절은 앞부분의 요약을 제시하는 절정을 이루고 있다. 이 절들은 마태복음 전체를 이해하는 데 있어서 열쇠가 된다.

이 결론 구절에서 부활하신 주님이 갈릴리의 한 산위에 높이 서서—아마 그 산이 산상보훈을 말씀하시던 그 산이었을지도 모른다—제자들에게 세가지 내용을 포함한 메세지를 선포했다. ① 예수님의 권위, ② 선교 수행령, ③ 예수님의 약속.

① 예수님의 권위

예수님은 자신의 권위를 언급하시면서 다니엘 7:13-14에 기록된 말과 마태복음 26:64에 기록된 산헤드린 공회 앞에서 하신 자신의 말과 비슷한 언어를 사용하셨다. 하나님의 심판의 사역과 구원의 사역이 이제는 십자가에 못박혔다가 부활하신 그 분의 손에 맡겨졌다. 이전에는 권세를 가지지 않으셨던 분이 지금은 완전한 권세를 가지게 되었다. 모든 권세가 그에게 주어졌다.

이제는 어떤 지역이나 백성이나 문화도 그의 능력과 권위의 통치 밖에 있지 못하게 됐다. 선교 위임령은 바로 이와 같은 부활하신 주님의 대관과 직접적으로 연결되었다. 부활하시므로 그는 온 세계에 대한 그의 권위를 높였다. 그러므로 선교령이 그의 즉위에 대한 근거가 되지 않고 오히려 그 반대로 선교령이 그의 즉위의 사건으로부터 근거한다고 하겠다.

② 예수님의 선교 수행령

십자가에 못 박혔다가 부활하신 주님은 그의 즉위 후 선교령을 발했다. 부활과 재림 사이의 기간이 단순히 하나의 무의미한 중간기가 아니다. 즉위의 과정에 있어서 선교령이 수행되어지는 기간이다. 빌 2:5-11은 이 진리를 분명히 진술한다.

왕위에 앉으신 주님께서 제자들에게 명하신 것이 무엇인가? 무엇보다 먼저 "그러므로 가라"고 말씀했다. 저자가 사용한 희랍어는 *poreuthyntes*인데 그 단어는 '출발하다, 떠나다, 경계를 넘다'라는 의미를 가진다. 즉 사회적 경계, 인종적 경계, 문화적 경계, 그리고 지리적 경계를 넘어서 가라고 명하셨다.

복음전달의 과업을 수행하는 사람에게 있어서 바로 이 점이 가장 중요하다. 바로 이 점이 그의 사역에 영향을 미치기 때문이다. 선교사는 본국에서나 타국에서나 언제나 경계들을 넘어 갈 준비가 되어 있어야 하며 기꺼이 넘어가야만 한다. 본문에 나오는 희랍어 *poreuormai*는 초대교회로 하여금 계속적으로 경계들을 넘어 순회전도 하던 예수님과 그의 제자들을 생각하게 하는 말이었다.

예수님은 또한 제자들을 향해서 "모든 족속으로 제자를 삼으라"고 명했다. 마태복음의 저자는 *mathétes*라는 희랍어 명사를 동사로 만들어 사용했다. 이 단어의 동사형이 신약에 4번 사용되었다(마 13:52, 27:57, 행 14:21, 마 28:19). 예수님의 제자가 된다는 것은 그의 죽음과 부활에 참여하는 것을 의미하며 그의 메시아적 왕국의 도래를 향한 행진에 참여하는 것을 의미한다. 그는 우리들에게 명하시기를 제자들을 만들라고 한다. 즉 사람들로 하여금 그의 권위에 항복케 만들고 그리고 나아가서 이미 시작된 새 질서(그의 왕국의 질서)를 향한 행진에 자원하여 참여하도록 만들라고 명한다.

우리는 "모든 족속"(all nations, *panta ta ethnē*)으로 제자를 삼게 되어 있다. 이 단어들이 "종족의 단위들"(ethnic units)을 의미하는 말로 오해되기도 했다. 그러나 이 말은 전 인류를 지칭하는 전문용어이다. "땅끝까지"라는 말이 모든 지역의 백성들을 가리키는 것처럼 "모든 족속"이라는 말도 전 인류를 가리킨다. 복음은 모든 인류에게 전파되어야 한다. 그래서 새 인류의 첫 열매들이 거두어져야 한다. 이 새 공동체는 유대인들과 아울러 이방인들로 구성되는데 가족적, 종족적, 국가적 및 문화적 구별들을 초월한다.

복음의 선포는 세례를 주도록 되어 있다. "아버지와 아들과 성령의 이름으로 세례를 준다"는 말은 지위의 변화를 의미한다. 노예가 개종하여 세례를 받음으로 자유인이 되었다. 아버지와 아들과 성령의 이름으로 세례를 받는 것은 죄와 죽음과 마귀의 세력의 노예로 살던 영역에서 메시아 왕국의 영역으로 옮겨진 것을 확인하는 것이었다. 우리 주님은 제자들에게 『익명의 기독교』의 메세지를 선포하라고 부르시지 않았다. 아버지와 아들과 성령의 이름을 알리라고 했다. 우리는 해방자를 언급하지 않으면서 해방을 전할 수 없으며 스스로 평화이신 그 분을 언급하지 않으면서 평화를 전할 수는 없는 것이다.

예수님은 또 말씀하시기를 "내가 너희에게 분부한 모든 것을 가르쳐 지키게 하라"고 했다. 마가도 때때로 didaskein(가르치다, 또는 교훈하다)이라는 희랍어를 사용하기는 하지만 이 단어를 마태만큼 자주 쓴 저자는 없다. 예수님이 여기서 가르치라고 했을 때 세례받기 전의 가르침을 의미하지 않았다. 새로 세례받은 자들을 돕기 위해 훈련시키고 지도하는 것을 의미했다. 세례가 제자가 되는 사건과 그 특성을 가리킨다면 가르침(didachē)은 제자된 자가 걸어가야 할 과정을 가리킨다고 하겠다. 가르침의 기능은 광야 가운데 길을 만들어 내는 일이다.

사람들은 예수님이 명하신 것은 무엇이나 다 배워야 할 의무가 있다. 그것은 그의 율법과 그의 복음을 포함하며 그의 약속들과 아울러 그의 계명들을 포함한다. 마태는 예수님의 교훈들을 아홉 가지 씨리즈로 모아 제시한다. 그런데 그의 교훈이 가장 분명하게 표현된 것은 산상보훈(마 5-7) 가운데 나타난 교훈이다. 우리는 그 가운데서 하나님의 철저한 요구와 아울러 구원의 약속들을 알리는 아름다운 종소리를 듣는 것 같다.

마태가 그의 복음서에 산상보훈을 포함시킨 것은 예수님이 우리에게 명하신 것을 우리가 또한 어떻게 가르쳐야 하는지를 보여주기 위해서였다. 예수님이 명하신 것을 단순히 반복하는 것으로는 족하지 않다. 우리는 먼저 현 세대를 깊이 연구하고 분석해야 하며 그 후에 비로소 율법과 선지서들 그리고 산상보훈과 사도들의 가르침의 방향을 제시해야 할 것이다. 그렇게 할 때 비로소 우리는 우리 이웃에게 바른 길을 제시하는 참된 협조자가 될 수 있을 것이다.

가르친다는 것(didaskein)은 단순히 지식을 전파하는 것을 의미하지 않는다. 그것은 또한 예수의 십자가와 부활에 어떻게 참여하는지를 지도하고 구체적으로 소개하는 것을 의미한다. 가르침의 참된 목적은 초보자로 하여금 예수님과 함께 걸어가게 만들고 그리고 그들에게 율법과 복음의 양식을 공급하므로 그들을 자라게 만드는 데 있다.

③ 예수님의 약속

예수께서 "볼지어다 내가 세상 끝날까지 너희와 항상 함께 있으리라"는 약속의 말씀을 했을 때 주님이 새로운 형태로 제자들 가운데 임재하실 것을 말씀하신 것이다. 그 약속은 모든 세대에 대해서 참되다. 이 부분에서 "모든"이라는 말이 자주 사용된 것을 발견하게 된다. 즉 모든 권세, 모든 족속, 분부한 모든 것이라고 했고 끝으로 "항상"이라는 말을 사용했다.

높이 들림을 받은 주님이 그의 교회 가운데 임재하시는 것은 교회가 부여받은 가장 값진 선물이요 은사이다. 그것은 그리스도의 마지막 약속이요 가장 놀라운 약속인데 지금 현재에도 적용되는 약속이다. 그리스도는 그의 성령을 통하여 지상의 모든 교회와 함께 계신다. 성장하는 교회와 아울러 쇠퇴하는 교회와도 함께 계신다.

인자는 그의 무한한 능력을 그의 성도들에게 부여해 주시며 그들을 양육하고 그들을 인도하신다. 역사가 끝날 때에도 그의 약속은 끝나지 않는다. 종말에 이를 때 그 약속은 완전히 성취될 것이다. 현대의 선교적 교회 안에 나타나는 그의 주권적 임재와 활동은 앞으로 도래할 것에 대한 암시와 보증에 불과하다.

그리스도는 "모든 세대에 있어" 그의 교회와 함께 하시겠다고 약속했다. 교회가 선교적 소명을 수행해 가면서 "지금이 어느 때인가?"라는 질문을 항상 던져야 한다. 그러나 시대와 때가 아무리 변할지라도 한 가지 사실은 결코 변하지 않는다. 예수 그리스도는 그의 교회를 궁극적 목적지로 인도하시면서 그의 교회를 향해 선교적 소명을 완성할 것을 계속 명하시는 것이다. 따라서 주님 으로부터 시작되는 이 선교운동은 세상의 끝이 오기 전에는 중단 되지 않을 것이다. 비록 선교사역을 수행하는 방법은 계속적으로 변한다 해도 선교사역 자체는 항상 동일하게 남아 있을 것이다.

불트만과 그의 추종자들은 마태복음의 결론 부분이 초대교회 의 초신자 교육의 특수한 필요성에서 발생했다고 주장한다. 그러 나 본인은 헨드리쿠스·베르코흐가 주장한대로 초대교회에 있어 전통이 회중의 관심이나 필요에 의해 발생하지 않았고 예수의 영 을 소유했던 사도들과 증인들의 권위적 통제하에서 생겨났다고 믿는다. 요한복음 16:12-15이 약속하는 대로 그리스도의 말씀을 받아서 회중들이 사용하는 여러가지 언어로 나타내는 분은 성령 이시다.

마태복음의 결론부분의 기록 연대가 이방을 향한 선교가 활발 히 진행되던 때였음에는 틀림없지만 이 구절들은 예수의 실제적 영을 충분히 풍기고 있다. 칼 바르트는 다음과 같이 지적했다. 『대 위임령은 모든 요점을 총괄하는 말씀인 동시에 종말론적 공 동체의 가리워진 실재를 드러내는 기대에 찬 말씀으로 분명히 예 수님의 말씀들 중 가장 믿을 만한 말씀임에 틀림없다』("Both as recapitulation and anticipation, by revealing the hidden reality of the eschatological community, the Great Commission certainly is the most authentic of Jesus' sayings"), (Karl Barth, "An Exegetical Study of Matthen 28:16-20," in *The Theology of the Christian Mission*, ed. G. H. Anderson, p.61).

3. 마가복음에 나타난 선교령
(The Missionary Mandate in the Gospel of Mark)

가장 유력한 신약학자들은 마가복음이 예수님의 죽음과 부활

후 약 40년 후에 기록되었다고 믿는다. 이방의 환경 가운데서 유대인 신자인 요한 마가(John Mark)에 의해서 기록된 책인 마가복음은 저자의 목적을 철저히 드러내고 있다. 마가는 그의 복음서가 사람들을 예수님과 그의 왕국으로 인도하는 데 쓰여질 도구가 되기를 원했다. 시작하는 말들인 "예수 그리스도의 복음"이 분명히 보여주는 것은 "저자가 복음서를 기록함으로 선교사들이 설교로 수행하는 꼭같은 사연을 자신도 하고 있다고 확신하고 있는 점이다"(C. H. Dodd, *The Founder of Christianity*, p. 24). 예수님의 생애와 죽음과 부활에 관한 사건들을 제시하고 해석함으로 사람들이 예수 그리스도에 대한 신앙의 결단을 내리게 되기를 원했다. 그러므로 마가복음이 하나의 분명한 선교령을 포함하고 있지 않다고 할지라도 마가복음의 전체의 흐름은 선교적이라고 할 수밖에 없다.

그러나 이 복음서는 많은 논쟁의 초점이 되는 이 책의 결론 부분의 15절과 16절에 분명한 선교령을 포함하고 있다. "또 가라사대 너희는 온 천하에 다니며 만민에게 복음을 전파하라 믿고 세례를 받는 사람은 구원을 얻을 것이요 믿지 않는 사람은 정죄를 받으리라." 이 선교령과 세례를 주라는 분부는 마가복음의 특징이다. 마태복음의 "모든 족속에게"라는 말이 "온 천하에"라는 말로 대치되었다. 이 말의 의미는 제자들이 개종자들을 얻기 위해서는 세계를 여행해야 한다는 것이다. 더욱이 메시아에 대한 가부간의 결단을 받아도 되고 안 받아도 되는 그런 문제가 아니라 구원 아니면 정죄를 가져오는 결정적 문제로 나타나고 있다.

학자들은 이 결론 부분이 복음서들의 정경문제가 해결된 후에 본래의 마가복음에 덧붙여진 것이라고 생각한다. 누가 그것을 부가했던 간에 선교령을 포함해서 기록했던 다른 복음서 저자들로부터 얻은 재료를 사용해서 편찬했을 것이다. 그러므로 마가복음의 이 구절이 후에 편찬된 재료이며 복음서에 속하지 않는 것이라 할지라도 이 구절들은 다른 복음서들에서 발견되는 믿을 만한 전통 위에 근거하고 있다. 마가복음의 나머지 부분들은 그 정신과 특성에 있어서 분명히 선교적이다. 마가복음은 예수님의 인격과 사역 안에 도래한 왕국을 선포하며 사람들을 새 삶으로 초청하고 있음이 분명하기 때문이다.

4. 누가복음과 사도행전에 나타난 선교령
(The Missionary Mandate in the Gospel of Luke and the Acts of the Apostles)

학자들이 믿는대로 누가복음과 사도행전은 본래 한권의 책으로 저술되었다. 제1부 누가복음은 주후 75년경에, 제2부 사도행전은 주후 95년경에 저술되었는데 두 책의 저자는 바울의 동역자였던 희랍인 의사 누가였다.

두 책은 선교적 목적으로 쓰여졌다. 누가는 그의 복음서의 서두에서 자신이 예수의 생애의 사건들을 자세히 조사하고 연구한 사실을 지적하면서 그 사건들을 정확히 기술하는 목적은 독자들이 믿게 되는데 있다고 했다. 누가복음은 누가자신이 선교령을 순종하기 위한 노력의 결과였다고 하겠다.

누가는 선교령을 예수의 부활사건에 대한 기록 속에 포함시켰다. 복음서와 사도행전에서 저자는 부활하신 주님의 나타나심과 선교령을 연결시켜 기술한다. 이 선교령은 승천하시기 전에 제자들에게 하신 예수님의 말씀 가운데 포함되었고 그리고 누가복음 24:46-47에 기록되었다. "또 이르시되 이같이 그리스도가 고난을 받고 제 삼일에 죽은 자 가운데서 살아날 것과 또 그의 이름으로 죄사함을 얻게 하는 회개가 예루살렘으로부터 시작하여 모든 족속에게 전파될 것이 기록되었으니……."

누가복음 24장과 사도행전 1장은 예루살렘을 세계선교의 출발지로 묘사한다. 누가는 선교령을 그리스도의 부활에만 연결시키지 않고 성령강림의 약속과도 연결시켰다. 사도행전 1장에는 성령강림을 기다리라는 명령이 곧 주어졌다.

누가는 복음서에 기록된 예수 생애의 사건들을 사도행전에 기록된 초대교회의 사역에 대한 근거와 출발점으로 간주했다. 사도행전에서도 선교령이 승천하시기 전 제자들에게 하신 예수님의 말씀가운데 포함되었다. "저희가 모였을 때에 예수께 묻자와 가로되 주께서 이스라엘 나라를 회복하심이 이 때니이까 하니 가라사대 때와 기한은 아버지께서 자기의 권한에 두셨으니 너희의 알 바 아니요 오직 성령이 너희에게 임하시면 너희가 권능을 받고 예루살렘과 온 유대와 사마리아와 땅 끝까지 이르러 내 증인이 되리라"(행 1:6-8).

이 선교령의 진술가운데 몇 가지 독특한 성격이 나타나 있다.

첫째, 저자가 특별히 지적하는 것은 선교의 수평선이 세계전역을 포함한다는 점이다. 궁극적으로 예루살렘의 백성들 뿐 아니라 지구 곳곳의 백성들을 포함할 것이라고 했다.

둘째, 제자들은 하나의 특수한 메세지를 전파하도록 명령을 받았다는 사실이다. 그들은 예수의 수난과 죽음과 부활의 사건이 모든 사람에게 있어 하나의 결정적인 사건임을 선포하도록 되어 있었다. 참된 증인은 과거에 일어났던 일들을 앵무새처럼 되풀이 하는 사람이 아니다.

갈보리에서 일어난 사건들에 의해서 자기의 온 생애가 사로잡히게 된 사람이 그 사건들을 선포하게 되어 있었다.

셋째, 사도들이 따라야 할 구체적인 순서가 언급되었다는 사실이다. 그들은 예루살렘에서 시작해서 유대와 사마리아로 가고 그리고 전 세계에까지 가도록 되어 있었다.
 누가는 이 순서를 사도행전의 개요로 삼았다. 1장에서 7장까지는 예루살렘에서의 복음전파를 기술하고 8장에서 9장까지는 유대와 사마리아에서의 복음전파를 기술하고 10장 이하의 부분은 온 세계를 취급하는데 특히 로마를 중심으로 기술한다.
 넷째, 예수님이 재림의 "때와 기한"에 대해서 말씀하시기를 꺼려하신 점이다. 쓸데없는 공상을 제쳐놓으시면서 "너희의 알 바 아니라"고 했다. 온 세대의 왕이신 하나님만이 역사의 시계를 손에 쥐고 계신다.
 끝으로, 선교령을 주신 일이 곧 일어날 또 하나의 사건 곧 성령강림의 사건과 밀접히 연결되어 있다는 사실이다.
 예수님의 승천의 이야기와 성령강림의 약속은 이 두 사건이 밀접히 연결되어 있음을 보여준다. 예수님이 지상을 떠나 승천했을 때 선교령을 수행하는 일을 돕기 위해 성령이 강림하셨다.

5. 요한복음에 나타난 선교령
 (The Missionary Mandate in the Gospel of John)

 대부분의 현대 신약학자들은 요한복음이 다른 복음서들과 다른 형태로 부활전통의 한 부분이 되었다고 믿는다. 형식과 내용에 있어서 그것은 다른 세 복음서들과 구별된다. 요한복음은 다른 복음서들보다 늦게 그러나 주후 100년 이전에 쓰여졌을 것이다.
 저자는 에베소에 살면서 그의 복음서를 썼을 가능성이 많다. 그가 예수에 관한 자료들을 선택한 것을 보면 그는 분명히 선교적 목적을 가지고 썼다. 그는 소아시아의 도시들에 사는 사람들에게 복음을 전하기를 원했다. 그가 복음서와 세 서신들을 쓴 목적 세 가지가 있었다. 사람들이 예수 그리스도를 믿게 하도록 하고(요 20:31), 예수가 "육체로 오심을"(요일 4:2-3) 고백하는 신앙 가운데 굳게 서도록 하고, 그리스도 안에서 가지는 성도들의 교제를 계속하게 하는 것이다(요일 1:3). 이와같은 관점에서 쓰여진 요한의 모든 저술들은 세계선교에 대한 깊은 관심을 나타내고 있다(요 4:35-38, 13:20, 17:18).

요한은 선교령을 예수 그리스도의 인격과 그의 사역에만 관련시키지 않고 하나님 자신과 관련시켜 서술한다. 보냄을 받은 자 예수의 뒤에 서 계신 분은 보내시는 분인 하나님 자신이다(요 13:20). 아버지가 아들을 보내시고 아들은 또한 그의 제자들을 내보내시어 흩어져 있는 하나님의 자녀들을 한 곳으로 모은다(요 10:16, 12:32, 17:1-26).

예수님이 이와같은 말씀을 하신 후 요한복음 20:21-22에서는 선교를 수행하라는 실제적 명령을 내리신다. "아버지께서 나를 보내신 것같이 나도 너희를 보내노라 이 말씀을 하시고 저희를 향하사 숨을 내쉬며 가라사대 성령을 받으라." 여기서도 선교령은 부활하신 주님이 나타나신 일과 밀접히 연결되어 기술되었다. 요 20:19-23과 눅 24:36-39은 같은 원자료에 근거하여 쓰여진 두 개의 진술들임에 틀림없다. 그런데 복음서들 중 요한만이 아버지가 아들을 보내신 일과 아들이 제자들을 보내신 일을 두드러지게 비교하여 기술했다. 그와같은 비교는 요 17:18에 나타나는 예수님의 대제사장적 기도에서도 발견된다.

복음서들과 사도행전에 나타난 몇가지 형태의 선교령은 저자들이 그들 앞에 놓여있던 풍부한 전통들을 최종적으로 집약해 놓은 것들이라고 하겠다. 그러므로 선교령을 전체적으로 이해하기 위해서는 각기 상이한 형태의 선교령들을 함께 묶어 그것들 하나로 보아야 할 것이다. 어떤 형태가 가장 오래된 것이며 예수님이 실제로 어떻게 언급하셨나 하는 질문들은 2차적인 중요성을 가지는 질문들이다. 여러 형태의 선교령을 근거로 다음과 같은 결론들을 내릴 수 있다.

(1) 네 복음서들과 사도행전은 각기 독특한 형태의 선교령을 내포한다.

(2) 모든 경우에 있어 선교령은 부활하신 주님에 의해 주어졌다. 주님의 부활에 대한 신앙과 선교령에 대한 순종은 불가분적으로 연결되어 있다. 이 두 요소들에 대한 강조점이 바울에게서도 나타났다. 하나님이 자기 아들을 바울에게 나타내시기를 기뻐하신 이유는 그가 이방인들 중에서 그를 전파하도록 하게 하기 위함이었다고 지적했다(갈 1:16).

(3) 요한복음 20장 21절이 가장 분명히 언급하고 있지만 다른 모든 기록들도 그리스도의 선교령을 그리스도 자신이 세상에 보냄을 받았다는 사실과 연결시키고 있다. 제자들이 그들의 사역을 시작하여 국경들을 넘어 갔을 때 그들은 그리스도에 의해서 시작된 한계와 국경을 모르는 그 사역을 계속하고 있었던 것이다.

(4) 모든 기록은 이 명령의 수행을 성령강림과 연결시키고 있다. 그리스도는 이 명령을 발하셨고 성령은 이를 가능케 하셨다. 마태는 주 자신의 계속적인 임재를 언급하고 있으며 다른 복음서 기자들은 성령의 임재를 언급한다.

아버지와 아들에 의해 보내심을 받은 성령은 제자들이 말씀과 행위(막 16:20)로 메세지를 선포하도록 그들에게 능력을 부여하시고 교회가 선교령을 수행해 나아갈 때 교회와 함께 동행하신다. 그리고 교회가 그리스도의 선교령을 순종하기를 거절하고 그의 명령에 태만할 때에는 성령의 사역이 방해를 받고 좌절되고 만다.

한마디 부가해서 말하면, 그리스도의 선교령에 나타나는대로 선교가 교회의 여러 국면 가운데 하나에 불과한 것은 아니다. 선교는 교회 존재의 가장 중요한 핵심에 속해 있는 것이다. 그러므로 "선교가 없는 교회는 겉치레한 송장이다"라고 말한 헨드릭 크레머의 날카로운 논평은 확실히 복음서들과 사도행전과 완전히 일치하는 말이다.

6. 성서적 선교관에 대한 바울의 중요성
(The Importance of Paul for a Biblical View of Mission)

선교에 대한 신약의 자료들을 취급하면서 끝으로 그리스도의 선교령에 전적으로 순종하는 삶을 산 한 사람, 초대교회에서 그와 필적할만한 사람을 찾아 볼 수 없는 한 선교사, 곧 사도 바울에 대해서 논하려고 한다.

바울과 베드로의 글에 나타난 초대 교회의 선교관에 대한 박사학위 논문에서 슈비그켐(D. van Swigchem)이 지적하기를 이 두 사도들은 교회에 선교령을 부여한 적이 없었다고 했다. 그들이 교회에게 계속하여 선교령을 발할 필요도 없었다고 했다. "교회는 그것을 자발적으로 수행하고 있었다. 선교령은 이미 교회의 살과 피의 부분이 되어 있었기 때문이었다."(*Het missonarie van de Christelijke Gemeente uolgens de Brieven van Paulus en Petrus,* Kampen, 1955). 바울이 선교령을 언급할 때는 자신의 의무를 지적할 뿐이었다. 하나님께서 자기에게 특수한 사명을 주었다고 생각했고(고전 1:17, 갈 2:7), 자기에게 책임이 지워져 있다고 말했으며(고전 9:16), 그는 모든 사람에게 빚진 자라고 선언했다(롬 1:

14).

 바울은 자기와 동족 유대인들에 대한 그의 소명을 의식하고 있었음에도 불구하고 그는 또한 이방을 위한 사도로 부르심을 받은 것을 알고 있었다. 바울의 생애와 사역에 대한 최근의 연구가 분명히 보여주는 대로 바울은 형편에 따라 팔레스틴적 유대주의 개념들, 헬레니즘적 유대주의 개념들 또는 헬레니즘적 이방사상의 개념들을 자유로이 구사할 수 있었다. 그의 모본은 성경번역자들에게 뿐아니라 복음전달자들에게 비교할 수 없는 중요성을 던져주고 있다.

 전략에 관해서 말한다면 바울은 항상 상업 및 문화의 중심지를 방문하곤 했다. 그 중심지들이 주위의 지역에 영향력을 행사하고 있는 것을 알았기 때문이었다. 마을들을 무시했기 때문은 아니었다. 마을들과 연결되어 있는 도시들이 전달의 기능을 계속적으로 수행하고 있는 것을 알았기 때문이었다.

 물론 이 전략이 오늘날 그대로 적용되어야 하는 것은 아니다. 이 점에 있어 그를 모방할 필요는 없다. 그러나 그의 전략 중 두 가지 요소는 어느 시대의 선교사에게도 해당되는 중요성을 지니고 있다. 그는 항상 성령의 부르심에 민감했다.

 그리고 그의 사역에 있어 하나님의 뜻을 발견하려고 의식적으로 노력했다.

 일반적 원칙으로 바울은 다른 사람이 일해 놓은 위에서 일하는 것보다 개척 사역을 더 좋아했다. 다른 사람들이 이미 일해 놓은 지역에 왔을 때 바울은 양들을 훔치는 일을 하지 않았다. 오히려 조심스럽게 그의 노력을 다른 사람들의 노력과 연결시키므로 상호 협조를 시도했다(롬 1:8-15 참조). 모든 선교사들이 그의 본을 따라야 할 것이다. 바울은 그의 강력한 지능을 그의 선교소명 수행에 바쳤다.

그의 편지는 단순한 교의학적 논문들이 아니었다. 그는 조직신학자가 아니었다. 그는 무엇보다 하나의 선교사였다.

그의 편지들은 선교적 정신으로 가득하다. 모든 편지들은 실제로 교회가 당면하고 있던 구체적인 문제들을 취급한다.

바울이 초대교회의 최초의 신학자였기 때문에 그의 저술들은 심원한 영향을 미쳤다. 매우 일찍부터 교회는 그의 편지들을 수집하여 돌려가며 읽었다.

바울은 철저한 바리새인이었고 그 당시 가장 유명한 유대교사들(rabbis) 중 한 사람이었으며(빌 3:4-6, 갈 1:13-14, 행 22:3) 헬레니즘 학문에 깊이 접했던 사람으로 이와 같은 모든 광범한 지식의 자료들과 신학적인 학식을 그리스도 안에 나타난 하나님의 계시의 신비를 푸는 데 사용했다.

오늘날도 계시의 신비를 나타내기를 힘쓰는 자들은 단지 과거에 언급되었고 실행되었던 것들을 반복하는 것으로 만족해서는 안된다. 신학적 발전을 추적하는 일과 여러가지 자료들을 읽는 일과 현대의 전달 수단을 사용하는 일들을 통해 계시의 비밀을 새 시대에 밝혀내는 일을 힘써야 할 것이다.

바울의 생애의 마지막 장은 순교였다. 그는 자기의 가슴과 마음과 은사들과 시간과 심지어는 자기의 생명을 복음 사역을 위해 바치므로 그를 따르는 모든 사람들에게 전적인 헌신의 본을 보여 주었다. 그러나 누가는 바울의 순교에 대해 알았을 가능이 있었음에도 불구하고 사도행전 28장 마지막 부분에서 그것에 대한 기록을 남기지 않았다.

다른 어떤 신약의 저자들도 바울의 죽음에 대해 기록하지 않았다. 바울의 유일한 관심은 복음전파의 사역을 계속하는 데 있었다. 그러므로 기록되어 있는 그의 마지막 활동은 사람들이 모든 세대에 복음전파를 계속하도록 격려하는 일이었다.

"바울이 온 이태를 자기 셋집에 유하며 자기에게 오는 사람을 다 영접하고 담대히 하나님 나라를 전파하며 주 예수 그리스도께 관한 것을 가르치되 금하는 사람이 없었더라"(행 28:30-31).

宣敎의 聖書的 基礎

피터 바이어하우스
(Peter Beyerhaus)

여기 실린 글은 독일의 저명한 복음주의 선교신학자 피터 바이어하우스(Peter Beyerhaus) 박사가 1982년 9월 7일부터 10일까지 합동신학원에서 행한 강의 내용을 번역 정리한 것이다. 바이어하우스 박사는 튜빙겐 대학의 선교신학 교수,「국제 기독교연맹」(International Christian Network)의 회장으로 복음주의 신학운동을 세계적으로 전개해 나아가고 있는데 이 강의에서 선교의 기초로서 부활, 선교의 내용으로서 구속, 선교의 수행으로서 성령, 그리고 선교의 목적으로서 종말을 강조했다.

1. 선교의 기초 : 부활

세계 선교는 오늘날 중요한 한 가지 문제에 대한 해답을 시도하고 있다. 내가 세계에 나가서 복음을 전하는 권위가 어디에서 오는가 하는 문제이다.

기독교 선교는 지난 수 년 동안 많은 위기를 경험해 왔다. 많은 선교운동이 있어 왔지만 그 선교의 분명한 옳은 근거를 가지지 못한 운동이 나타난 경우도 있었다. 이 선교의 잘못된 견해로 인한 위기를 4가지로 분석해 볼 수 있다.

첫째 잘못된 견해는 기독교 선교란 서구 문화를 확장시키는 것이라는 견해이다. 서구 문화를 온 세계에 확장시키는 이 일은 이제 다 끝났으니까 이제는 더 할 일이 없으며, 종교적인 이념을 더 고칠 필요가 없다고 생각하는 한 견해이다.

두번째 견해는 새로 일어나는 다른 종교의 요구가―다른 종교들도 선교를 하고 있는데―기독교 안에서도 사회적인, 정치적인 그런 운동들의 형태로 일어나고 있는데 이런 관점에 비추어서 기독교 선교를 새롭게 이해하려는 그런 견해이다.

그리고 세계 여러 종류의 기독교 운동이 있는데 이 서구 교회와 제 3세계에서 일어나는 교회간의 갈등이 생기게 되었다. 그래서 이 세계의 종교에 문제를 가지고 오게 되었는데 이것이 세번째 선교의 위기라 할 수 있다.

그런데 네번째 선교의 위기가 가장 심각한 위기의 내용이다. 모든 세계 교회가 신앙의 위기에 봉착하게 됐다.

제가 어제 저녁 한국 복음주의 신학회 주최로 아세아 연합 신학 대학원에서 강의를 했는데 이 현대가 당면하고 있는 비극, 비참에 대해서 말을 했다. 사실상 우리가 믿어오고 물려받은 신앙의 하나 하나 모든 것이 이제는 회의와 공격을 당하게 된 비참한 상태에 이르게 된 것에 대해서 말을 했었다.

우리의 신앙의 근거는 성경에 기초하고 있다. 그런데 그것이 무너지게 되고 구원의 교리도 공격을 당하게 되고, 그리고 하나님의 개념 자체도 변질되기 시작을 했다. 기독교의 핵심이 되는 이 신앙의 저항들에 대해서 이렇게 회의를 하고 공격을 하기 시작하고 보니까 이제는 무엇을 가지고 선교를 해야 될지 여기에 위기가 일어나게 되었다.

이 기독교 선교가 당면한 문제, 이것을 저는 근본적인 위기라고 보는데 이 위기는 참 심각한 결과를 초래하고 말았다.

1973년 방콕에서 열렸던 제8차 선교 대회에서 "이제 서구는 서양 선교사를 더 이상 보내지 말라"는 주장까지 나오게 되었다. 그것은 하나의 이론적인 제시만은 아니었다.

제가 얼마 전에 미국의 여러 연합 단체들이 선교사를 보내는 그 과정, 그 변동 내용을 통계로 나타낸 것을 볼 수 있었다. 제가 그 통계를 보고 참 놀라움을 금치 못했던 것은 제 2차 세계 대전이 끝났을 때는 3만명의 선교사를 파송하고 있었는데 1980년대가 되어서는 3천명 밖에 파송하고 있지 못했다는 통계를 볼 때였다. 10%로 감소가 되었다고 말할 수 있다.

이와 같이 과거의 미국 교회가 선교에 대해서 감소하기 시작함에 따라서 그 결과로 복음주의 진영 안에서 선교운동이 힘차게 일어나게 됐고 제3세계 안에서도 선교운동이 지금 힘차게 일어나고 있다.

그런데 이렇게 새로 일어나는 복음주의 선교운동이 그대로 힘있게 자라기 위해서는 중요한 문제에 대한 바른 해답을 줄 수 있어야 된다. 즉, 그 근본적인 질문은 기독교 선교의 근거와 기초가 어디인가, 무엇인가 하는 그것이다. 나아가 선교의 내용이 무엇인가라는 근본적인 문제에 대한 해답을 줄 수 있어야 한다.

우리의 선교를 무슨 힘으로 무슨 권능으로 수행해 나갈 수 있는가, 그리고 궁극적인 선교의 목적은 무엇인가 하는 문제에 대한 해답이다.

매일 매일 4일 동안에 가졌던 이 4가지 주제에 대해서 말씀을 드리고자 한다.

우리의 선교를 정당화할 수 있는 유일한 기초와 근거는 계시된 하나님의 말씀이라고 말할 수 있다. 교회가 선교를 해야 될 필요성을 말하는 성경구절이 많이 있다. 선교의 본질이 무엇인지를 생각하는 데 있어서 우리는 인용하고 있는 고전적인 성경구절들을 먼저 참고하는 것이 좋을 줄 안다.

그것은 예수님께서 산상에서 제자들에게 말씀하신 마태복음 28장 18절~20절이다. "예수께서 나아와 일러 가라사대 하늘과 땅의 모든 권세를 내게 주셨으니 그러므로 너희는 가서 모든 족속으로 제자를 삼아 아버지와 아들과 성령의 이름으로 세례를 주고 내가 너희에게 분부한 모든 것을 가르쳐 지키게 하라 볼지어다 내가 세상 끝날까지 너희와 항상 함께 있으리라."

오늘날 현대 비평학자들은 이 성경구절에 회의를 드러낸다.

이 말씀은 예수님이 하신 믿을만한 참말은 아니다라고 말한다. 그러나 제가 연구를 해본 결과 그들의 주장은 근거가 없다는 결론에 도달했다.

또 많은 선교학자들은 이것은 단순한 예수님의 명령이기 때문에 그 명령보다는 다른 곳에서부터 시작하는 것이 좋겠다고 이렇게 말하는 사람도 있다.

그것이 정말 왜 그런가?

그 이유를 제시하는 성경구절을 찾는 것이 좋겠다.

인간은 그저 무조건 명령할 때 그것을 따르려고 하지 않는다. 특히 오늘날 많은 젊은이들이 이유도 없이 명령을 수행하려고 하지 않는다. 그래서 왜 이 명령을 주셨는가 이유를 따지려고 한다.

그런데 이와 같은 비평학자들의 주장은 설득력이 있는 주장이 아니다.

이 성경구절을 자세히 살펴보면 단순한 명령에 그치는 것이 아니라 중요한 확신을 주고 있다. 이 명령을 주시기 전에 이미 그 어떤 확신을 여기 말하고 있다.

그리고 이 명령을 순종하는 자에게 주시는 두번째 확신이 여기 있다.

이 명령을 순종하는 사람에게 주시는 놀라운 약속을 또 여기에 제시하고 있다. 예수님께서 이 명령을 주신 그 역사적인 배경과 근거에 대해서 생각해 보겠다.

　이 명령의 근거와 역사적인 근거는 예수님이 죽음 가운데서 부활하신 사건이다.

　그러므로 우리가 확신을 가지고 선교를 할 수 있는 그 기본적인 근거는 예수님의 부활 사건이다.

　이 성경구절은 예수님이 제자들에게 나타나서 말씀하신 유일한 말씀으로 마태가 기록하고 있다.

　물론 그전에 예수님께서 여자들에게 나타난 기록을 마태는 기록하고 있다. 그런데 마태는 이 말씀을 기록하기 전까지는 예수님이 남자 제자들에게 나타난 일을 도무지 기록하고 있지 않았다. 물론 다른 복음서에 보면 예수님께서 여러 형편에 나타나신 일들을 기록하고 있는데 마태는 그런 기사를 기록하고 있지 않다.

　마태가 다른 부활의 사건에 대해서나, 나타나신 사건에 대해서 기록하지 않고 침묵하는 것은 마태가 다른 사건들을 모른다는 것을 의미하는 것은 아니다.

　이 4복음서는 일어난 일들을 그저 순서적으로 시간적으로 모두 기록한 그런 기록에 불과한 것은 아니다. 이 모든 복음서는 신학적인 어떤 의식과 목적을 가지고 쓰여졌는데 그 목적은 어떤 메세지를 전달하기 위한 것이다.

　마태는 특별히 하나의 중심적인 주제를 독자들에게 전달하기 위한 목적의식을 가지고 마태복음을 썼다.

　이 마태복음의 중심적인 사상을 학자들은 가리켜서 "왕적인 복음"이라 그러는데 그 이유는 마태가 예수님을 이제 다시 오시는 메시아적 왕, 기름부음을 받은 왕으로 묘사하고 있기 때문이다. 왕적인 메시아 사상이 이 마태복음 전체를 지배하고 있는 중심적 주제이다.

마태복음은 예수님을 찾아온 동방의 박사들이 왕적인 경배를 하는 기사로부터 시작하고 있다.

베드로가 예수님에 대한 신앙을 고백할 때도 "당신은 그리스도시요 살아계신 하나님의 아들이십니다"고 했다. 예수님이 베드로를 칭찬하시면서 "복되도다 시몬아 이를 네게 알게 하신 이는 네 혈육이 아니라 하늘에 계신 내 아버지라"고 하셨다.

그 다음 몇 장 내려가면서는 자기의 왕적인 은혜에 대해서 그렇게 많이 말씀하시지는 않는다. 왜냐하면 아직까지 그 심각한 그 과업, 십자가를 지시고 죽으시는 그 일을 하셔야 되기 때문이었다.

그 다음에 이 복음서의 절정에 이른다. 갈릴리에서 왕으로 새로 부활하신 주님이 나타나신 이 사건을 극적으로 묘사하고 있다. 예수님의 나타나심이 갈릴리에서 일어난 것을 기록하고 있다. 갈릴리라는 말이 묘사된 것이 그저 우연히 된 것은 아니다. 물론 마태도 이 예루살렘에서 나타나신 것을 알고 있었는데 왜 특별히 갈릴리에서 나타나셨다고 기록하고 있는가?

이것은 이 제자로 하여금 마태복음을 선교적인 복음으로 쓰기 위한 의도가 거기에 나타나 있는 것을 보여 준다.

갈릴리는 이방인이 사는 지역으로 잘 알려져 있었다. 그리고 이 갈릴리에서 예수님이 처음 사역을 시작하셨다. 어두움과 죄악 가운데 있었던 사람들이 이제 빛을 보게 되었다. 그리고 마태복음 28장에서 그의 제자들에 의해서 주님의 사역이 계속되었다. 이제 주님께서 그의 복음이 온 세계에 퍼져야 될 것을 생각하고 계셨을 때에 그것이 바로 이방 땅인 갈릴리에서부터 시작되어야 될 것을 주님은 아셨다.

이 성구는 주님께서 부활하신 후에 하늘의 능력을 소유하고 계신 것을 나타내신 성경구절이다.

우리가 17절을 볼 때 2가지 교훈의 특징을 보게 된다.
 첫째는 부활하신 주님 앞에 점점 가까이 온 제자들이 그 주님을 경배하는 모습이다. 그 얼굴에 비치는 빛나는 광채를 보고 제자들은 두려움과 경외심에 싸여 있었다.
 그러나 그것과 상반되는 반응도 나타났는데 그중에 몇은 의심했다고 했다. 왜 마태는 어떤 사람이 의심했다는 기록을 담고 있는가? 왜냐하면 이 부활사건은 하나의 환상이요 꾸며낸 이야기라는 그런 의심을 전적으로 다 없애기 위해 그와 같은 기록을 했다.
 마태야말로 부활은 하나의 생각에서 꾸며낸 이야기가 아니라 역사 속에서 일어난 실재적인 참 사건이라는 사실을 확실히 믿고 있었다. 시간과 공간 속에서 실제로 일어난 사건임을 그는 알고 있었다. 그래서 그 무덤을 지키던 사람들이 두려워했고 떨었다는 그런 기사도 기록하고 있다.
 사실 제가 지금 말한 이와 같은 부활에 대한 내용은 오늘날 비평학자들이 부활에 대해서 해석하는 것과 정반대되는 것을 알 수 있다.
 어떤 비평학자들은 제자들이 어떤 환상을 보았을 따름이라고 말한다. 그 제자들은 주님을 향한 마음이 사랑으로 가득차 있었기 때문에 환상을 보았는데 주님이 아직까지 자기들을 떠나지 않고 있다는 환상을 보았을 따름이라고 말한다.
 독일 신학자 막센이라는 사람은 말하기를 "이 제자들에게 있어 이 부활이라는 것은 예수님이 생존했을 때 제자들에게 가졌던 그 관심이 없어진 것이 아니라 앞으로도 계속된다는 것을 말해 주는 것 뿐이다"라고 말한다.
 만약 막센의 말이 사실이라면 우리는 기독교 선교의 기초를 갖지 못하게 된다. 기독교 선교의 참된 근거는 예수님께서 몸과 영으로 참으로 역사 가운데서 부활하셨다는 그 사건이다. 이 부활의 사건이 너무 분명한 사건이었기 때문에 그들은 자기의 목숨을 바치면서까지 이 부활의 사건을 증거하려고 했다.

이것이 초대교회가 12사도들의 증언 위에 세워진 이유를 우리에게 보여준다. 부활하신 주님을 본 것, 이것은 사도가 되는 데 있어서 분리될 수 없는 필연적인 특성을 구성해 주었다.

유다가 자살한 다음에 다른 사도를 하나 보충할 때에 예수님과 늘 있던 사람, 그리고 부활을 목격한 사람을 한 사람 보충을 했다. 또 바울이 사도로 칭하게 될 때에 그가 제일 처음 경험한 사건은 다메섹 도상에서 부활하신 주님을 목격한 일이다.

이 부활의 역동적인 능력과 만날 때에 역사를 바꾸어 놓는 능력이 부어진다.

부활사건에 근거를 두는 이 복음주의적인 선교와 모든 다른 종류의 선교를 구분하는 구분점이 바로 이 부활에 있다.

이 세상의 많은 종교들도 선교활동에 힘을 쓰고 있는데 이 세상의 아무 종교도 그 종교를 이룩한 창시자가 죽음 가운데서 부활했다고 주장하는 일은 없다. 공자나 석가, 그 외에 모든 종교의 지도자들이 부활했다는 그런 주장을 아무 종교도 하지 않고 있다.

오늘날 세계에 영향을 미치고 있는 여러 이데올로기도 그들의 창시자 마르크스나 엥겔스나 모택동이나 히틀러가 살아났다는 그런 주장을 아무도 하지 않고 있다. 이들 세계 종교의 선교는 어떤 이념에 근거하고 있지 세상을 바꾸고 역사를 변혁시키는 이 부활의 능력의 실제에 의존하고 있지는 않다.

이제 그 다음을 생각해 보겠다. 선교는 예수님께서 우주를 통치하신다는 그 사상과 밀접하게 연결이 되어 있다. 이 선교적 명령이 예수님이 부활하신 다음에 주어졌다는 사실은 주목할만한 사실이다. 물론 마태복음 10장에서 예수님이 자기 제자들을 선교하러 보내신 일이 있었다. 그러나 부활 이전에는 예수님께서 선교명령을 주실 때에 이스라엘 사람에게만 가라고 했고 이스라엘 사람 이외의 사람에게는 가라는 명령은 주시지 않았다. 거기에는 2가지 이유가 있다.

부정적인 이유를 말씀드리겠다. 사도 바울의 글 가운데 그리고 예수님의 비유 가운데 이런 교훈이 있다. 제자들이 이방으로 갈 수는 있되 오직 이스라엘 사람들이 복음을 거절할 그때에 갈 수 있다는 그런 교훈이 있다. 하나님의 계획 가운데 예수님께서 자기 자신을 하나님이 먼저 택하신 나라인 이스라엘 백성들에게 나타나시게 됐다. 그러나 이스라엘 사람들이 예수님을 거절했을 때에 역사적인 장벽이 무너지고 이제부터는 제자들이 온 세계로 나갈 수 있게 됐다.

긍정적인 이유 또 한 가지 말씀드리겠다. 왜 부활 이후에 세계 선교의 명령이 주어졌는가? 세계선교는 매우 중요한 구원론에 근거하고 있기 때문이다. 이 구원론이라는 것은 예수님께서 십자가에서 대속의 죽음을 죽으심으로 그의 피를 많은 사람의 속죄물로 흘리신 그 사실이다. 이방 사람들이 하나님 나라로 들어오기 위해서는 먼저 예수님의 피로 말미암아 그들의 죄가 씻어져야만 되게 되었다. 하나님께서 예수 그리스도 안에서 세상과 화목을 이루실 그 후부터야 비로소 세상이 하나님 앞에 와서 하나님과 화목되게 된다.

성경을 다시 한 번 생각해 보겠다.

16절부터 17절, 18절 상반에 예수님이 나타나신 것이 기록되어 있다. 18절 하반절에는 예수님의 권위의 선포가 나타나 있다. 그리고 19절, 20절에는 선교를 명령하신 예수님이 제자들에게 주신 교훈을 기록하고 있다. 20절에는 예수님의 명령에 순종하는 자들에게 주시는 영원한 축복, 언제나 예수님이 함께 계시겠다는 축복의 약속이 있다.

오토 미켈이라는 독일의 유명한 신학자가 이 성경을 다음과 같이 구분을 했다. 이 사람은 주장하기를 옛날 동방에서 유행하던 제관식이 있었는데 왕을 제관시키는 그 의식에 비추어서 이 성경을 이해해야 된다고 했다. 왕이 제관을 할 때에 3가지 부분으로 그 의식이 구성되어 있었다고 했다. 먼저 새로 선출된 왕을 그 왕궁에 새로 소개하는 의식, 두 번째는 그 왕에게 왕권을 상징하는 홀을 수여하는 의식, 그리고 세 번째는 그의 왕권을 온 백성에게 선포하는 의식이 있었다.

이와 같은 비슷한 것이 다니엘서 7장 13~14절에 있다. 여기 다니엘 7장 13~14절에 보면 "내가 또 밤 이상 중에 보았는데 인자 같은 이가 하늘 구름을 타고 와서 옛적부터 항상 계신 자에게 나아와 그 앞에 인도되매 그에게 권세와 영광과 나라를 주고 모든 백성과 나라들과 각 방언하는 자로 그를 섬기게 하였으니 그 권세는 영원한 권세라 옮기지 아니할 것이요 그 나라는 폐하지 아니할 것이니라."고 했다.

여기 세 가지 분명한 요소가 나타나 있다. 첫째는 인자가 나타나는 장면, 둘째는 권세가 그에게 주어지는 장면, 셋째는 그 결과로 모든 백성과 방언하는 자들이 그를 섬겨야 되는 장면이다.

마태복음 28장 마지막 절에도 지금 우리가 본 그런 형식으로 구성이 된 것을 발견하게 된다. 여기서 부활하신 주님이 제시가 된다. 그리고 하늘과 땅의 모든 권세를 그에게 주시는 장면이 나타난다. 그리고 모든 나라 백성들이 제자로 삼아져야 되는 그 선포가 나타난다.

예수님께서 하시는 일이 무엇인가? 새로 부활하신 후에 받으신 왕적인 권위로 파괴된 우주의 권위를 회복시키는 것이다. 예수님께서 자기의 선언을 이와 같은 말씀으로 시작하신다. "하늘과 땅의 권세를 내게 주셨으니" 즉, 이 말씀은 온 우주와 역사를 지배하는 권세가 주님에게 주어지셨다는 말씀이다.

인류의 역사는 처음부터 마지막까지 하나의 놀라운 이야기를 구성하고 있다. 역사의 드라마가 궁극적으로 제기하는 하나의 질문은 누구의 권위에 속하게 될 것인가라는 질문이다. 이 역사를 지배하는 그 권위가 오직 하나님께 속하게 될 것인가? 그렇지 않으면 하나님과 대항해서 싸우는 악한 세력에 의해서 지배가 될 것인가?

하나님께서는 이 우주를 창조하시기 전부터 구속의 신비한 계획을 가지고 계셨다. 그의 구원의 계획 가운데서 생각하실 때에는 창조 후에 이런 반역의 역사가 일어날 것을 미리 보고 계셨다. 그리고 영적인 세계에서, 인류의 세계에서 이 반역이 일어날 것을 하나님은 내다보고 계셨다. 그리고 모든 피조세계를 죽음과 파괴 가운데서 몰고 가게 될 것을 내다보시고 계셨다.

그러나 그때에 하나님께서 자기가 지으신 그 우주를 포기하시려고 생각하지 않았다. 그는 구원의 계획을 나타내는 선지자들을 일으킬 것을 생각하고 계셨다. 그리고 우주적 구원을 성취하기 위해서 아들을 보내실 것을 또 생각하고 계셨다. 그 다음에는 이 아들의 이름으로 인해서 모든 반역하는 세력을 그 밑에 복종시키게 하실 것을 내다보고 계셨다. 그리고 그리스도와 적그리스도간의 투쟁이 계속될 것도 내다 보셨다. 그러나 역사의 마지막 때에 하나님께서 역사를 마치게 하시고 승리하실 것을 내다 보셨다.

이와 같은 구원의 계획이 성경 66권을 구성하고 지배하고 있는 사상이다.

이 우주는 어떤 힘의 세력에 의해서 구성되고 있는 사실을 우리가 안다. 그러므로 이 세계는 공중의 권세를 잡은 왕들과 권위

자들에 의해서 지배를 받고 있다는 이런 구절을 우리가 읽는다. 이 영적인 피라밋과 같이 구성이 된 이런 세계에 반역의 세력이 이제 들어오게 됐다. 영적인 세계에서 일어난 반역의 세력을 하나님께서 어떤 한 분을 그 위에 놓으심으로 이 반역의 세력을 파괴하고 정돈하실 것을 생각하고 계셨다. 이 사탄에 의해서 찬탈된 자리, 사탄에 의해서 혼돈된 자리에 주 예수님이 그 자리를 채우실 것을 생각했다. 그래서 본래에 있었던 우주의 조화를 다시 회복시키게 될 것을 하나님이 생각하고 계셨다.

그런데 여기 신비한 일이 있다. 이 모든 영적인 세계의 반역의 세력을 무찌르고 우주를 회복하실 분이 하나님의 아들인 동시에 사람이라는 신비한 사실이다.

그러므로 우리가 그리스도의 사건, 즉 그리스도의 죽음, 부활, 승천 이 모든 사건은 하나님의 계획 속에서 본래적인 우주의 회복을 위해 주신 사건이라는 것을 알아야 한다.

그러므로 이 말씀은 이와 같은 배경에 의해서 이해해야 한다. "하늘과 땅의 모든 권세를 내게 주셨으니." 이 말씀의 배경에는 하나님의 우주 구원의 계획이 포함되었고 지금이(?) 이것을 성취하는 그 순간인 것을 우리에게 알려 주고 있다.

여기서 기독론적인 성찰을 해 볼 필요가 있다. 이 놀라운 권위가 주어진 주님은 이 모든 영계의 제일 높은 자리를 차지하시도록 하나님이 권위를 주신 분으로 하나님인 동시에 사람이라는 사실이다.

사도 바울은 예수님을 가리켜서 둘째 아담, 참 사람이라고 했다. 이 참 사람인 예수님, 사람으로서의 예수님이 내게 모든 권세가 주어졌다고 그렇게 말할 수가 있게 된다. 왜냐하면 영원한 하나님의 아들로서 이미 이 세상에 오시기 전부터 이 모든 하늘과 땅의 권세를 가지고 계셨기 때문이다.

다니엘 7장 14절에 있는대로 "그에게 권세와 영광과 나라를 주고", 다니엘 7장 17절의 "그 네 큰 짐승은 네 왕이라 세상에 일어날 것이로되." 그 큰 권위를 주신 그분은 거룩한 자라, 그 말씀이다—이 말씀들은 예수님께서 우주를 통치하시고 지배하시는 그 권세를 그의 백성들과 나누시기를 원하신다는 것을 보여주시는 것이다. 그러므로 십자가와 부활의 사건을 우리가 생각할 때에 여러가지 포괄적인 측면에서 예수님의 통치와 아울러 그리고 그의 신성과 인성, 이와 같은 포괄적인 모든 생각에 비추어서 생각을 해야 될 것이다.

예수님의 구원을 받을 우리 모든 인간과 연결을 시켜서 생각을 해야 된다. 마태복음 28장 10절을 보면 우리가 그 뜻을 알 수가 있는데 "이에 예수께서 가라사대 무서워 말라 가서 내 형제들에게 갈릴리로 가라 하라"고 하셨다. 예수님의 형제라고 불리우는 사람들에게 이 부활의 사건이 알려져야 한다고 했다. 예수님께서 제자들을 형제라고 부르신 적은 여기 밖에 없다. 제자들이 예수님의 형제가 되는 것은 오직 예수님의 십자가와 부활에 의해서 그렇게 되는 것이다. 로마서 8:29에 예수님께서는 부활한 많은 형제 중에 첫 열매라고 했다.

그러므로 예수님의 부활은 개인에게 적용되는 그런 사건이 아니다. 이것은 많은 사람을 포함하는 하나의 유기적인 사건이라고 할 수 있다. 아마 인류 전체를 포함할 수도 있다. 즉 부활 이후에 모든 인류에게 하나님의 생명, 하나님의 구원에 참여할 수 있는 근거가 생겼다 할 수 있다. 그러므로 이 부활의 사건은 온 인류, 모든 사람에게 그 영향을 미치는 사건이 되었다. 새로운 지위와 새로운 권위와 새로운 소망을 모든 인류에게 약속하는 그런 사건이 된 것이다.

또 한 가지 기억해야 할 것은, 이 부활의 사건은 보이지 않는 이 우주에게까지 영향을 미치는 그런 사건이 되었다는 것이다. 특히 골로새서 2장을 보면 예수님께서 이 모든 공중의 권세잡은 자들의 세력을 다 박탈했다는 말씀이 있다. 그리고 그가 부활하시고 승천하실 때에 이 모든 악한 세력을 깨뜨려 부시고 그들을 쇠사슬에 묶었다고 했다. 그러므로 원칙적으로 말해서 예수님의 십자가와 부활의 사건으로 말미암아 악마들과 마귀들, 공중의 권세잡은 자들은 이미 패하게 됐다고 할 수 있다. 지금까지 마귀의 세력에 붙잡혀서 공포와 두려움 가운데 살던 사람이 이제는 예수님의 십자가와 부활을 믿는다면 이 악한 세력을 두려워할 필요가 없게 되었다.

사실 아담의 타락 이후에 사람은 생명과 빛의 세계에서 마귀와 죽음의 세계로 옮기워졌었다. 그래서 마귀와 죽음과 죄악의 그 잔인한 세력에 의해서 혹사를 당하고 있었다. 이 모든 종교는 이 마귀의 그 무시무시한 공포를 잘 알고 있다. 그래서 이 모든 종교가 마귀의 그 위험, 마귀의 세력에서 어떻게 벗어나야 할 것인가, 여기에 많은 관심을 두고 있다. 그러나 그 모든 종교의 노력은 헛수고가 되고 말았다. 그들은 두려움과 공포를 제해 버릴 수가 없다. 그 죽음을 해결할 아무 힘이 없다.

다시 반복해서 말씀드리는데, 이 부활의 사건이야말로 기독교 선교의 지표가 된다. 이 기독교 선교라는 것은 죽음과 마귀와 죄의 노예로 신음하는 모든 인류를 초청하는 초청장인데 이제 주님의 십자가와 부활로 말미암아 새로운 생명에로 초대하는 초청장이라고 할 수 있다. 그러므로 선교사의 메세지는 자유케 하는 해방을 주는, 구원을 주는 기쁨의 메세지가 되는 것이다. 이와 같은 선교사의 메세지는 오로지 예수님의 십자가와 부활에만 근거를 하고 있다. 이와 같은 놀라운 승리의 고백이 로마서 8장 마지막 부분에 이렇게 기록되어 있다. "만일 하나님이 우리를 위하시면 누가 우리를 대적하리요", 그리고 사도 바울은 우주적인 마귀와 죄악의 세력을 열거한다. 모든 인류가 그 세력에 붙잡혀서 떨고 있다는 것을 열거하였으나 예수 그리스도 안에서는 내가 이길 수 있느니라 라고 했다.

 이제 예수님께서 제자들에게 주신 명령과 교훈은 이해할 수 있다. 우리는 그 동기에 대해서 생각했다. 이것은 단순한 의미없는 그저 명령에 불과한 것이 아니었다. 이것은 참 놀라운 하나님의 구원의 계획을 다 펼쳐 보여주는 그런 명령이었다. 우리에게 새로운 소망과 기쁨을 가져다 주는, 우리의 그 지평선을 열어주는, 앞날을 열어주는 그런 명령이었다. 이 명령이야말로 오늘, 비참과 절망가운데 사는 인류에게 참 소망을 주는 그런 명령이었다.

 자, 이제 마지막 질문이 있다. 절망 가운데의 인류에게 주는 놀라운 해답을 우리가 어떤 방법으로 전달할 수 있겠는가? 여기 19절과 20절에 그 교훈이 주어지고 있다. "그러므로 너희는 가서 모든 족속으로 제자를 삼아", 어떤 단계로 이것을 할 것인가? 여기 3가지를 제시하는데 가는 것과, 세례를 주는 것과, 가르치는 것 이 3가지를 말씀하고 있다.

 첫째는 가는 것이다. 여기 역동적으로 항상 움직이는 역동적인 선교의 면을 보여주고 있다. 선교사는 가는 사람, 항상 움직이는 사람이다. 이 선교사는 경계선을 넘어가는 사람이다. 선교의 소명을 받은 사람은 그 후부터 드러누워서 쉬는 사람이 될 수 없다. 내가 한국에 오기 어려운 형편인데 그래도 이곳 김명혁 교수님이 자꾸 초청을 해서 오게 된 이유도 바로 여기 있다. 스웨덴에 저의 선생님 죤 크라다라는 분이 있다. 그가 60살 되었을 때 우리 제자들이 책을 하나 드렸는데「경계선을 넘는 교회」라는 제목의 책이었다. 그의 교회에 대한 이해와 개념은 항상 경계선을 넘어서 움직이는 개념이다. 그저 아름다운 교회를 지어 놓고 가만히 있는 것, 이것으로는 만족할 수 없다. 여기 교회의 담이 우리의 최종적인 경계선이 되면 안되겠다.

교회의 영향을 받지 못하고 있는 저 밖에 있는 사람에게까지 가야 되겠다. 우선 여러분들이 사는 서울에서부터 이것이 이루어져야 한다. 그 다음 농어촌, 시골로, 먼 데로 가야 한다. 그리고 한국의 국경을 넘어서 일본과 다른 나라로 가는 것을 의미한다.

내가 어제 조그마한 책자를 밀슨 목사님한테서 받았는데 37개의 선교단체가 지금 선교활동을 하고 있다는 내용이었다. 아주 좋은 일이다.

자, 그러면 우리가 선교의 메세지를 전해야 되는데 선교의 메세지를 받을 사람들이 누구인가? 모든 백성, 모든 족속이다. 그저 개인 개인을 말하지 않는다. 하나님은 우리 사람들을 만드실 때 백성들, 종족들, 이렇게 서로 구성이 되도록 만들었다. 이것을 우리가 잘 인식해야 된다. 이스라엘 사람들은 자기 자신들이 하나님의 선택된 백성들이라고 생각했다. 그 다음 거기 다른 백성들이 있었다. 즉, 이방 백성들이다. 그리고 그 모든 백성들은 자기 나라의 신들, 자기 나라의 종교를 따르고 있었다. 바알, 이순타, 이런 여러가지 이중의 신들을 섬기고 있었다. 이 선교라는 것은 이들 백성들, 자기나라의 신들을 섬기고 있는 그 백성들에게 가서 '너희들이 섬기고 있는 신들은 잘못된 것이다.' 이걸 말해 주는 것을 뜻한다.

하나님의 구원의 계획은 마지막에 가서 모든 백성들, 모든 종족들이 자기의 신을 버리고, 그 신들이 다 파괴돼서 주님의 권위 밑에 들어오게 될 것을 보여주고 있다. 누가복음 6:21 이하에 보면 이 모든 백성들은 자기들의 때가 있다는 것을 말해 주고 있다. 이 하나님께서는 각 백성들에게 정한 때를 정해 놓았다. 이 희랍 사람들에게 정해 놓으신 그 때는 매우 오래 전이었다. 그 다음 로마 종족이 나왔고, 그 다음 서양 종족들이 생겼다. 그 다음에는 아프리카 종족들과 아시아 종족들이 이제 나타났다. 내가 믿기로는 하나님께서 자신의 선교책에 새로운 페이지를 열어 놓으셨다고 믿는다. 이 한국교회에서 일어나고 있는 선교의 관심과 이 정열을 저로 하여금 하나님께서 열어 놓으신 책에 바로 한국의 때를 지금 하나님이 주셨다고 생각을 한다. 그런데 또 내가 생각할 때에 이 하나님께서 이방인에게 주신 그때, 이것이 한국 뿐만 아니라 이 근처 나라들에게도 지금 주시기 시작하셨다고 느낀다. 그러므로 우리는 이제 중공에 가서, 우리 이웃에게 가서 당신들의 때가 지금 됐다고 말을 해야 될 줄 안다.

자, 거기에 그럼 가서 무엇을 해야 되는가?

제자를 만들어야 한다. 이 제자를 만든다는 것은 세 가지를 의미한다. 물론 예수님이 누구인 것을 알고, 예수님이 우리들을 위해서 무슨 의미있는 일을 하셨는지 아는 것을 말한다. 이것이 복음 전파 메세지의 근본을 이루고 있다. 이것은 그렇게 오래 시간을 두고 전파할 필요는 없다.

그 다음 두번째는 세례를 주는 것이다. 세례의 의미에 대해 많은 논쟁이 있지만, 내가 믿기로는 세례는 선교신학에 아주 중요한 부분을 차지하고 있다. 이 세례라는 것은 죽음의 세계에서 생명의 세계로 옮겨지는 것을 가리키는 것이기 때문이다. 즉, 노아의 방주가 그 홍수와 죽음으로부터 사람을 새로운 소망의 미래로 옮겨 놓은 것과 같다. 이 세례라는 것은 사람이 예수님의 이름을 부르고 예수님을 믿고 그래서 자기 죄사함을 받고 새로워지는 것을 말한다. 인도의 어떤 신학자들은 "우리가 인도 사람들에게 받기 싫어하는 세례를 억지로 줄 필요는 없다"고 말한다. 왜냐하면 인도 사람에게는 사회적으로 문화적으로 볼 때 이 세례는 아주 생소하고 사람들에게 의심을 받는 일이기 때문이다. 그저 속으로 주님에게 충성을 가지면 된다고 생각하는 사람이 있다. 그러나 이것은 주님께서 분명히 말씀하신 명령에 위배되는 생각이다. 예수 그리스도인이 된다는 것은 죽음의 세계에서 생명의 세계로 옮겨지는 것을 말하는 것이다. 그리고 그 경계선은 이 세례라는 성례에 의해서 이루어진다. 이것은 물론 마술적인 어떤 효력이 있는 것은 아니지만, 예수님이 내 주님인 것을 개인적으로 고백하는 것으로 구성이 되는 그런 의식이다. 그래서 예수님을 믿게 하고 예수님의 몸에 붙도록 유기적인 그 몸에 한 부분이 되도록 세례를 주어야 한다.

그리고 예수님의 교훈의 세번째 명령을 보게 된다. "내가 너희에게 분부한 모든 것을 가르쳐 지키게 하라." 그저 내가 주님을 따르고 싶다. 그 소원만 가지는 것으로는 부족한 것인 것을 가리킨다. 내 생애 전부가 주님의 말씀에 순복하고 거기에 따르는 것을 말한다. 내 모든 생각과 내 모든 가슴의 움직임과 내 모든 행동이 예수님의 말씀에 뿌리를 박아야 되는 것을 말한다. 내 모든 생활의 영역, 내 직업과 내가 쉬는 시간까지도 하나님의 말씀의 지배를 받아야 되는 것을 말한다. 또 내 정치적인 생활, 경제적인 생활도 성경 말씀에 지배를 받는 것과 분리될 수가 없다는 말이다. 오늘날 학자들 간에 이 선교와 사회봉사 간에 무슨 관계가 있는가 하는 논쟁이 일어나고 있다.

이 선교라는 것은 개인으로 하여금 주님과 내적인 새로운 관계를 맺게 하고 그리고 교회에 나오게 하는 것으로 그치는 것인가? 거기에 그치지 않고 사회구조를 바꿔서 새로운 사회를 건설해야 하는 것인가? 이 문제에 대한 해답도 이 성경에서 찾아볼 수 있다. 그리고 주님의 몸된 이 교회에 접붙힘을 받아야 되는 것을 말한다. 그리고 성령에게서 새로운 생명의 능력을 받아야 할 것을 말한다.

그 다음에 예수님이 가르치신 모든 것을 지켜야 된다고 말했다. 즉, 이후부터는 가정생활도 변해야 될 것을 말하고 새로운 결혼관계가 이루어져야 할 것을 말한다. 교육의 원리도 바꾸어져야 할 것도 말하고 직업과 여러분들의 그 태도도 변해야 될 것도 말한다. 하나의 시민으로서 공적인 생활을 하는 데도 새로운 삶의 원리를 가져야 되는 것을 말한다. 이와 같은 질서 가운데 들어와야 될 것을 말한다. 이 성경 본문이 예수님의 나타나심과 예수님의 그 교훈, 명령과 그리고 마지막 확신, 세 부분으로 되어 있다고 말했다.

이렇게 놀라운 명령을 주신 다음에 약속을 주셨다. 이 11사도들에게 이제 모든 나라에게 가라! 그런데 어떻게 너희들이 할 수 있을까? "보라 내가 세상 끝날까지 너희와 항상 함께 있으리라." 이것은 우리에게 중요한 교육을 가르쳐 준다. 선교는 인간의 활동이 아니라는 사실이며, 교회의 활동에 불과한 것도 아니라는 사실이다. 선교라는 것은 인간의 활동이 아니라 부활하신 주님이 계속적으로 이루시는 그 활동, 지상에 계실 때 이미 이루신 그 일을 계속적으로 이루시는 주님의 활동인 것을 우리에게 보여주시는 것이다. 그 제자들 가운데 영적으로 주님이 친히 임재하셔서 일을 하셨다. 그 제자들이 입을 열었을 때 주님이 자기 말을 그에게 넣어 주어서 자기 일을 이루셨다. 사람들이 제자들의 목소리를 들었을 때, 사람들은 예수님의 음성을 들었다. 이와 같은 깨달음을 가질 때에, 이 선교는 분명코 이루어질 수밖에 없다는 확신을 우리가 가지게 된다. 그리고 이 성경은 또 우리 선교사가 임하여야 될 시간에 대해서 말해 준다. 또 어떤 사람들은 선교의 시대가 끝났다고 그렇게 말하는 사람도 있다. 그러나 그와 같은 일은 있을 수 없다. 예수님이 분명히 말씀하신 것은, 내가 세상 끝날까지, 예수님의 모든 역사, 즉 초림부터 재림까지 이 모든 역사 기간 동안 끝까지 내가 함께 있으리라 하셨다. 이 말씀은 이 세상에 아무리 무서운 사건, 아무리 무시무시한 일들이 일어날지라도 아무것도 선교를 중단시킬 수 없다는 것을 보여주신 것이다. 왜냐하면 예수님이 우리와 항상 함께 계시기 때문에, 예수님이 승리를 가져오시기 때문에, 예수님이 이루시기 때문이다.

2. 선교의 내용 : 구속

오늘날 모든 것이 다 불확실하게 되는 세대에서 우리는 든든한 기초를 가져야 될 것을 말했다. 오늘날 기독교 지도자들 가운데도 많은 미혹의 영에 사로잡혀서 혼돈을 가지고 있는 이럴 때일수록 든든한 기초를 가져야 한다. 우리는 기독교 선교의 근본적인 위기에 대해서 생각해 보았다. 기독교 선교의 영광스러운 기초는 예수님께서 죽음의 권세를 깨뜨리시고 부활하셨다는 부활의 사건에 있다고 말씀드렸다. 이 놀라운 부활의 사건은 전 역사의 방향을 뒤집어 엎는 획기적인 사건이었다. 이 부활의 사건은 옛 세대, 즉 죽음과 쇠퇴의 세계와 생명의 세계, 영광의 세계를 분간하는 사건이었다. 예수님의 부활의 사건은 마치 하나님께서 처음 창조한 것과 비길만한 새로운 창조를 가져온 그런 영광스러운 사건이었다. 이 부활의 사건은 예수님 한분, 개인이 살아나신 사건에 그치는 것이 아니라 새로운 인류가 새로운 생명을 부여받는 그런 사건인 것을 우리가 보았다. 부활하셔서 하늘과 땅의 권세를 가지신 그 분이 제자들을 향해서 명하셨다. "가라! 땅끝까지 가서 복음을 전하라." 우리는 선교지로 떠날 때에 나의 힘으로, 내 힘 위에 서서 가는 것이 아니라 주님의 명령을 받아서 가는 것이기 때문에 다른 아무런 핑계를 할 수 없게 된다. 선교는 하나님의 주권과 하나님의 요구와 하나님의 명령을 받아서 수행하는 것이다. 예수님께서 오늘날 교회를 주장하시고 온 세계 역사를 주장하시기 때문에 그가 명령하신 이 선교는 필연코 성공할 수밖에 없다. 그가 보내신 성령이 그가 이룩하신 구속의 일을 시작하셨기 때문에 이제 선교의 일이 그저 가만히 머물러 있을 수가 없게 된다. '참 기독교 선교에 참된 기초가 무엇인가?'라는 첫번 질문을 어제 던졌다.

오늘은 둘째 질문을 던진다. 기독교 선교의 내용이 무엇인가? 우리가 전해야 될 메세지의 내용, 그것이 무엇인가? 그래서 오늘 아침 강의제목에 도달하게 된다. 기독교 선교의 내용은 그리스도께서 그가 보내신 사람들을 통해서 구원의 메세지를 전하는 것이다. 주님께서는 자기의 구원을 그가 보내신 사람들을 통해서 인간들에게 주신다. 이 선교의 내용을 잘 말해 주는 표준적인 성경을 생각할 때에 고린도후서 5장보다 더 분명하게 선교의 내용을 가르치는 성경이 없다고 생각한다.

고후 5장 17절~6장 2절 "그런즉 누구든지 그리스도 안에 있으면 새로운 피조물이라 이전 것은 지나갔으니 보라 새 것이 되었도다 모든 것이 하나님께로 났나니 저가 그리스도로 말미암아 우리를 자기와 화목하게 하시고 또 우리에게 화목하게 하는 직책을 주셨으니 이는 하나님께서 그리스도 안에 계시사 세상을 자기와 화목하게 하시며 저희의 죄를 저희에게 돌리지 아니하시고 화목하게 하는 말씀을 우리에게 부탁하셨느니라 이러므로 우리가 그리스도를 대신하여 사신이 되어 하나님이 우리로 너희를 권면하시는 것같이 그리스도를 대신하여 간구하노니 너희는 하나님과 화목하라 하나님이 죄를 알지도 못하신 자로 우리를 대신하여 죄를 삼으신 것은 우리로 하여금 저의 안에서 하나님의 의가 되게 하려 하심이니라 우리가 하나님과 함께 일하는 자로서 너희를 권하노니 하나님의 은혜를 헛되이 받지 말라 가라사대 내가 은혜

베풀 때에 너를 듣고 구원의 날에 너를 도왔다 하셨으니 보라 지금은 은혜 받을 만한 때요. 보라 지금은 구원의 날이로다." 이 유명한 성경구절 안에서 예수님의 가장 위대한 보내심을 받은 사도인 사도 바울이 그가 받은 그 메세지의 내용을 여기 분명히 가르치고 있다. 그의 사역의 기초에 대해서 말하고 있다. 그리고 그의 사역의 내용에 대해서 말하고 있다. 그의 사역이 수행돼 가는 그 사항과 조건에 대해서 말하고 있다. 그리고 그것을 듣는 사람들과 자기 자신에게 있어서 이 사역이 얼마나 영광스러운 사역인가를 또 말하고 있다.

이 성경을 다 포함하는 한 말을 선택한다면 그 말은 '구원'이란 말이다. 구원은 곧 이 성경의 교훈의 중심을 이루고 있다. 주 예수의 이름 자체가 '구원자'이다. 여호수아 또는 예수, 그 말은 "하나님이 구원하신다."그런 말이다. 이 교회의 선교적 사명은 예수님께서 십자가에서 모든 만민을 위해서 이룩하신 구원의 메세지를 전하는 것이다. 구원이 선교 메세지의 핵심을 이루어야 된다는 이 사실이 역사상에서 반대를 받아 본 일이 별로 없다. 예수님에게 왜 그와 같은 고난과 십자가를 지셨는가 물어본다면 '나는 잃어버린 자를 구원하기 위해서 그랬다' 그렇게 말씀한다. 옛날 초대교회 사람이 말하기를 눈을 넘어서, 사막을 넘어서 다만 한 사람을 구원하기 위해서도 먼길을 간다고 했다. 특별히 부흥운동의 영향을 받은 그런 운동 가운데는 이 구원론적인 관심이 모든 메세지의 중심을 이루는 것이 두드러지게 나타나곤 했다.

어제 현대선교운동에 대해서 잠간 말씀드렸다. 죤 머트에 의해서 이루어진 I.M.C.에 대해서 말씀드렸다. 1910년 에딘버러 선교대회 이후에 설립되었다고 설명했다. I.M.C. 국제 선교 기구는 후에 W.C.C 안에 병합되었다고 말씀드렸다. 1961년 뉴델리에서 모였던 W.C.C 대회 때 그렇게 병합이 되었다. W.C.C가 이 I.M.C를 포함해서 새로운 선교 분과를 설치했을 때 새로운 규칙을 만들었다. W.C.C는 새로 신설한 선교분과 위원회의 그 기능이 온 세계에 그리스도의 복음을 전해서 모든 사람들이 그를 믿고 구원얻게 하는 데 있다고 헌장을 만들었다. 로마 카톨릭도 비슷한 입장을 취했다. 그 선교의 목적은 사람들에게 복음을 전해서 구원얻게 하는 것이라는 입장을 취했다. 이전에 선교운동들 가운데서는 구원얻는 것이 무엇인가에 대해서 논란을 해 본 일이 없다. 선교적 찬송들 가운데 그것이 강하게 나타났다.

그런데 이 선교운동이 W.C.C 안에 들어온 1961년 이후부터 구원의 개념에 대한 회의와 문제가 일어나기 시작했다. 1963년에 제일 처음으로 이 선교분과 위원회가 주최한 선교대회가 멕시코시티에서 열렸다. 그들의 헌장은 분명히 이렇게 기록한다고 했다. 모든 세계 사람들에게 그리스도의 복음을 전해서 사람들로 하여금 구원얻게 하는 데 목적이 있다고. 그런데 그들이 문제를 제기하기를 어떤 형태의 구원인가? 그리스도가 현대인에게 주는 구원은 구원인데 또 그 구원의 내용은 도대체 무엇인가? 여기에 대해서 질문을 제기하기 시작했다. 그러나 이와 같은 질문을 여러가지로 제기하기는 했지만 통일된 해답을 얻지를 못했다. 이 300명의 선교학자들, 신학자들이 모여서 구원의 형태와 구원의 내용에 대해서 많은 질문을 제기하고 하나의 해답을 얻지 못했다는 그 사실은 얼마나 한탄스러운 일인지 모른다.

이렇게 구원에 대해서 불확실하게 된 근본적인 원인은 그들이 현대인에 대해서 너무 관심을 기울였기 때문이다. 왜냐하면 현대인은 옛날 사람들과 다르게 새로운 심각한 문제들에 봉착해 있다고 이해했기 때문이다. 과연 이것이 사실일까? 아담이 타락한 이후에 사람의 근본적인 문제와 사람의 근본적인 비참은 여전하지 않겠는가? 그리고 예수님께서 한번 이룩하신 인류 구속의 그 사건이 주님이 오실 때까지 모든 사람들에게 공통적으로 똑같이 적용되어야 하지 않겠는가? 그러나 성경이 영원 불변한 하나님의 말씀이라는 그 신앙을 내버린 이후부터 모든 것이 차츰차츰 상대적으로 상대화 되었다. 기독교 신앙의 가장 확실한 근거를 잃어버리게 될 때에 그 다음에는 모든 문제에 대해서 확실한 해답을 할 수 없고 이 사람한테 물어보고 저 사람한테 물어보고, 이 사람한테 물어보고, 이렇게 여러 사람에게 물어보게 되었다. 그래서 결국 W.C.C 선교대회는 이제 앞으로 다른 대회를 하나 열어서 그때가서 구원의 문제에 대한 해답을 얻어보자 하는 결론을 지었다. 그렇지만 그 대회는 자꾸 연기가 되었는데 그 이유는 구원 문제에 대한 통일된 해답을 쉽게 얻지 못했기 때문이다. 그래서 10년이 지나서야 비로소 1973년 방콕에서 선교대회를 열게 되었다. 내가 이 방콕대회에 참석했는데 참으로 비참한 경험을 했다. 이 대회를 준비하는데 있어서 성경은 아무런 중요한 역할을 하지 못했다. 그리고 그 대회 기간 중에 얻어진 모든 해답도 성경에서 얻어진 해답이 아니었다.

우리는 성경의 증언이 아니라 현대 여러 종류의 사람의 증언이 섞여서 기록된 문서를 받았다. 현대인들의 많은 증언을 모아놓은 것을 보았는데, 그것은 그들이 얼마나 비참하게 불행을 느끼고 있고, 어떻게 그 불행에서 벗어나서 행복하게 되기를 원하는가 하는 고백들이었다. 그 대회 기간 중에 도달한 결론은, 모든 사람이 행복에 도달할 수 있는 길은 그 모든 사람이 각자 처한 상황에서 각기 다른 방법으로 다른 구원을 소유함으로 행복해질 수 있다는 것이었다. 그래서 어제 내가 한 구절을 인용한대로 어떤 사람은 "베트남에서 구원이라는 것은 베트남의 평화다"라고 결론지었다. "앙골라에서 구원이라는 것은 독립이다. 그리고 북아일랜드에서는 공의가 실현되는 것이 그들에게는 구원이다." "북미에는 자본주의 세력에서 벗어나는 것이 곧 구원이다"라는 결론을 내렸다.

우리는 W.C.C가 취한 이 방법을 취할 수가 없다. 우리는 구원이 무엇인지를 참으로 알기 위해서는 우리 인간의 비참한 상태를 정확하게 진단하는데서 시작을 해야 된다. 모든 종교—인간의 구원에 대해서 심각하게 생각하는—는 인간의 비참한 형편을 분석하는 데서부터 시작하는 것이 사실이다.

여러분들은, 한때는 불교가 지배했던 나라에 살고 있다. 그런데 부처는 발견하기를, 인간의 근본적인 비참은 인간이 당하는 그 고난에 있다고 했다. 이 고통의 이유는 무지에서 온다. 사람이 모두 욕망이 있는데 이것을 채우기 위한 것이 사람의 하나의 본질인데 모든 사람이 자기 욕망을 채우려고 하다가 결국 고난에 빠지게 된다고 생각을 했다. 또 힌두교도 인간의 비참에 대해서 분석하기를 인간의 비참은 자기 자신의 심적인 존재인 것, 심적인 요소가 있는 것을 알지 못하기 때문에 결국 인간은 비참한데 빠지게 된다고 생각했다. 마야의 환상에 의해서 자기 자신이 심적인 존재인데도 그렇지 않다고 생각하게끔 미혹을 당하게 됐기 때문에 사람이 비참에 빠지게 된다고 한다. 그래서 이 구원이라는 것은 이 거짓된 환상의 막을 벗겨버리고 내가 참 누구라는 것을 발견하게 되는데 구원이 있다고 했다. 우리가 원시종교에 가보면 또 어떤가? 사람이 비참을 당하는 그 이유는 그 개인개인이 생명의 근원으로부터 끊어짐을 당하기 때문이라고 분석을 하게 됐다. 악령이 들어와서 그렇게 끊어버릴 수도 있고, 내 원수가 내게 가져다준 그 요술 때문에 생명의 근원에서 끊어질 수도 있다고 한다. 또 현대의 이데올로기도 인간의 비참을 분석하는 그 나름대로의 방법이 있다. 마르크스주의론을 가보면 인간의 비참의 발생을 사람은 강력한 경제구조에 의존하게 돼있는데 이 강력한 경제

조직이 자기를 짓누르고 있기 때문이라고 하며 이 경제조직을 부숴버리고 거기서 해방되어야 사람이 구원을 얻는다고 한다. 프로이드와 같은 심리학자에게 가보면 인간의 비참을 자기 나름대로 분석한다. 인간의 비참은 내성적인 욕구와 그리고 내게 부과되는 도덕률의 억압과의 갈등 때문에 인간의 고통이 생겨서 신경병이 생기게 된다고 말한다.

방콕대회는 여러 종류의 사람이 각기 자기의 비참을 어떻게 느끼고 있는가 하는 것에 대해 관심을 많이 기울였다. 현대문학작품에서 그것을 인용도 했다. 철학적인 논문에서도 또 인용했고, 아주 유행되는 노래에서도 인용했다. 정치적인 선언문에서도 뽑아냈다. 그래서 이 모든 것이 참 고난받는 사람들의 모습인데 우리 교회는 이들에 대한 해답을 주어야 한다고 했다.

그러나 이와 같은 입장을 심각하게 비판하는 신학자들이 있었다. 어떤 신학자가 말하기를, 이 방콕대회가 만든 문서대로 우리가 구원을 이렇게 이해한다면 모든 문제를 만들어내는 문제꾸러기, 문제아들은 다 구주라고 할 수 있다고 비꼬아서 말했다. 그렇다면 결국 선교라는 것은 모든 사람의 필요를 파악을 해서 그 필요를 해결해 주는 그것이 선교가 되고만 것이다. 이 모든 필요를 만족케 해 주는 것이 결국 복음이 되고 말았다. 그런데 이와 같은 현상은 우리에게 무엇을 말해 주는가? 성경에 기록되어 있는 복음을 내버렸다는 것을 말해준다.

이와 같은 모든 현상과 비교해서 하나님의 말씀은 우뚝 솟아 있다. 이 성경은 처음부터 마지막까지 인간의 근본적인 고난의 뿌리가 무엇인지를 보여주고 있다. 신약, 구약 모든 성경이 이 문제에 대해서 공통적인 견해를 표명하고 있다.

인간의 근본적인 필요는 사람이 생명의 근원이 되신 하나님으로부터 끊겨버림을 당했다는 거기에서부터 시작한다. 인간의 근본적인 필요는 우리의 첫 조상 아담과 하와가 타락하는 순간부터 생기게 되었다. 그들이 에덴동산에서 쫓겨날 때에 생명의 나무로부터도 끊겨버림을 당했다. 그 다음에는 여자와 남자와 모든 자연계에 하나님의 진노가 임하게 되었다. 이 모든 세상의 이데올로기와 종교가 인간의 비참을 분석하는 그 분석과는 근본적으로 대조적인 성경의 분석은 인간의 비참과 고통을 외부적인 어떤 비참에 두지 않고 있다는 것이다. 또 인간의 비참의 근원을 어떤 정신적인 심리학적인 그와 같은 처지에 두지도 않는다는 사실이다. 즉, 성경은 사람이 사탄과 짝해서 하나님을 배역했다는 그 사실에 인간의 비참의 뿌리를 두고 있다. 그 결과로 하나님께서 인간으로부터 얼굴을 돌리신 그 사실에 두고 있다. 로마서 1:18 이하에 사도 바울은 인간 세계에 임하게 된 그 진노에 대해서 기록하고 있다.

인간이 하나님을 알만한 지식을 가지고 있되 하나님을 경배하지도 않고 하나님을 알지도 않는다고 했다. 그래서 사도 바울은 세번이나 반복해서 말하기를, "그러므로 하나님이 인간을 버리셨다. 그렇기 때문에 하나님이 인간을 버리셨다. 그렇기 때문에 하나님이 인간을 버리셨다"는 것이다 라고 했다. 24절, 26절에 다음 28절에 3번씩이나 그 말이 있다. 24절에 "그러므로 하나님이 너희를 더러움에 내버려두사", 26절에 "이를 인하여 하나님께서 저희를 부끄러운 욕심에 내어버려 두셨으니", 28절에 "저희가 마음에 하나님 두기를 싫어하매 하나님께서 저희를 그 상실한 마음대로 내어 버려두사." 그러므로 하나님께서는 인간이 자기 자발적으로 하나님을 반역한 그 결과를 짊어지도록 내버려 두셨다.

이제 그 정욕과 추악한 충동에 지배를 받고 하나님과 끊겨버리게 되었다. 그리고 사탄과 그의 졸개들의 지배를 받게 되었다. 그러므로 인간의 최악의 가장 극심한 비참은 하나님의 진노이다.

그 하나님의 진노는 하나님과의 근본적인 사랑의 관계를 깨뜨려져 버린 그런 진노다. 내가 당하는 고난은 아니다. 내가 당하는 다른 사람 때문에 당하는 고난은 아니다. 내가 당하는 비참은 어떤 사회적인 잘못된 구조 때문에 당하는 비참이 아니다. 어떤 내가 설명할 수 없는 심리학적인 그 방해를 받기 때문에 그 근본적인 비참에 빠지게 된 것도 아니다. 나의 문제는 하나님과의 관계를 내가 깨뜨려 버린 여기에 있다. 그러므로 사람은 자기 자체 안에서 파괴적인 세력으로 되어 버렸다. 그리고 이 잘못된 자연계 가운데 파괴적인 세력이 나타나게 되었다. 이 죄를 따르기를 좋아하는 흉악한 충동에 지배를 받게 되었다. 보이지 않는 가운데 활동하는 마귀의 지시를 받게 되었다. 그러므로 모든 우주가 이제 쇠퇴하고 망하게 됐다. 우리는 몸 전체도 죽을 수밖에 없는 운명을 가진 몸을 가지고 살게 되었다. 그러므로 하나님과의 수직적인 관계가 끊어진 것이 인간이 짊어지게 된 근본적인 원초적인 비참이 됐다. 이것은 우리가 경험하는 모든 비참의 근원이 되는 개인적인 비참이요 사회적인 모든 비참의 밑바닥이 되는 비참이다. 이렇듯 영적인 또는 육체적인 모든 비참의 근본은 하나님과의 관계가 끊어지는 것이다. 의사가 발견하는 그런 것, 사회학자, 정치가, 모든 이 세상 사람이 진단해서 나타나는 우리의 근본적인 비참은 그저 나타난 증상, 결과에 불과한 것이다. 물론 선교사와 목사가 교인들을 향해서 당신들이 당한 어려움이 무엇인가라는 그런 관심을 가지는 것은 괜찮다. 그러나 그 외부적인 비참, 그것만에 머물면 안된다. 그 다음엔 근원적인 심각한 본래적인 비참이 무엇인지를 지적해 주어야 한다. 우리가 느끼는 그 비참, 우리가 외부적으로 느끼는 비참은 근원적인 비참에 들어가는 접촉점이 될 뿐이다. 그 다음에는 온유한 방법으로 이 근원적인 비참으로 이끌고 가야 한다. 근원적인 비참, 하나님과 분리됐고 그래서 영원한 죄와 멸망으로 갈 수밖에 없게 된 그런 사실을 지적해 주어야 한다.

그러면 인간의 잃어버린 상처에 대해서 이와 같이 이해할 수 있다며는 그럼 무엇에 의해서, 어떤 방법으로 구원을 받을 수 있느냐하는 질문을 가지게 된다. 성경에 분히 가르치는 것은 사람은 자신을 구원할 수 없다는 것이다. 그런데 사람은 이것도 모른다. 인간은 스스로 자기 비참에서 자기를 구원해 내려고 애를 써오고 있다. 이 세계의 모든 종교도 이것을 가르친다. 사람이 자기가 최선을 다해서 자기를 구원해 내라고 그렇게 가르치고 있다. 물론 율법적인 방법으로 이것은 해야 된다, 이것은 안해야 된다고 함으로 어떤 시도를 해 볼 수도 있다. 어떤 의식을 많이 만들어 냄으로 이런 의식을 행하고 저런 의식을 행함으로 너를 구원할 수 있다거나 또는 요가나 명상과 같은 금욕주의적인 방법을 가르쳐줌으로 너 자신을 구원해 보라고 시도를 해 본다.

그러나 근본적으로 사람은 자신을 구원할 수 없다. 이런 이야기가 있다. 어떤 사람이 여러 나라를 여행하다가 깊은 구덩이에 빠졌다. 그런데 세 사람이 이곳을 지나가게 되었다. 지나가던 첫번째 사람이 공자였다—공자가 말하기를 내가 이미 이 길로 가지 말라고 가르치지 않았느냐? 그런데 네가 갔으니까 결국 그 결과로 이 구덩이에서 고통을 당할 수밖에 없다. 너 자신이 그저 빠져나가보려고 애써봐라. 그러고는 지나가 버렸다. 그 다음 아주 인자한 석가가 왔다. 지팡이를 구덩이에 넣었다. 이 지팡이 끝을 꼭 잡아라. 그러면 내가 너를 건져주겠다. 그런데 이 지팡이가 너무 짧았기 때문에 그 사람이 있는 데까지 내려가지 못했다. 그래서 이 사람은 구원을 얻지 못했다. 그 다음에 마지막에 예수 그리스도가 오셨다. 예수님은 자기 옷을 다 벗고 까운을 벗고 그 구덩이에 내려가서 그 사람을 자기의 어깨에 올려놓고 구원할 수가 있었다. 인도 그리스도인들은 이 이야기를 아주 즐겨서 잘 사용한다. 그래서 인도 사람들에게 자꾸 해주면서 전도를 한다. 예수님만이 우리에게 구원을 이룩하시는 유일한 구세주이시다.

예수님이 어떤 방법으로 하셨는가? 십자가에서 자기 자신을 못박히게 하심으로 인간이 당하여야 할 모든 저주와 진노를 자기 자신이 몸소 당하시는 이 방법으로 우리들을 구원하셨다. 예수님께서 우리가 당해야 할 심판을 대신 당하심으로 우리에게 평화를 주셨다. 그런데 예수님이 자기가 죽으심으로 인간에게 구원을 가져오셨다는 진리, 이것을 사람이 쉽게 이해하지를 못한다. 사도 바울이 이미 이것을 지적했는데 그것을 사람들이 쉽게 이해하지 못한다고 유대인들은 표적을 구하고 헬라인들은 지혜를 구하는데 우리는 십자가만을 전한다고 했다. 유대인에게는 거치는 것이요, 헬라인에게는 미련한 것이라고 했다.

오늘날 많은 현대인들도 이 구원의 계획을 완성시키신 배후에 있는 하나님의 이유를 이해하지 못한다. 도대체 하나님이 다른 방법이 없으셨을까? 자기 아들을 희생의 제물로 줌으로만 인간을 구원할 수 있었을까? 이런 질문을 제기한다. 내 친척 중에 한 사람에게도 이 구원에 대한 하나님의 이치가 그에게 큰 거침돌이 된 것을 알고 있다. 오늘날 많은 현대인들이 지적한다. 자기 아들을 희생시킴으로 인간을 구원한다는 것은 합리적이 아니고 이해할 수 없다.

한번은 독일에 선교사로 가 있었을 적에 큰 논쟁이 일어난 일이 있었다. 박사학위를 받은 아주 젊은 머리 좋은 사람이 있었다. 뉴기니아 선교사로 가기로 되어 있는 청년이었다. 그때 그 청년이 일어나서 "바이어하우스 박사님, 제가 질문하나 하겠습니다. 솔직히 말씀드리면 사도 바울이 증거한 그리스도의 대속의 죽음의 진리가 내게는 어떤 의미를 주지 못합니다. 내게 뿐만 아니라 내 동료 신학자들에게도 꼭 같습니다. 이런 형편에서 내가 선교사가 될 자격이 있습니까?"라고 물어왔다. 난 그에게 이 그리스도의 대속의 죽음의 진리는 물론 신비하기 때문에 다 이해할 수 없을지는 모르지만 그러나 그리스도의 대속의 죽음이 당신에게 아무런 의미가 없고 이해할 수 없다며는 당신은 선교사로 나갔다 하더라도 전할 말 하나도 갖지 못하게 될 것이다"고 말했다. 내가 믿기로는 오늘날 많은 선교사들이 무력해서 아무 일도 하지 못하는 것은 이 신학적인 병, 그리스도의 대속의 진리를 이해하지 못하는 이 신학적인 병 때문이다. 이것은 현대인만의 병은 아니다. 사도 바울이 그 당시에 청중들 가운데서도 그와 같은 사람들을 발견했다. 하나님의 구원의 경륜 가운데 숨겨진 구원 진리의 신비는 이미 창조 전부터 있었다. 그런데 하나님께서 창조 전부터 갖고 계신 그 구원 진리의 신비를 타락한 천사들, 영적인 존재들도 다 이해하지 못한다고 했다. 만약 그들이 그 신비를 이해했더라면 예수 그리스도를 십자가에 못박지 않았을 것이라고 말했다. 기독교 역사를 통해서 많은 신학자들이 대속의 신비를 이해하려고 애를 많이 썼다.

이 문제에 대한 해결을 시도하는 것 가운데 두 가지 만족스럽지 않은 시도에 대해서 말씀 드리자면 어떤 초대교회 신학자들은 십자가가 마귀와 하나님과의 투쟁마당이었다고 생각했다. 사탄이 예수를 십자가에 죽였는데 사실 사탄이 속아서 죽였다. 그 예수가 하나님인 줄 모르고 사람인 줄만 알고 그저 죽여 놓았는데 하나님을 죽여 놓았기 때문에 자기 잘못으로 사탄이 그만 잡히게 되었다는 것이다. 그러니까 십자가 상에서 예수님이 심각하게 다룬 것은 인간의 죄가 아니라 외적인 악한 세력, 마귀 세력을 붙잡기 위해서 한 수단으로 투쟁한 그런 마당에 불과하다는 견해이다.

3. 선교의 수행 : 성령

현대 선교에 있어서 새로 도입된 하나의 말은 선교, 즉 '미시오 데이'(missio Dei)라는 말이다. 이것은 두 가지의 뜻이 있는데 하나의 뜻은 하나님이 사람들을 보내시는 것이요 다른 하나의 뜻은 하나님 자신이 보냄을 받는다는 뜻이다. 이와 같은 말로 인해서 선교가 인간 중심적이 되지 않게 된다. 이와 같은 강조는 인간이 스스로 종교를 만들어 내려고 하는 행위를 공격하면서 하나님의 주권을 강조한 스위스 신학자 칼 바르트까지 소급할 수 있다. 그러나 이 '미시오 데이'라는 말이 에큐메니칼 신학자들 사이에서 유행하게 되면서 많은 혼동이 일어나게 되었다. 후에는 하나님께서 이 세상에서 하셨다고 또한 하신다고 생각하는 모든 일을 가리켜서 하나님의 선교라고 하게 되었다. 그래서 교회가 정치적인 일에 관여하는 그런 일까지도 포함해서 하나님의 선교라고 생각하게 되었다.

그러나 본래는 이 '미시오 데이'란 말은 하나님의 영원한 구원의 경륜을 이룩하기 위해서 성삼위 하나님이 함께 일하시는 사실을 강조하는 매우 중요한 말이다. 모든 계시의 활동과 구원의 활동이 성부 하나님에게서 근원하게 된 것과 또 영원한 말씀인 그 아들을 하나님이 보내신 것과 하나님의 중생시키시는 구원의 사역을 완성키 위해서 아들이 구속의 사역을 이룬 다음 성부와 성자가 성령을 보낸 일을 강조한 말이다.

프랑크프르트 선언문은 선교의 개념에 있어서 중요한 점을 지적한 선언문이다. 1970년에 출판된 이 문서는 교회가 성삼위 하나님의 선교에 참여할 수 있는 특권을 가지고 있음을 지적하였다. 즉 선교는 우리 자신의 일도 아니요 또 교회의 일도 아니다. 단지 성삼위 하나님의 선교에 참여하는 것 뿐이라는 사실을 지적했다.

십자가에서 이루신 그 대속의 사건과 그의 영화로운 부활의 사건은 선교에 기초가 되는 동시에 선교의 내용이 되는 중요한 사건이다. 그러나 우리가 성삼위 중에 한분이신 성령의 사역을 언급치 않는다면 선교의 기초와 내용에 대해 충분히 말을 하지 못했다고 할 수 있다. 그러나 불행하게도 오랫동안 선교신학이 성령의 사역에 대해 깊이 다루지 못했었다.
　최근에 와서 성령의 사역에 대하여 새로운 발견을 하기 시작했다. 로렌드 알렌이라는 중국에서 선교한 사람이 사도들의 선교적인 사역의 성공 비결이 성령을 의지했다는 것을 발견하여 지적하고 아울러 현대 선교사들은 너무 과학적인, 현대적인 방법 또 교육에만 치중하는 것을 지적하였다. 또 화리워라는 화란 미국계의 선교사는 "오순절과 선교"라는 제목의 글에서 성령의 사역에 대하여 강조하였다. 이 분야는 우리가 다같이 연구해야 할 중요한 분야이다.
　또한 성령의 사역에 대하여 언급할 때에도 많은 잘못된 입장들이 있다. 현재의 오순절 성령 운동을 생각해 보면 그들의 선교운동은 예수님의 사역, 성부의 사역도 다 무시하고 오직 성령의 사역에만 의지한 선교운동이다. 그들이 성령의 사역을 재발견하는 것은 좋으나 그들이 믿고 실제로 주장하고 생활하는 그 모든 것이 성경적이 아니다. 왜냐하면 성령의 사역과 인간의 감정과를 혼동하는 경우도 있기 때문이며 또 성령의 사역과 배후에 마귀가 작용할 수도 있는 마술적인 힘과를 혼동하는 경우도 있기 때문이다. 오순절과의 선교운동은 많은 경우에 혼합주의로 빠질 우려가 있다. 실제로 내가 아프리카에서 선교사로 있는 동안에 어떤 오순절과 선교운동이 아프리카의 어떤 종족의 종교와 아주 혼합되어진 것을 목격하였다. 샤머니즘, 즉 무당종교가 많은 한국이나 중국에서도 이런 일이 일어날 가능성이 많으므로 주의를 해야 한다. 그러나 오순절과 운동을 전적으로 부인하는 것은 아니고 조심해야 된다는 것이다.

먼저 '성령은 누구신가?'에 대하여 생각해 보자. 성령은 그의 약동적인 세력을 우리가 경험할 수 있지만 비인격적인 하나의 세력이 아니라 무엇보다도 하나의 인격이다. 또한 성령은 사람을 준비시키는 하나의 무기나 장비가 아니다. 사람은 근본적으로 생각해서 육체와 영을 가진 영적인 존재로서 하나님과 관계를 맺을 수 있는 존재이다. 그러나 인간의 영은 지음을 받은 피조물이요 성령은 창조주 하나님 삼위의 한분이다. 성 어거스틴은 성령은 성부 하나님과 성자를 사랑의 관계로 연결시키는 사랑의 원리로서 사랑의 분이라고 했으며 또한 하나님의 생명을 우리에게 전달해 주시고 하나님과 교제를 맺게 하시는 일을 하시는 분이라고 하였다. 이 성령은 하나님의 모든 사역에 동참하신 분이시다. 인간을 창조하신 하나님의 사역에 참여하셨다.

그러나 성령의 일반적인 사역과 성령의 특수한 사역, 즉 백성을 구원하시기부터 시작하셔서 오순절의 절정을 이룬 특수 사역을 구분할 수 있다. 성령은 생명을 주시는 하나님의 사역을 행한다. 성령께서는 온 우주에 있는 매 사람 사람 속에 역사하셔서 내적으로 하나님과 관계를 맺게 한다. 성령은 일반적인 사역을 통해 사람이 타락한 이후에도 신비한 방법으로 타락한 사람들 속에 역사하셔서 사람이 본래 하나님의 형상으로 지어졌고 하나님과 관계를 맺었던 사실을 늘 깨닫게 하신다. 사람은 신비한 그 어떤 방법으로 자기가 죽은 다음에도 어떤 무엇이 있다고 하는 인식을 가지게 된다. 그 사람의 내부에 하나님을 향해 갈망하는 마음이 깔려 있다. 그러므로 하나님은 우리들을 지으실 때에 당신을 향하도록 지으셨고 우리 인생이 하나님의 품 안에서 안식을 얻기 전까지는 늘 불안한 가운데 살 수밖에 없다고 고백한 성 어거스틴의 고백처럼 이 인간의 양심, 하나님을 향한 갈망은 성령의 일반적인 사역의 결과이다. 이 성령의 일반적인 사역은 선교사가 불신자를 접촉할 때 그들도 하나님의 형상대로 지음을 받았다는 인식을 가지게 하는 하나의 접촉점을 이룰 수는 있으나 사람들로 하여금 하나님과 떠난 관계를 회복시키는 데에까지는 이르지 못한다.

성령의 두 사역 중 특수 사역에 대하여 마틴 루터는 말하기를 하나님의 성령과 성령을 구분해야 된다고 지적하면서 전자는 성령의 일반적 사역을 후자는 특수사역을 가리킨다고 했다.

구약에 나타난 성령의 특수 사역에 대하여 생각해 보자. 사람이 죄를 범한 후 하나님과의 관계가 끊어졌으나 하나님은 모든 인류를 자기와 사랑의 관계를 맺게 하시려고 하던 본래의 목적을 버리지 않으셨고, 사람들로 하여금 이 땅 위에서 중요한 역할을 수행하게 하시려던 본래의 목적도 버리지 않으셨다. 왜냐하면 사람은 하나님의 자녀로 온 우주를 통치할 그런 존재로, 또한 천사의 지위보다도 더 높은 지위를 갖게끔 지음을 받았기 때문이다. 그런데 아담의 범죄 후 이와 같은 지위가 실현이 되지 못하고 있었으므로 그 본래적인 지위를 수행할 수 있도록 하기 위해 많은 사람 가운데 한 사람 아브라함을 택하셔서 모든 사람이 아브라함의 후손으로 그 본래적인 지위를 찾게끔 하셨다. 아브라함의 후손 가운데 이스라엘이라는 나라가 세워졌으며 이스라엘 백성은 어떤 의미에서 하나님의 구원의 계획을 수행키 위해 택함을 받은 백성이다.

출 19:4-6에 이렇게 나타나 있다. "나의 애굽 사람에게 어떻게 행하였음과 내가 어떻게 독수리 날개로 너희를 업어 내게로 인도하였음을 너희가 보았느니라. 세계가 다 내게 속하였나니 너희가 내 말을 잘 듣고 내 언약을 지키면 너희는 열국 중에서 내 소유가 되겠고 너희가 내게 대하여 제사장 나라가 되며 거룩한 백성이 되리라. 너는 이 말을 이스라엘 자손에게 고할지니라."

애굽에서 이스라엘 백성을 구원하신 목적은 이스라엘 백성이 온 나라에 대해서 제사장 나라가 되게 하기 위함이었는데 이 제사장의 사명은 하나님의 명령을 그대로 준행하는 일이었다. 제사장의 나라가 된 이스라엘 백성은 선교적 사명을 수행키 위해서는 하나님과 맺은 계약을 존중해야만 했다. 이 사역을 감당키 위해서 이스라엘 사람들에게는 제사장, 왕, 예언자 라는 특별한 직책이 주어졌다.

제사장은 하나님의 계명을 지키는 본을 보여 주고, 하나님과 백성과의 관계를 수행해 나가야 하는 직책이며, 왕은 하나님의 뜻을 따라 백성들을 다스려야 할 직책이며, 예언자는 백성들을 향해서 하나님의 부르심과 하나님의 뜻을 계속 전해주고 상기시켜 주는 직책이다. 그런데 이스라엘 백성들은 별로 심각하게 생각치 않았다. 하나님께서는 목이 곧은 것, 완악한 것을 늘 책망하셨다. 이 사람들이 하나님과 특수한 관계를 맺고 사역을 잘 수행토록 하기 위해 성령을 주셨다. 그러므로 이미 구약시대에 특수한 직책을 받은 몇몇 사람들에게 국한하여 제한된 기간 동안에 성령께서 이들과 함께 임재하였다.

구약의 예언자들 중에서 어떤 이는 성령께서 역사하실 미래에 대해 말하였다. 하나님께서 자기의 백성을 다 구원하셔서서 구원의 계획을 완성하시게 되는 그 날이 올 것이라고 했다. 하나님께서 가지고 계시는 이 종말론적 계획에는 무서운 심판으로 임하는 부정적 측면이 있고, 또 하나는 자기 백성을 구원해서 자기와 올바른 관계를 맺게 하는 긍정적인 측면, 즉 2 가지 측면이 있다. 모독을 당했던 하나님의 이름이 영광을 받게 될 그 날, 온 지구가 하나님의 영광으로 가득차게 될 날이 올 것이라고 했다. 그래서 모든 창조된 세계가 하나님의 아름다움과 영광을 드러내게 될 날, 즉 야훼 하나님 여호와의 날이 올 것이라고 했다. 요엘 선지자는 불과 연기와 같은 모양으로 임하는 종말론적인 사건을 기록하고 있다. 요엘 선지자는 예언하기를 그 때에는 모든 육체에게 자기의 영을 부어 주시며 젊은 사람과 늙은이들, 처녀와 부인들이 환상을 보며 성령이 임하는 것을 깨닫게 될 것이고 그 이전까지는 왕과 제사장, 선지자에게만 국한되었던 성령의 은사를 모든 사람들이 다 누리게 될 것이다 라고 하였다. 요엘 선지자가 말한 강력한 하나님의 임재와 하나님과의 교제를 다른 선지자들도 예언했다. 렘 31:31~33을 보면 옛날 계약 대신에 새로운 계약, 그들의 마음 속에 쓰여질 계약을 회복할 것이라고 했다. 외부적인 억압에서가 아니라 자발적으로 하나님의 뜻에 맞는 길로 행하게 될 것이라 했다. 겔 36:26 이하를 보면 하나님이 자기 백성에게 새 마음을 주실 것이라고 했다. 백성의 마음 속에 새 영을 부어 주셔서 하나님의 계명을 자발적으로 지키게 될 것이라 했다. 하나님이 특별히 자기 영을 부어 주신다는 사건은 이렇게 함으로 온 족속이 하나님을 알게 된다는 중요한 의미가 있다. 이 종말론적인 성령의 사건은 결국 성령을 부어 주시므로 하나님의 백성을 무장시켜서 제사장적인 사명을 온 세계에 감당할 수 있게 하기 위한 것이므로 결국 선교적인 의미가 이미 내포되어 있다.

이와 같은 종말적인 예언의 사건이 왕이시고 제사장이신 예수님이 오신 사건에 의해 이루어졌다. 구약은 메시아가 자기 백성을 구원키 위해 또 주님의 권위를 가지고 다스리기 위해 오시며, 하나님의 명령을 충성되게 실천키 위해 오신다고 분명히 기록하였다. 그리고 이 모든 일은 성령의 사역을 힘입어 이룩하실 것이라 하였다. 구약이 이렇게 예언한 종말론적 사건에는 두 인물과 두 가지 사건을 나타내고 있는데 하나는 메시아 예수님이 오시는 사건과 다른 하나는 성령을 부어 주시는 성령의 사건이다. 예수님과 성령 이 두분이 타락한 이스라엘을 하나님과 다시 회복시키시는 일을 완성하실 것이다라고 했다. 세례 요한은 "나는 회개의 세례를 물로 주고 있거니와 내 뒤에 오시는 이는 성령과 불로 세례를 주리라"고 외치면서 이미 이 두 가지 종말론적인 사건을 내다보면서 자신이 불붙고 있었다. 즉 메시아에 의해서 그리고 성령에 의해서 이루어질 종말론적인 사건을 내다보고 있었다. 성령의 일반적인 사역과 구분되는 특별사역이 있다는 것을 내다보고 있었다. 이 사건은 우리에게 성령이 특별하게 임하신 그전의 역사와 그후의 역사를 구분해야 된다는 것을 보여준다.

예수님이 오심으로부터 성령의 사역이 시작된다는 것을 생각해 보자. 사 11:4 이하의 말씀, 또 사 61:1-2 말씀에서 오시는 메시아를 묘사할 때 성령을 충분히 받아서 성령의 사역을 수행하는 분으로 묘사하고 있다. 또한 다른 사람에게 성령을 전달하고 소개하는 그런 사역을 하신다고 했다. 세례 요한이 그가 성령으로 세례를 주리라고 하신 그 말의 뜻과 같은 뜻이다. 성령과 예수님과의 관계는 예수님의 전 생애를 통하여 잘 나타나 있다. 예수님은 성령에 의해 잉태되셨고 자랄 때도 성령의 지혜 가운데 자라나셨다고 했고 공생애 시작시 세례를 받을 때 성령이 비둘기 같이 임하였다. 또한 성령에 이끌리어 광야로 가서 40일 동안 시험을 받으셨다. 그리고 그의 부활에 있어서 성령의 강한 역사가 일어났다. 요 14, 15, 16장에 나타난 예수님의 마지막 고별 메세지에서 예수님은 자신이 가신 다음에 그들에게 다른 보혜사를 보낸다고 했다. 이 보혜사란 뜻은 위로하는 자, 또한 무얼 내세우는 그런 분이라고 번역된다. 내 자리를 대신 채우기 위해서 누구를 대신 부른다는 뜻이다. 먼저는 예수님의 말씀과 그의 사역을 돕고 그것을 계속 수행키 위해서 예수님 자리 대신에 오신 분이다. 그리고 또 계속해서 예수님의 사역자들인 그 제자들을 돕고 일을 하게 하기 위해서 오신 분이다. 제자들로 하여금 예수님의 말씀을 생각나게 하도록 하시며 그들이 예수님과 관계를 끊은 것이 아니라 그들 가운데 계신다는 것을 가르쳐 주시는 그런 사역을 하시는 분이다. 성령님은 세상의 사람들로 하여금 자기의 죄와 불의를 깨닫고 그들이 죄인이란 것을 깨닫게 하시는 일을 하신다고 하였다.

그러므로 선교는 우리 인간의 어떤 가치의 힘에 근거치도 않으며 우리가 집어 넣을 수 있는 감정의 힘에 의존치도 않으며 우리의 논쟁의 지혜에 의존치도 않는다. 이 선교의 과업은 오직 생명을 주시는 성령님이 임재하실 때 이루어진다. 성부와 성자 하나님을 매우 밀접하게 연관해서 일을 하시기 때문에 우리는 성부와 성자 하나님을 분리해서 생각할 필요가 없다. 성령은 또 예수님을 영화롭게 하고 예수님의 말씀을 생각나게 하는 이런 밀접한 일을 한다. 실제로 사도 바울의 글을 보면 '그리스도 안에' '성령 안에' 란 말을 별로 구별없이 번갈아 쓰고 있다. 그런데 어떤 그룹은 성령만을 강조하여 그리스도 안에서라는 말을 생각 안하고 모든 것을 성령으로 생각하는 경우가 있다. 그러나 예수님이 승천하신 다음에 약속하신 성령을 아버지께 구해서 교회에 보내주시는 중매의 역할을 하신 것을 성경이 보여준다. 즉 성령의 사역은 언제나 예수님의 사역과 관련되어 이루어진 것을 성경이 보여준다.

이제 오순절 사건의 의미에 대하여 생각해 보자. 승천하시기 전에 예수님께서 제자들에게 약속하신 성령을 받을 때까지는 예루살렘을 떠나지 말라고 부탁하셨다. 마 28:19의 예수님의 마지막 명령은 "너희들은 가라"였으나 무조건 가면 안된다고 누가는 말하였다. 이 명령을 실제로 수행키 위해서는 실제로 수행할 수 있는 준비, 즉 성령을 받는 일이 필요했다. 그래서 제자들은 예수님의 명령에 순종해서 예루살렘에 모여서 기도하면서 성령의 강림을 기다렸다. 행 2장은 성령이 임하신 것을 묘사한다. 성령 강림에 대한 여러가지 해석이 있다. 어떤 신학자들은 제자들로 하여금 어느 기간 동안 방언을 하게 하기 위해 성령을 부어 주셨다고 해석한다. 행 2장에 성령의 감동을 받은 여러 나라에서 온 사람들이 사도들이 말할 때에 말의 내용을 자기 나라의 말로 알아 들었다고 기록하고 있는데 히브리 말을 알고 또 희랍 말을 조금 아는 그 제자들이 온 나라에 가서 복음을 전파할 수 있게 하기 위해서였다고 해석한다. 또 어떤 신학자들은 교회의 보편성을 드러내 주기 위해서 성령을 부어 주었다고 해석한다. 즉 이 기적적인 사건은 복음이 온 나라 끝까지 퍼지도록 결정된 사건이었다고 말한다. 또 다른 신학자들은 성령께서 제자들에게 강림하셔서 준비를 시키므로 자기 사명을 감당케 하기 위한 것이라고 해석한다. 사도행전에 기록된 모든 관련된 활동을 시작하신 분이 성령 자신이라고 한다. 이 성령께서 선교의 메세지를 들고 가는 사람에게 중요한 역할을 했다. 그 말씀을 가지고 가는 사람에게 권위있게 말씀을 할 수 있게끔 하셨다. 또한 선교의 메세지를 듣는 사람에게도 중요한 역할을 했다. 즉 말씀을 듣는 사람의 마음이 열려 깨달을 수 있도록 하였다고 한다. 이 견해는 참으로 옳은 견해이다.

 그러나 하니부호라는 사람은 이 성령의 강림은 인간 역사에 새로운 장을 여는 획기적인 일을 시작하셨다고 지적했다. 즉 요엘 선지자의 말과 사도행전 2장에 인용된 말 가운데 하나님과 분리되었던 인간들이 하나님의 부르심을 무디어서 듣지 못하고 있던 옛 세대가 다 지나가고 하나님과 새로운 관계를 맺게 될 새 시대가 열려질 것이 예고 되었는데 이것은 성령의 강림으로 새 역사의 장이 열려질 것을 말한다고 지적했다. 이와 같은 하나님과의 관계의 회복이 처음에는 예수님의 부활의 사건으로 시작하고 그 다음에는 온 나라에 복음을 전하는 일로 시작한다. 그리고 그 부활의 열매들로 사람들이 중생해서 하나하나 깨어나므로 새로운 관계가 이루어지기 시작한다. 마지막에는 온 우주를 변혁시키는 성령의 결정적인 사역으로 역사가 끝날 것을 말한다. 나는 성령 강림의 의미에 대한 이 견해가 가장 정확하고 충실한 의미라고 생각한다. 성령의 강림은 우리 역사에 대한 새로운 극적인 일이 시작된 것을 보여주는 것이라 할 수 있다. 성령의 임재는 우리들 뿐만 아니라 하나님의 세력에 대적하는 악한 세력들까지도 인식하고 있다. 사람들은 악한 세력에서 벗어날만한 힘을 부여받지 못하였으므로 이 악한 세력의 노예로 지금까지 살고 있었다. 그러나 하나님의 영이 우리에게 부어졌기 때문에 악한 세력을 짓밟고 승리할 힘이 부여되었다. 성령이 강림하신 이후부터 이 세상에는 하나님의 영계와 마귀의 영계간의 심각한 투쟁이 생기게 되었다. 이 영적인 투쟁을 엡 6장이 잘 묘사하고 있는데 사도 바울은 우리가 영적인 무장을 해야 될 것을 말하고 있다.

  선교에 있어서 성령이 하시는 일이 구체적으로 무엇인가 생각해 보자. 하니부호와 로렌드 앨린이 지적한대로 사도행전에 나타난 모든 선교활동은 성령이 주도권을 가지고 시작하셨다. 사도행전은 사도들의 행전이란 말이다. 그러나 사도행전의 내용을 정확히 기술한 말은 아니다. 사도행전의 28장, 전 장에 기록된 모든 활동이 다 사도들의 행전은 아니다. 그러므로 '사도들을 통한 성령의 행전' 이렇게 이름을 지었으면 좋겠다. 사도들은 자기 자신의 권위에 의해서 무슨 일을 하지 아니했다. 그들은 스스로 무엇을 결정한 일이 없다. 항상 성령이 하시는 그 말씀에 귀를 기울여서 성령이 하시는 일에 항상 민감하게 대처하여 거기에 근거해서 한 것 뿐이다. 모든 중요한 사건들은 예외가 없이 성령이 역사해서 하신 것이다. 사도들의 방향을 결정케 하고 그 방향과 사명을 수행케 하신 분이 성령이시었다. 때로는 사도들이 생각하기 전에 성령이 간섭해서 그들을 지도했다. 어떤 때는 베드로에게 "고넬료에게 가라" 하신 것같이 마음 속에 성령이 임해서 이쪽으로 가서 누구를 만나서 무슨 일을 하라고까지 지시했다. 또 어떤 경우에는 성령이 무어라고 말하고 지시하는가를 알기 위해 조용히 기다렸다. 이와 같은 일은 행 13장에 기록된 안디옥 교회에서 일어났다. 교사들이 장로들과 함께 모여서 기도하며 기다리고 있을 때에 성령이 "저들을 보내라"고 지시하셨다. 이와 같이 사도들이 비록 주님으로부터 온 천하에 가라는 최후의 명령을 받았음에도 불구하고 그들은 자기 스스로 결정을 해서 나간 것이 아니라 성령의 지시를 따라서 그 지시를 수행하는 도구가 되어서 주님의 마지막 명령을 수행하게끔 되어 있었다. 마르틴 케일만이라는 사람은 마 28장의 대위임명령과 성령강림과의 관계를 연결시켰다. 마 28장에서 행군의 명령을 받았으나 성령의 날마다의 인도를 따라 어떤 길로 행군해야 될 것인지를 지시를 받게 된다고 했다.

성령께서 간섭하시는 일에 대하여 중요한 사건 몇 가지 예를 살펴보자. 행 4장에 사도가 붙잡혀 왔을 때 산헤드린 공회 앞에서 답변하기 전에 성령의 충만을 받아서 말하게 되었다고 했다. 예수님을 부인하고 산헤드린 지도자 앞에서 숨으려고 했던 사람을 그 지도자 앞에서 담대하게 주님을 증거하게 하셨다. 행 6장에 초대교회가 과부들에게 주어진 사회적인 봉사일 때문에 최초로 내적인 문제에 봉착케 되었다. 헬라파 유대인들이 자기들에게 구제가 주어지지 않은 것을 불평했다. 여기에 인종적인 문제가 일어났다. 사도들은 성령의 지시를 받아서 교회 안에 질서가 세워져야 하겠다는 필요를 느껴서 이 일로부터 사역이 분리되기 시작했다. 사도들은 전적으로 말씀 봉사에 임하고 사랑의 사역을 수행할 일곱 집사를 선택케 되었다.

그런데 중요한 것은 집사의 사역을 감당할 사람들의 자격이 지혜와 성령이 충만한 자들이어야 했다. 사도들이 기도했을 때에 누구를 선택해야 될 것인지를 성령이 가르쳐 주었다. 행 8:26의 집사 빌립이 성령에 의해 보내심을 받아 에디오피아 내시에게 간 사건을 통해 성령께서 우리에게 누가 하나님의 말씀을 받을 자인 줄을 내적으로 가르쳐 줌으로써 알 수 있다는 것을 보게 된다. 그리고 내가 이해치 못한 이사야의 글을 가르칠 수도 있다는 것을 보게 된다. 즉 성령님이 성경을 해석하시는 하나님의 해석자이다.

기독교 선교의 위대한 이야기가 행 10장에 나온다. 유대인과 이방인 사이에 장벽이 깨어지는 일이다. 베드로가 모든 더러운 동물이 섞여 있는 보자기의 환상을 보았다. 그 환상은 이방인들의 죄악을 가리키는데 이제는 그들의 죄도 예수님의 피로 사함을 받았기 때문에 다 하나가 되었다는 것을 보여준 것이다. 그러나 베드로는 할 수 없이 마지못해서 이 성령의 지시에 순종하였다. 베드로가 고넬료의 집에서 성령께서 그들 가운데 임재하셔서 그들이 기도할 때 방언을 말하도록 은혜를 베푸심을 보고 그가 가졌던 생각이 다 깨어졌다. 성령은 이스라엘 백성에게만 주어지는 것이 아니라 보편적으로 모든 사람들에게 주어졌다는 사실을 깨닫게 되었다. 이와 같이 성령이 오신 후부터만이 구원의 역사가 현실화되고 실제화 되었다는 사실을 알 수 있다.

행 13장에서 볼 수 있듯이 안디옥 교회에 선지자들과 교사들이 성령의 새로운 지시를 받기 위해서 금식하며 기도했다. 그럴 때 성령이 오셔서 "바울과 바나바를 보내라. 내가 그들에게 사역을 맡겼다"라고 그들의 입에 분명한 지시를 주었다. 만약 그 교회 지도자들에게 자발적으로 일을 결정하라고 맡겼다면 결국 오늘과 같은 결론에 도달치 못했을 것이다. 당시 안디옥은 매우 큰 도시였고 교인들은 매우 적었으며 그 도시를 복음화하기 위해 할 일이 많았다. 또한 바울과 바나바는 안디옥 교회의 가장 훌륭한 지도자였었고, 그들의 사역이 매우 중요한 시기였다. 이런 때 이 두 사람이 다른 곳으로 간다는 것은 교회를 절망상태로 몰고 가는 일이라고 할 수 있었다. 그러나 성령께서는 실수하지 않았다. 성령은 예수님이 주신 2대 위임 명령을 수행할 수 있도록 사람들을 격려하고 보냈다. 성령께서는 안디옥 교회가 이 두 사도를 잃는다고 해서 어려운 일을 당치 않을 것을 미리 아셨다. 사실 이 두 사도로 말미암아 나타난 놀라운 축복이 마지막으로는 안디옥 교회의 축복이 될 것을 아셨다.

행 15장에서 중요한 논쟁이 벌어졌다. 교회의 모든 통일이 깨어질 위기에 있었다. 예루살렘 교회는 아직까지 모태에서 주어진 유대의 그 의식습관을 그대로 지키고 있었다. 하나님과의 계약의 관계를 맺으려면 할례를 받아야 한다고 하였다. 그러나 사도 바울은 이방 선교에 있어서 이 구약의 전통을 많이 배제했다. 이와 같은 일을 유대인은 못마땅하게 생각했다. 그래서 첫 기독교 대회를 열었다. 기도와 많은 언쟁이 계속되었다. 결국 많은 기도와 토론을 통해 사도 바울에게 주어진 그 특수한 사역과 예루살렘 교회에 주어진 사역과의 구분을 인정케 되었다. 결론에 도달한 것은 민주주의적인 토론에 의한 결정의 방법이 아니었다. 28절에 있는대로 주님을 기쁘시게 하고 성령을 기쁘시게 하기 때문에 이와 같은 결론에 도달케 되었다. 성령이 부정적인 방법으로 우리를 인도하시는 방법도 있다. 행 16장을 보면 사도 바울이 아시아에서 전도하기를 원했는데 성령이 그것을 막았다.

그러므로 우리에게 주시는 교훈은 예수님의 대위임명령, 이것만을 붙잡고 무슨 일을 구체적으로 내 마음대로 하면 되는 것이 아니라는 것이다. 어떤 나라를 언제 복음화해야 될 것인가를 잘 판단해야 한다. 즉 문을 열게도 하시고 닫게도 하시는 성령의 지시에 전적으로 의지해야 된다는 것을 가르쳐 준다. 어떤 때는 우리가 가기를 원하는데 성령이 문을 닫으시기도 하고 또 나름대로 주님의 뜻이라고 생각하고 나아가는데 성령이 막으실 때가 있다.

나는 젊었을 때에 내가 동독 출신이므로 그곳에서 사역을 해야 되겠다고 생각했다. 그러나 1955년 베를린이 꽉 막혀서 더 이상 그 곳으로 들어갈 수 없게 되자 매우 실망을 하였다. 그때 바로 나의 은사가 나에게 세계 선교에 대한 환상을 보여 주었다. 내 인생관이 달라지게 되었다. 스웨덴에서 아프리카 선교를 원하던 아내를 알게 되었고 우리 두 사람은 동독으로 가는 대신에 주님의 명령을 따라서 아프리카로 가게 되었다.

성령은 늘 우리의 가슴을 움직이고 맥박을 뛰게 하시며 일을 수행토록 능력을 주시며 또 일을 수행할 수 있는 길을 보여 주시며 중요한 결정을 하게끔 도와주시며 아주 어려운 형편에서도 입을 열게 하시는 분이다. 그리고 교인들에게 성령을 부어 주셔서 조화를 이루도록 하시며 듣는 사람들 속에 역사하시며 사람의 설교를 통해서 하나님의 목소리를 듣도록 역사하시는 분이다. 하나님의 숨겨진 비밀 가운데서 구원의 경륜을 수행하시는 분이 성령이다. 성령은 역사 가운데서 일하셨다. 사도시대는 물론이거니와 지금도 복음의 문이 열리게 하기 위해서 세계의 역사적 사건들을 지배하시는 분이다.

기독교 선교에 있어서 사역이 이렇게 중요하다면 이 성령을 어디서 발견할 수 있는가? 사도시대에는 직접 계시와 간접 계시를 통해 역사하셨다. 어떤 때는 도무지 기대하지 못했던 방법, 즉 환상이나 꿈을 통해서, 어떤 때는 체험들 가운데서, 어떤 이상한 현상을 보여줌으로 역사하였다. 성령은 또한 교인들로 하여금 기도와 금식을 하게 함으로써 역사하였다. 우리는 늘 성령께서 우리 가운데 임재하시도록 바라고 기도해야 된다. 성령은 선교사나 설교자가 전하는 그 말 가운데 역사하신다. 하나님의 말씀은 불처럼, 돌을 쳐부수는 망치와 같이 역사하신다. 물론 이 말이 모든 설교에 다 해당되는 말은 아니다. 우리의 인간적인 처지, 우리의 컨텍스트에만 관심을 두는 컨텍스트화된 그런 설교의 말이 망치와 같고 불과 같다는 것은 아니다. 오직 살아계신 하나님의 말씀을 전할 때에만 그렇게 된다는 것이다.

또 성령은 하나님께서 제정하신 은혜의 수단, 은혜의 방편을 통해서 역사하신다. 베드로의 설교를 들은 예루살렘의 많은 청중들이 "어찌할꼬" 할 때에 그가 말하기를 "회개하고 주 예수를 믿으라 그러면 성령을 받으리라"고 하였다. 또한 사도가 직분을 맡은 사람들 위에 손을 얹고 그들을 위해 기도할 때 성령이 임하였다.

마지막으로 성령은 우리 속에 거하신다. 그리스도인이라는 것은 주님을 영접하고 그 속에 성령이 거하시게 하는 사람이라고 할 수 있다. 우리는 성령이 거하시는 성전을 위해서 택함을 받은 사람들이다. 개인개인에게만 적용되는 것이 아니라 교회 자체가 하나님이 거하시는 성전이 된다. 그러므로 우리가 함께 모여 기도하면서 주의 일을 할 때에 우리는 성령의 사역을 수행케 된다. 우리가 또 하나 기억해야 될 것은 우리가 말씀을 전할 때에 성령께서 믿지 않는 그 사람들의 마음 속에 역사하셔서 그들의 마음을 열리도록 하며, 주님을 영접하기를 원하는 소원을 그들에게 준다. 그리고 마음이 강퍅하여 말씀을 거부하는 사람들의 마음 속에도 성령이 역사하셔서 주님이 오시는 날 받게 될 심판을 그들이 암암리에 인식하게 만든다. 그러므로 우리는 말씀을 전할 때에 말씀을 거절하는 사람이 성령에 의해서 마지막 날 심판을 받게 될 그 무시무시한 사건에 대하여 분명히 이야기해야 된다. 이렇게 우리가 성령에 대하여 알고 이해하는 것보다도 더 중요한 것은 개인적으로 살아계신 성령님을 체험하고 모시는 일이다.

한국교회가 힘차게 자라는 비결의 하나는 성령님을 체험하고 모시고 있기 때문이다. 이제 개신교 100주년을 맞는 한국교회가 100주년이 될 때에 성령께서 특별하게 역사하셔서 한국 전체가 복음화될 뿐 아니라 선교의 사역을 감당할 수 있게 되기를 기도하기 바란다.

고마우신 하나님 아버지!
부활의 사건이 우리의 선교의 기초가 되는 사실과 십자가에서 죽으신 십자가의 대속의 사건이 선교의 핵심이 되는 사실과 선교를 수행케 하시는 분이 우리 자신이 아니라 성령님이심을 오늘도 말씀을 통해서 가르쳐 주신 것을 감사합니다. 주님이 마지막 주신 그 명령을 성령님의 인도를 따라서 순간순간 걸어가면서 준행할 수 있도록 하나님이 역사해 주시옵소서. 오늘도 전파된 이 말씀이 열매를 맺힐 수 있도록 하나님이 축복해 주시옵소서.
예수님의 이름으로 기도합니다. ―아멘―

4. 선교의 목적 : 종말

우리는 선교의 기초를 주님의 영화로운 부활, 우주에 높이 들려서 우리를 다스리는 주님의 부활에 두었다. 그리고 선교의 내용은 그가 이룩한 구속의 열매를 인류에게 전하는 것이다. 이와 같은 일을 능력을 가지고 수행하시는 분은 성령이다.
1950년대 새로 발견한 진리의 하나는 기독교 선교가 종말론과 어떻게 밀접히 관련되어 있는가에 대한 사실이다. 기독교 선교가 이전에는 종말론을 중요하게 인식치 못했다. 특히 에큐메니칼적 선교신학은 이 세상에서 일어난 일에만 관심을 많이 지닌 나머지 종말론적 완성을 아주 잊어버리는 경우가 많이 있었다. 국제선교 대회가 열릴 때마다 독일에서 온 신학자들이 종말론의 중요성을 지적하고 하였다. 라이터프라이터 교수는 선교는 종말론과 관련시켜서 늘 생각해야 된다고 강조했다.

종말론이란 말의 의미를 어떻게 이해하느냐에 따라 현대 선교신학에 있어서 다양한 견해가 생긴다. 종말론의 세 가지 중요한 요소를 어떻게 이해하느냐에 따라 종말론의 내용이 달라지곤 한다.

첫째, 예수님이 대속을 이루기 위해서 오신 초림 자체가 종말론적인 사건이라고 성경은 가르친다.

둘째, 성령을 부어주신 사건을 또한 종말론적 사건이라고 성경은 가르친다.

셋째, 종말이 아직까지 미래에 속했다고 가르친다.

이 셋 중에서 어떤 것을 강조하느냐 즉 이미 이루어진 사건을 강조하느냐 혹은 진행 중인 과정으로써의 종말론을 강조하느냐 아니면 앞으로 올 미래적인 종말론을 강조하느냐에 따라 종말론의 내용이 달라진다. 이 셋 중에 한 가지만을 강조하는 극단적인 견해도 있고 이 셋을 다 조화시키려는 견해도 있다. 그러나 이 3가지 요소를 성경이 가르치는 교훈에 따라서 조화를 시키면서 강조하는 견해가 바른 종말관을 말할 수 있다고 생각한다. 도드(C. H. Dodd)는 모든 종말론적인 요소가 현재에 이루어지고 있다고 강조한다. 그는 예수님이 말씀하신 모든 비유의 내용은 이미 우리가 누리고 있는 것이라 했다. 이 견해의 약점은 미래 종말론적인 측면을 무시한다는 것이다.

샤르뎅의 종말론은 역사의 진행 과정에서 이루어지고 있다고 지적했다. 그는 진화에 많은 관심을 가진 과학자이기도 한데 역사의 발전과정은 정교하게 형성되지 않은 상태에서 모든 것들이 점점 정교하게 형성되어 가면서 역사가 완성되어 간다고 했다. 그의 이러한 사상은 제2차 바티칸 공의회를 통해 로마 카톨릭에 많은 영향을 주었을 뿐 아니라 개신교 신학자들에게까지도 많은 영향을 주었다.

또한 여호와의 증인과 같은 종파가 대표하듯이 미래만을 강조하는 그런 견해도 있다. 예수님께서 완성하신 그 역사를 강조치 않고 영광스런 미래만을 강조하는 묵시적 환상에 사로잡힌 견해이다. 그러나 성경이 가르치는 이 3가지 견해에 대하여 적당한 해석을 잘 조화시키므로 옳은 종말관을 가질 수 있고 그러므로 우리는 하나님이 자기 구원의 계획을 한걸음 한걸음 진행시켜 나가고 있다는 것을 깨달을 수 있다.

그러면 이 3가지 견해 즉 하나님의 구원의 계획을 잘 설명하는 성경적 종말론을 생각해 보자. 신학자 오스카 쿨만이 그의 책 「그리스도와 시간」에서 예수님이 오시므로 구약이 예언했고 바라보았던 구원의 일이 완성됐다는 것을 강조한다. 이 대속의 사건으로 분리된 거룩하신 하나님과 죄를 지은 인간과의 사이를 화목시키는 일을 십자가 위에서 이루셨다. 예수님의 구속의 사건으로 십자가 위에서 하나가 되게 하셨다. 특별히 부활의 사건으로 말미암아 새로운 생명이 주어지게 되었다. 성령에 의해서 믿는 자에게까지 주시는 이 새로운 생명이 이미 부활하신 주님의 몸 속에서 구체적으로 나타나게 되었다. 요엘의 예언이 지적한대로 성령이 강림하신 일은 중요한 종말론적인 사건이다. 예수님이 오신 사건과 성령이 강림하신 그 사건은 이 세대를 둘로 갈라놓는, 옛 세대와 새 세대를 갈라놓는 획기적인 사건이다. 그러나 이와 같은 사건은 겨자씨의 비유에서 가르친대로 하나의 시작에 불과하다. 그러므로 예수 그리스도의 교회는 역사를 가지게 된다. 예수님의 승천도 다 끝나는 것이 아니라 교회 역사의 시작에 불과하다. 승천과 예수님의 재림 사이의 기간 동안에 모든 믿는 자들은 함께 모여 교회를 이루게 된다. 구원이 모든 사람들에게 주어지는 그런 기간이다. 선교사가 믿지 않는 사람에게 가서 복음을 전할 때에 그 복음을 전하는 사건은 이미 중간 기간에 속한 하나의 종말론적인 사건이다.

세번째의 종말론적인 사건은 주님의 능력과 영광으로 오실 때에 완성이 되는 재림이다. 사도 바울이 롬 8장에서 우리는 구원을 받기는 받았지만 소망 가운데 받았다는 그 말이 보여 주듯이 우리의 구원은 재림때에 영적으로, 육적으로 완성되고 실현되어진다. 우리가 앞으로 도래할 종말의 완성을 바라보며 살 수 있게 하는 하나의 방법은 성령께서 우리 안에 거하셔서 우리의 몸과, 고통 가운데의 온 우주가 그날이 온 영광 가운데 변화될 것을 가르쳐 주는 것이다.

이와 같은 구원의 마지막 완성을 바라보며 기대를 가지고 산다는 것은 우리가 이 세상에서 할 일이 제한되어 있다는 것을 말해 준다. 우리의 소망의 성격이 어떠해야 될 것인지를 보여준다. 이 3가지 종류의 종말론의 성격은 신약에 나타난 하나님의 나라를 이해하게 되는데 열쇠가 된다. 멜버른 대회가 취급했던 '나라에 임하시옵소서'라는 계명을 통해서 우리는 그 대회가 하나님의 왕국에 대한 참 모습을 알지 못했다는 것을 보았다. 그 대회에서는 하나님의 왕국이 여러 차원으로 되어 있다는 것을 몰랐다. '크리스토 스탠달' 이라는 사람이 이 대회에서 왕국에 대한 중요한 개념을 제시했는데 그는 예수님께서 하나님의 왕국이 무엇이라고 의미했는지에 대해 즉 실현된 왕국을 의미했을까 또는 앞으로 올 왕국을 의미했을까에 대해 많은 연구를 했으나 분명한 이론적 해결은 너무 복잡하기 때문에 할 수 없고 그저 '나라가 임하옵소서' 라고 기도하면서 최선을 다하면 된다고 했다. 이와 같은 입장은 너무 얄팍하고 피상적이고 잘못된 것이다. 성경이 가르치는 하나님의 왕국에 대해 깊이 연구를 하면 보다 더 정확한 결론에 도달할 수 있는데 성경이 가르치는 왕국은 여러 차원으로 되어 있다. 즉 현재적인 차원, 미래적인 차원 등으로 되어 있다. 분명한 하나의 목적점을 향하여 움직여 가는 역동적인 성격의 왕국인 것을 알 수 있다. 이 왕국은 예수님이 나타나시는 그 순간부터 실현되기 시작했는데 그는 메시아요 그 왕국의 주인이시기 때문이다. 지금 현재는 교회가 더욱 크게 성장하므로 신비한 방법으로 왕국이 자라나는 기간이며 믿음으로 부활하신 주님이 통치하시는 사실을 인식케 되는 기간이다. 교회가 빛과 소금의 기능을 감당하면서 이 세상에 하나님의 왕국이 지금 실현되었다는 것을 보여줌과 동시에 또한 마지막에 주님께서 자기의 왕국을 높이 세우시기 위해 오실 때에 완성될 것을 바라보게 된다.

이 3가지 측면에서 종말론이 기독교 선교에 어떻게 관련이 되는가? 이와 같은 관점에서 볼 때 선교사가 이방 나라에 가서 선교하는 사건은 하나님 나라를 가져오게 하는 직접적인 활동이라기보다는 간접적인 우회적 활동이라고 말할 수 있다. 예수님이 오셨을 때 그를 따르는 많은 사람들은 메시아 왕국의 도래에 대한 뜨거운 열망으로 가득차고 있었다. 세례 요한이 하나님 나라가 도래했다고 선포할 때, 예수님 자신이 "회개하라 하나님의 나라가 가까이 왔다"고 선포했을 때 사람들은 메시야적 왕국의 완성에 대하여 더 뜨거운 기대와 열망을 가지게 되었다. 그들의 이와 같은 기대는 이사야 선지자의 글에 근거하고 있었는데 메시야가 오시면 모든 것이 완성되고 변화될 것이라는 기대에 꽉 차 있었다. 예수님께서 제자들을 이스라엘 동네에 내보내시면서 "모든 동네에 다 가기 전에 인자가 오리라" 하는 말을 했다. 이와 같은 말을 들을 때 백성들은 몇주일 이내에 아마 왕국이 완성될 것이라는 더 뜨거운 기대에 넘치게 되었고, 제자들은 그들에게 주어진 능력을 가지고 이적까지도 행하며 귀신들이 쫓겨나는 것을 볼 때 아주 자신이 만만하였다. 그러나 온 세상에서 악이 없어지고 정치적인 불의가 없어지는 그런 완전한 변화가 아직 일어나지 않았다. 그래서 현대 학자들은 예수님이 결국 실수를 범했다고 결론을 지었다. 슈바이쩌 같은 사람은 예수님은 너무 근시안적으로 종말론이 이루어진다고 생각한 잘못을 범했다고 했다. 예수님이 제자들을 보냈는데도 아직 왕국이 실현되지 않으니까 마지막으로 내가 예루살렘으로 가서 죽음을 통해 아마 왕국이 완성될 것이다라는 기대에 차있었다고 했다. 예수님이 이 마지막 방법을 다해 보았지만 왕국이 완성되지 않았으므로 슈바이쩌는 말하기를 이와 같은 예수님의 계획은 다 실패로 돌아갔고 그와 같은 생각은 당시 유행하던 종교적인 하나의 생각을 대표한 것 뿐이지 이것이 다 옳은 것도 아니고, 우리에게 해당되는 것도 아니다라고 했다. 슈바이쩌는 결론짓기를 하나님의 왕국은 이 세상 정치 형태로 오는 것이 아니라 우리들 마음 속에 윤리적인 측면으로 이루어지는 것이다 라고 결론지었다. 그는 진정한 의미에서 종말론의 한 부분을 다 제거해 버리고 말았다. 멜버른 대회에서 나타난 사회적인 복음을 주장하는 입장도 많은 경우에 이와 같은 자유주의적인 사상의 영향을 입고 있었다. 그러나 이것은 신약을 잘못 이해하는 결과이다.

예수님은 자기의 처음 사역은 이스라엘 백성에게 가는 것이라고 알고 계셨으며, 그 왕국은 이스라엘 백성에게만 제한된 것이 아니라 모든 나라에 해당되리라는 것을 알고 계셨다. 그런데 이러한 일들이 신비적인 방법으로 이제 이루어진 것을 보는데 유대인들이 그 왕국을 거절하므로 이방으로 나갈 수 있는 길이 넓게 열려진 사실이다.

  행 1장에 보면 이제야말로 하나님의 왕국이 도래할 것이라는 착각을 하고 있었고 지금이야말로 다윗의 왕국을 회복할 때니이까? 물었다. 그러나 거기에 대한 대답은 너희들이 알 것은 하나님의 정한 때에 대한 것이 아니라 그냥 증인이 돼서 온 땅 끝까지 증거하라는 것이었다. 이와 같은 형태로 사도 바울이 행동했다. 그는 예수님이 하던대로 먼저 자기 동족에게 회당에 가서 전도했는데 그들은 받지 않았고 반대와 쫓김과 박해를 받았다. 사도 바울은 말하기를 하나님의 섭리 가운데서 복음이 너희에게 먼저 전해졌지만 너희들이 그것을 받지 않으므로 이방으로 간다고 하였다. 사도 바울은 이와 같은 상황에 처할 때 그 참을 깨닫지 못했으나 그는 마침내 하나님의 일하시는 신비가 이와 같은 일 가운데 있다는 것을 깨닫고 롬 9~11장을 기록했다. 하나님의 구원의 선물을 유대인들이 거절하는 그 사건까지도 하나님이 사용하셔서 이방인에게 도움이 되게 하셨다는 신비를 발견했다. 즉 오늘날까지도 하나님을 믿기를 거절하는 강퍅한 유대인들이 있지만 이 사실이 하나님의 섭리 가운데 긍정적인 방법으로 이용이 된다는 사실이다. 이와 같은 일로 인해 본래는 축복을 받기로 예정되지 못했던 사람들이 축복을 받게 되었다. 만약 유대인들이 예수님의 메세지를 다 받아들였다면 아마 거기에서 하나님의 왕국이 이루어졌을지도 모른다. 그러나 유대인들이 다 믿게 될 때가 하나님의 왕국은 연기되었다. 그러나 하나님의 계약은 신실하기 때문에 자기 백성에게 약속하신 그 약속대로 유대인들이 다 돌아와서 예수를 믿게 될 때까지 있을 것이다. 그러나 유대인들이 계속 강퍅하여 복음을 거절하는 이 중간 기간이 적극적으로 이용돼서 이방인 전도에 사용될 것이다. 이와 같은 중간 기간에 복음이 이방 나라에 전파되게 되므로 잠시동안 유대인들은 하나님의 은혜에 참여치 못하게 됨과 동시에 이방인들은 구원을 얻게 되는 은혜의 기간이 된다. 그러므로 이 기독교 선교는 하나님의 왕국을 도래시키는 하나의 우회적인 방법이라 할 수 있다. 이방인들에게는 제한된 은혜의 기간이 있는데 이 기간이 유대인의 운명과는 관련이 되어 있다.

'저희가 칼날에 죽임을 당하며 모든 이방에 사로잡혀 가겠고 예루살렘은 이방인의 때가 차기까지 이방인들에게 밟히리라'는 눅 21:24의 말씀은 이스라엘에 임한 역사적인 심판을 말하는 것이다. 예루살렘의 온 도시가 망하고 유대인들이 유리 방황하며 계속해서 기독교에 대해 반항하는 강퍅함을 말한다. 이와같은 유대인에게 임한 심판은 다른 방면으로는 이방인에게 선교의 문이 열리게 되는 적극적인 방법으로 사용이 되나 이방인에게 주어진 은혜의 기간은 영원한 것이 아니라 정해져 있다. 이방인들이 복음을 다 듣게 될 때에 구원의 계획이 다 완성되는 때가 올 것이다. 선지자들이 예언한 이스라엘에 관한 모든 예언이 완성되어 이스라엘이 회복될 때가 올 것이다. 그러나 이 육체적인 측면에서의 이스라엘의 회복은 하나의 시작에 불과하다. 슥 12장과 그 후의 장들에 있는대로 이스라엘이 육체적으로 회복이 된다 하더라도 후에 무서운 재난이 올 것이라 했다. 모든 나라들이 예루살렘에 반항하며 이스라엘은 동맹국을 다 잊어버리고 인간의 경제적, 무기적, 무력적 도움이 다 끊어질 때가 올 것이라고 했다. 그 때야 비로소 강퍅해진 이스라엘 사람들이 주님을 바라보며 자기들이 못박았던 행동을 뉘우치며 크게 우는 일이 일어날 것이라 했다. 그 회개의 울음 가운데서 유대인의 개종이 이루어질 것이다. 그 때에 가서야 비로소 출 19장에 있는 예언대로 본래 유대인들에게 주어졌던 구원의 도구로서의 사명을 감당하게 되고 모든 나라들에 평화가 이루어질 것이다. 그때에 가서 이사야 2:2-4과 미가서 4장에 기록된 예언들이 이루어질 것이다. "말일에 여호와의 전의 산이 모든 산꼭대기에 굳게 설 것이요, 모든 작은 산 위에 뛰어나리니 만방이 그리로 모여들 것이라. 많은 백성이 가며 이르기를 오라 우리가 여호와의 산에 오르며 야곱의 하나님의 전에 이르자. 그가 그 도로 우리에게 가르치실 것이라. 우리가 그 길로 행하리라 하리니 이는 율법이 시온에게서부터 나올 것이요, 여호와의 말씀이 예루살렘에서부터 나올 것임이니라. 그가 열방 사이에 판단하시며 많은 백성을 판결하시리니 무리가 그칼을 쳐서 보습을 만들고 그 창을 쳐서 낫을 만들 것이며 이 나라와 저 나라가 다시는 칼을 들고 서로 치지 아니하며 다시는 전쟁을 연습지 아니하리라."

그러므로 하나님의 왕국의 도래와 온 나라의 평화는 이스라엘 백성의 회개에 달려 있다. 오늘날 U.N이 세계평화와 통일을 위해 노력하는 것은 허사이다. 왜냐하면 하나님이 자기 자신의 방법대로 세계평화를 이루시기 때문이다. 하나님이 육체적, 영적으로 이스라엘을 회복시키실 것인데 이 이스라엘 회복은 "온 나라에 가서 제자를 삼아 복음을 전하라"는 선교 위임령이 성취가 될 때를 기초로 하여 이루어질 것이다.

결국 이제 우리에게 주어지는 과제는 예수님의 마지막 선교이념을 충성스럽게 수행하는 것이다. 이렇게 될 때 하나님의 실질적인 인간 구원의 계획이 한걸음씩 실현되어지는 것이다.

마태복음 24:14에 선교가 무엇인지를 분명히 말씀하신 일이 있다. 선교의 과제는 종말론적인 사건으로 예수님이 다시 오실 때 종말이 이루어진다는 것을 전하는 것이다. 모든 나라는 다양한 권력구조 가운데 살고 있으나 어떤 나라에서는 통치자를 신격화하여 섬기는 경우도 있다. 인간 역사를 통해 볼 때 권력구조를 독재체재로 만들어 한 사람을 신처럼 숭배하는 일이 많이 있다. 선교의 과제 중 하나는 사람들에게 누가 참 통치자요, 참 왕이요, 누가 그들을 지배할 수 있는 구주인가를 보여주는 것이다. 그러므로 선교의 내용은 대항하고 반항하는 면이 있다. 인간을 우상화하는 것을 반대하는 반항적 요소가 있다. 거짓된 종교의 잘못을 지적하는 반항적 요소가 있다. 그러므로 이 선교의 메세지는 이 세상에서는 어디서든지 언제나 반대와 박해를 받게 된다. 이 세상의 모든 권력자, 독재자들 뒤에는 이 지상을 통치하는 마귀의 세력이 크게 작용하고 있으므로 선교는 언제나 대결을 해야 한다. 선교의 사역은 언제나 그리스도와 마귀와의 투쟁이 계속되는 마당에서 행해지는 것이므로 대개 경우에 선교 사역을 통해 복음을 완전히 받아들이는 경우는 별로 없다.

  W.C.C.는 자기들의 선교활동으로 온 인류가 하나가 될 것이라는 환상을 가지고 있다. W.C.C.는 다른 종교의 사람까지도 다 하나로 묶어서 한 인류를 만들려고 한다. 그러나 예수님이 예언한 대로 복음이 온 세상에 전파될수록 복음을 기쁨으로 받아들이는 사람이 있고 이들이 그리스도의 교회를 이루게 될 것이며, 또 그 복음을 반대해서 오히려 복음을 박해하는 사람도 있을 것이라 했다. 이와 같이 복음이 전파될수록 양극화 현상이 더 심해진다. 그러므로 W.C.C.의 환상은 문제점을 가지고 있다. 복음을 반대하는 사람에 대해서도 선교사의 메세지는 기능을 발휘한다. 그 선교적 메세지는 반대하는 사람들에게 앞으로 올 심판을 예고해 주는 사실이 되고 앞으로 이루어질 최후의 심판은 그 선포된 복음을 거절한 그 사실에 근거하여 이루어질 것이기 때문이다.

  멜버른 대회에서 주장했던 하나님의 왕국은 보이는 형태로, 물질적인 형태로만 이루어질 것이라고 했던 것은 잘못이다. 우리는 종말론적 관점에서 선교가 어떻게 이루어져야 될 것인가를 생각해 보자.
  부정적으로 말해서 첫째 온 인류 전부의 개종을 의미하는 것이 아니다. 둘째 U. N.과 같은 어떤 조직체가 완전히 기독교화 되는 것을 말하는 것도 아니다. 왜냐하면 예수님의 말씀은 언제나 이 세상 사람들은 양극화된다고 말씀하기 때문이다.
  선교라는 것은 복음을 기쁨으로 순종하고 받아들이는 사람들을 모아들이는 일이다. 그러므로 교회 선교는 그 지역마다 하나님 나라와 상응하는 교회를 세우는 것이다. 또한 예수를 믿고 예수의 오심을 기다리는 사람들간의 교제를 이루며 믿음 가운데 남을 위해 희생하면서 사는 신앙인의 공동체를 형성하는 것이 선교이다. 그런데 점점 신앙을 버리는 그런 일들이 일어나기 때문에 숫자가 점점 줄어들어 소수로 남게 될 것이다. 최소한도 참 교회가 그럴 것이다. 이것은 서양에서 일어나는 일이다. 그러나 교회를 우리 사회와 동떨어져서 우리끼리 모여 사는 그룹으로 만들면 안된다. 교회는 앞으로 완전한 추수, 마지막 추수 때에 첫 열매가 되는 것을 알아야 한다. 온 나라의 복음화에 교회는 핵심이 된다. 또한 교회는 모든 환경에 빛과 소금이 되어야 하며 주님에게 순종하는 것을 보여 주어야 하며 정치 지배자까지 본을 보여 주어야 한다. 교회는 또한 다시 오시는 주님을 찬양하는 모임이며 그가 오실 때 기쁨으로 그를 맞이할 그런 사람들의 모임이다. 우리는 이 하나님의 왕국을 지금 완전하게 세우지는 않으나, 지금 이 교회들로부터 모든 나라에 퍼져 들어가는 변혁의 역사가 일어나고 있다. 사회, 경제, 정치적인 영역의 생활을 변혁시켜 나가는 운동이 일어나고 있다. 그러기에 교회는 성령의 능력이 충만하고 주님에게 완전히 헌신된 그런 사람들로 구성되었다 할 수 있다. 인간화, 인간의 성숙화는 선교의 궁극적인 목적이 될 수 없고 그것들은 교회가 충성할 때 나타나는 간접적인 열매는 될 수 있다.

우리는 선교적인 메세지가 전파될 때 예수님의 권위의 선포가 이 세상의 권력 구조에 의해서 도전을 받기 때문에 사람들이 양극화된다는 사실을 알았다. 이와같은 세상의 권력구조의 도전은 없어지지 않고 오히려 말일이 가까울수록 더 강력해질 것이다.

오늘날 후기 기독교 시대에 살고 있는 서구에서 그것을 경험할 수 있다. 낙태를 해도 좋다는 법을 만들었는데 이것은 인간 생명의 존엄성을 말하는 성경에 위배되는 법이다. 하나님의 교회에 반항하는 그런 배도의 세력 때문에 하나님의 진노가 자연계에까지 임하게 되었다. 이제 어둠의 세력이 자기 스스로 힘을 조직하여 사회를 지배하게 되었다. 모든 윤리와 문화를 파괴하였고 이 배도의 세력이 더 악해져서 마귀가 이적까지도 행하게 되었으며 그 마귀가 사람 안에 스스로 나타나서 적그리스도의 일을 하게 될 것이다. 이것이 교회가 당면하는 마지막 재난이다. 그 때는 하나님이 함께 하시지 않으면 아무도 믿음을 지킬 수도 구원을 받을 수도 없게 될 것이라고 예수님은 말씀하셨다. 그러므로 주님께서 말씀하시기를 적그리스도가 궁극에 가서 교회를 파괴할 수 없다고 했다. 마 16:18에 말씀하시기를 음부의 권세가 교회를 이기지 못할 것이라 했다. 예수님께서 오실 때에 끝까지 충성되게 남아 있던 교회는 주님을 영접하게 될 것이다. 여기서 우리는 우리가 충성된 교회에 속할 수 있는가 문제를 제기할 수 있다. 이것은 우리가 얼마나 준비가 되었고 얼마나 주님께 충성하느냐에 달려 있다. 계시록에서 우리가 어떻게 우리의 사명을 감당해야 할 것인가를 보게 된다. 부활하신 주님께서 고난을 당하는 성도들에게 "끝까지 충성하라 내가 생명의 면류관을 주리라" 하신 죽기까지 충성하라는 말씀 때문에 우리는 잠시도 침묵할 수 없고, 계속 입을 열어 복음을 전해야 된다. 아주 무시무시한 박해 앞에서도 입을 다물 수 없게 된다. 우리가 아는대로 순교자의 흘린 피는 늘 교회의 씨가 된다. 계시록 20장에 예수님의 피로 말미암아 또 순교자들의 피로 말미암아 사탄을 이기고 승리했다고 말한다. 우리는 사탄과 싸우는 마지막 투쟁에서 승리할 수 있도록 보장받고 있다. 즉 우리의 믿음이 세계를 이길 수 있는 승리를 보장한다. 우리가 승리할 때 우리는 영원토록 주님과 더불어 온 우주를 통치하게 될 것이다. 이것이 선교의 종말론적인 의미이다.

宣敎는 왜, 무엇을 어떻게?

金 明 赫

1. 선교는 왜?

1. 실용주의적인 신앙

일반적으로 우리가 알고 있는 신앙상의 심각한 문제 중 하나는 실용주의적인 신앙이라고 하겠다. 신앙상의 모든 관심을 한 개인 또는 한 교회에만 두는 것으로서 예수를 믿는 것도, 교회에 봉사하는 것도 실제적으로 일개인이나 자기 교회에 어떤 도움이나 유용성이 있을까 하는 점만 생각하는 것이다.

그래서 어떤 성도들은 '이것이 나에게 도움이 될까?' '내가 어떻게 하면 더 많은 은혜를 받을 수 있고 더 많은 복과 더 많은 기쁨과 만족을 누릴 수 있을까?' 하고 생각한다. 또 어떤 목사나 장로들은 '어떻게 하면 우리교회가 한국에서 이름난 큰 교회가 될 수 있을까?'하고 생각한다. 당회에서 어떤 일을 결정하려 할 때에도 '이런 일을 하게 되면 우리교회에 손해가 오지 않을까?' 하며 자신의 교회만을 생각한다. 이처럼 처음부터 끝까지 관심의 초점이「나」와「우리 교회」가 되어 개인적인 일이나 교회의 일을 결

---

* 이 글은 필자가 1980년 4월 18일 서울 충현교회에서 평신도들을 위해 강의한 선교특강의 내용을 그대로 옮긴 것임.

정하려고 하는 이것이 곧 실용주의적인 신앙이라 하겠다.

　여기서 분명히 말할 수 있는 것은 우리들이 가져야 할 신앙의 관심이 개인이나 개교회 중심적인 것이 되어서는 안되겠다는 점이다. '이 일이 나와 내 교회에 어떤 유익이 되며 또 어느 정도의 만족을 줄 수 있을까?' 하는 것이 물론 전혀 불필요한 것은 아니겠으나 그러나 이러한 질문이 우리의 궁극적인 질문이 되어서는 안되겠다. 이와는 달리 '이 일을 하나님께서 원하고 계시는 것인가?' '이 일은 하나님께 영광이 되며 기뻐하시는 것인가?' 하고 우리의 신앙의 궁극적인 관심과 초점을 하나님께 두어야 될 것이다.

　그러나 이러한 사실을 혹 알고 있다고 하여도 우리 인간의 본성이 「나」 중심적이기 때문에 자꾸만 나의 유익만을 위하는 편으로 기울어지기 쉽다. 교회에 나오는 것도 내 마음의 위로함을 받고 마음의 흡족함을 얻기 위해서이다. 산 기도 가는 것도 큰 체험을 통해 나의 어떤 문제를 좀 해결해야 되겠다고 하는 때가 많다.

　그러나 우리는 하나님의 영광을 높이기 위하여 교회에 나오는 것이다. 산 기도를 하는 것도 기도하는 가운데 자신의 문제만을 해결함 받고 만족하는 것이 아니라 기도하는 가운데 하나님의 뜻을 발견하고 그 다음 순종할 결심을 하고 그래서 하나님께 헌신하며 영광을 돌리는 생활을 하도로 하여야 할 것이다.

2. 하나님의 뜻

　'하나님의 뜻이 무엇일까?' 하고 하나님의 뜻을 찾는 사람에게 그 뜻이 보여진다. '하나님이 기뻐하시는 일이 무엇일까?' 하고 하나님을 기쁘시게 하여 드리려고 하는 사람에게 하나님이 기뻐하시는 일이 무엇인지 알려지게 된다.

그러나 이와는 반대로 '어떻게 하면 내가 복을 받을까?' '어떻게 하면 좀 남보다 다른 체험을 얻을 수 있을까?'하고 자꾸만 내 복, 내 체험 이런 것에만 관심을 두고 성경을 보는 사람에게는 성경이 자꾸 이런 것만을 말하는 것처럼 보여진다. 성경은 꼭 같은 성경인데 관심과 마음의 생각에 따라 사람마다 좀 다르게 보이거나 다르게 들린다. 예를 들어보자.

(1) 창세기 12 : 1-3

아브라함에게 큰 복을 주시어 복의 근원이 되게 하시겠다고 말씀하신 창세기 12장 1~3절을 읽을 때에도 사람에 따라 달리 들려진다. 보통은 '복을 받으리라'는 말씀에만 시선을 집중하고 그 외의 말씀은 그대로 지나쳐 버리는 수가 많다. '하나님, 나에게도 아브라함의 축복을 주시옵소서! 내 자녀 내 자손들에게도 아브라함의 축복을 주시옵소서!'라고 새벽마다 기도할 수가 있다.

그러나 하나님께서 아브라함을 축복하실 때에 사실 하나님의 뜻은 아브라함에게 보다도 그 뒤에 있는 동양사람, 인도사람, 한국사람 등 흑암의 세계 속에서 아담의 죄로 마귀의 종이 되어 지옥의 자식으로 죽어가고 있는 수많은 영혼들을 구원하시는데 있었던 것이다. 그래서 이와같은 하나님의 구원계획을 이루시기 위하여 하나님은 아브라함을 택하셨던 것이다. 즉 하나님의 인류구원계획을 성취해나가는 하나의 과정으로 아브라함을 택하시고 복을 주셨던 것이다. 따라서 하나님의 눈은 천하만민을 향하고 계셨던 것이다. 창세기 12장 3절에 "너를 축복하는 자에게는 내가 복을 내리고 너를 저주하는 자에게는 내가 저주하리니…"라고 아브라함에게 말씀하고 계시지만 하나님께서 강조하시고자 하는 말씀은 "땅의 모든 족속이 너를 인하여 복을 얻을 것이니라"고 하신 말씀에 있다고 생각한다. 이와같은 하나님의 뜻이 창세기 18장 18절에서도 반복해서 나타났다.

그리고 유대인들이 하나님의 이와 같은 뜻을 깨닫고 "땅의 모든 족속이 너를 인하여 복을 얻을 것이니라"고 하신 말씀을 강조하여 읽었더라면 다른 민족을 멸시하고 자기 민족만이 선택 받은 민족이요 자기 민족만이 복을 받은 백성이라고 하는 민족적 우월감에 사로잡혀 하나님께서 원하시는 본래의 뜻을 잊어버리고 자신과 이웃을 망하게하는 교만과 원망에 빠지지 않았을 것이다. 우리가 열린 마음으로 창세기 12장 3절 말씀을 읽게 될 때 하나님의 마음과 심정은 아브라함 한 사람이나 이스라엘 한 민족에게만 복을 주시는데 있지 않았고 한 사람 아브라함을 통해 또 한 민족 이스라엘 백성을 통하여 천하만민에게 복을 주시는데 있었다는 사실을 알게 된다.

(2) 창세기 22 : 16-18

하나님께서는 창 12:3에서 아브라함에게 하신 약속을 창 18:18에서 두번째로 다시 하셨고, 창 22:18에서 세번째로 또 다시 하셨다. 창세기 22장 16~18절의 말씀을 또 읽어 보자. "내가 나를 가리켜 맹세하노니 네가 이같이 행하여 네 아들 네 독자를 아끼지 아니하였은즉 내가 네게 큰 복을 주고 네 씨로 크게 성하여 하늘의 별과 같고 바닷가의 모래와 같게 하리니 네 씨가 그 대적의 문을 얻으리라 또 네 씨로 말미암아 천하 만민이 복을 얻으리니 이는 네가 나의 말을 준행하였음이니라."

여기서 우리는 또 다시 하나님께서 그의 계획을 아브라함에게 확인하신 것을 볼 수 있다. 백 세에 얻은 아들을 바치라고 할 때에 주저없이 순종하여 아들을 드린 아브라함의 믿음을 보신 하나님께서 아브라함에게 축복을 확인하시면서 같은 말씀을 하셨다.

"또 네 씨로 말미암아 천하만민이 복을 얻으리리." 아브라함 한 사람을 축복하시는데 그치는 것이 아니라 하나님께서는 저 멀리 땅 끝에 있는 흑암 중의 백성들까지 보시며 말씀하셨다는 것을 분명히 알 수 있다.

(3) 창세기 26 : 4, 28 : 14

이와 같은 하나님의 뜻이 창세기 26장 4절에서는 이삭에게 나타났다. 창세기 28장 14절에서는 야곱에게 나타났다. "네 자손이 땅의 티끌같이 되어서 동서남북에 편만할지며 땅의 모든 족속이 너와 네 자손을 인하여 복을 얻으리라"고 야곱에게 말씀하셨다.

아브라함에게 주셨던 꼭같은 축복을 야곱에게 주시면서도 하나님의 눈과 마음은 세계 만민을 바라보고 계셨다. 그러나 야곱은 이와 같은 하나님의 심정과 뜻에 대한 관심보다는 자기자신이 복받는 일에 더 깊은 관심을 가졌던 것 같다. 후에 형 에서의 손에서 구원해 달라고 기도했을 때 "내가 정녕 네게 은혜를 베풀어 네 씨로 바다의 셀 수 없는 모래와 같이 많게 하리라"(창 32 : 12)고 하신 말씀만 기억했을뿐 "땅의 모든 족속이 너와 네 자손을 인하여 복을 얻으리라"(창 28 : 14)는 말씀은 기억하지 못했다.

(4) 이사야 49 : 6

이사야 49장 6절을 읽어보자. "네가 나의 종이 되어 야곱의 지파들을 일으키며 이스라엘 중에 보존된 자를 돌아오게 할 것은 오히려 경한 일이라 내가 또 너로 이방의 빛을 삼아 나의 구원을 베풀어서 땅 끝까지 이르게 하리라."

아브라함과 야곱에게 하신 말씀과 꼭같은 말씀을 지금 이사야에게 한다. "네가 나의 종이 되어" 이 말씀은 메시야를 가리킬 수도 있고 이사야를 가리킬 수도 있고, 또 우리들을 가리킬 수도 있다. 성경은 여러가지 의미를 포함한다. 이사야의 경우를 먼저 생각해 보자. "네가 나의 종이 되어…" 하나님께서 이사야를 종으로 삼으셨다. 그리고 그를 통해서 야곱의 모든 지파들을 돌아오게 하셨다. 메시야의 경우를 생각해 보자. 예수님이 하나님의 종이 되어서 이스라엘의 택한 자들을 돌아오게 했다. 또 우리들을 생각해 보자. 우리들을 이 시대에 하나님의 종으로 세워 하나님의 택한 백성들을 한국 곳곳에서 모아들이게 하셨다. 교회를 세우게 하시고 부흥운동을 일으키게 하신다. 모두 좋은 일이고 아주 중요한 일이다.

그런데 하나님께서 이상한 말씀했다. 내가 나의 종을 세우고 택한 백성들을 돌아오게 하고 큰 교회들을 세우게 하는 것은 별로 중요한 일이 아니라고 말씀했다. 그와 같은 일은 "오히려 경한 일이라"고 했다. 그 다음 말씀 가운데서 하나님의 궁극적인 관심과 심정을 찾아 볼 수 있다. "내가 또 너로 이방의 빛을 삼아 나의 구원을 베풀어서 땅 끝까지 이르게 하리라." 여기에서 우리는 "내가 또"라는 말에 주목할 필요가 있다. 이 말씀은 아브라함에게도 하신 말씀이다. 이 말씀은 후에 사도 바울이 자기를 가리켜서 인용한 말씀이기도 하다(행 13:47). 하나님께서 아브라함을 부르시고, 이사야를 부르시고, 사도바울을 부르시고 그리고 지금 우리들을 부르시는 목적이 어디에 있음을 밝혀 보여주는 말씀이다. 어떤 교회 하나가 크게 되고 부흥하는 것, 그것은 경한 일이라고 말씀하신다. "내가 또" 어떤 교회를 통하여 이루고자 하는 하나님의 궁극적인 뜻이 있다고 말씀하신다. 안디옥 교회가 바울과 바나바의 목회로 크게 부흥되었는데, 그것은 경한 일이라고 말씀하신다. 안디옥 교회를 통하여 이루시고자 하는 하나님의 뜻이 있다고 말씀하신다.

하나님의 뜻을 올바로 깨닫고 있었던 안디옥 교회는 성령이 명하실때 최고의 실력자였던 바울과 바나바와 같은 지도자를 선교사로 파송했다. 안디옥 교회만 생각했으면 못보냈을 것이다. 오늘날 큰 교회에서, 영락교회에서 한경직 목사님을 선교사로 보낸다고 하면, 충현교회에서 김창인 목사님을 선교사로 보낸다고 하면 아마 당회에서 곧 부결될 것이다. 그런데 안디옥 교회에서는 부결되지 않았다.

사실 성경의 교훈은 역설적인 진리를 선언한다. 인간은 본래 자기 중심적인데, 목사도 다 본성적으로는 자기 중심적인데, 성경은 하나님 중심적 원리를 가르치고 있으므로 성경의 교훈은 역설적이라고 할 수 있다. 죽을 때까지 자기 중심적인 요소들을 극복하고 또 극복하면서 하나님 중심적, 역설적인 진리를 실천하도록 힘써야 할 것이다.

(5) 요 나

잃어버린 자들에게로 향하시는 하나님의 마음을 요나서에서도 찾아 볼 수 있다. 그리고 이와 같은 하나님의 심정을 이해하지 못할 뿐 아니라 하나님의 심판과 구원의 메세지를 다른 민족에게 전하라는 명령에 불순종하는 이스라엘 백성의 불신앙의 모습도 아울러 발견하게 된다.

요나에게 임한 하나님의 말씀은 "너는 일어나…가서…외치라"(1 : 2)는 것이었다. 선교 대위임령에 포함된 "너희는 가서"라는 말씀과 같은 말씀이라고 할 수 있다. 요나는 하나님의 낯을 피하여 다시스로 도망갔다. 폭풍을 만나 어려움을 당하게 되자 요나는 양심의 가책을 받아 뉘우치기 시작했다. "나를 들어 바다에 던지라…. 이 큰 폭풍을 만난 것이 나의 연고인 줄 내가 아노라"(1 : 12). 요나가 더 심각한 회개를 한 것은 큰 물고기 뱃속에서 였다. "내가 받는 고난을 인하여 여호와께 불러 아뢰었삽더니…주께서 나의 음성을 들으셨나이다"(2:2). 회개하는 요나에게 임한 두번째 말씀도 "일어나…가서…선포하라"(3:2)는 것이었다. 이번에는 요나가 하나님의 말씀에 순종하여 일어나 니느웨로 갔다. 요나의 외치는 소리를 들은 니느웨 백성은 무론대소하고 회개하며 하나님께 부르짖었다. 회개한 니느웨성에게 하나님은 은혜를 베푸시고 재앙을 내리지 않으셨다.

요나는 하나님의 은혜로운 처사를 못마땅하게 여기며 하나님께 불평을 토로했다. "여호와여 원컨대 이제 내 생명을 취하소서 사는 것보다 죽는 것이 내게 나음이니이다"(4:3). 하나님은 결국 잃어버린자들에 대한 자신의 심정을 요나에게 토로하시며 요나는 입을 다물고 말았다. "이 큰 성읍 니느웨에는 좌우를 분변치 못하는 자가 십이만여 명이요 육축도 많이 있나니 내가 아끼는 것이 어찌 합당치 아니하냐?"(4:11). 하나님은 요나 한 사람만 귀하게 보시지 않고 니느웨의 수십 만 영혼들을 불쌍히 보시고 계셨다.

(6) 요한복음 20:21

예수님도 제자들을 바라보실 때에 열두 제자만을 보신 것이 아니었다. 그들의 뒤에 끝없이 계속되고 있는 땅의 모든 족속들을 보시고 계셨다. 요한복음 20장 21절을 읽어보자. "예수께서 또 가라사대 너희에게 평강이 있을지어다 아버지께서 나를 보내신 것같이 나도 너희를 보내노라."나를 보내신 아버지 하나님께서 땅에 있는 모든 족속에게 관심을 기울이고 계신 것처럼 나도 이제 꼭같은 심정으로 너희를 세상으로 보낸다는 말씀이다. 이 말씀은 예수님이 부활하신 후 제자들에게 부탁하신 유언의 말씀이다. 여기에 선교의 근거가 있다.

선교는 "보냄을 받는다"라는 뜻이다. 예수님의 족보 첫 머리의 구절인 "아브라함과 다윗의 자손 예수 그리스도의 세계"라는 말의 뜻이 무엇인가? 하나님께서 아브라함과 이삭과 야곱과 다윗을 택하여 보내시면서 이룩하시려고 계획하셨던 만민구속의 사역을 이제 예수 그리스도를 세상에 보내시므로 성취하시게 됐다는 뜻이다. 그리고 보내심을 받은 예수님은 다시 그의 제자들을 보내시므로 그가 이룩하신 만민구속의 사역을 계승해 나아가도록 하신 것이다. 따라서 선교사의 마음은 하나님과 예수님이 보시는 천하만민을 바라보는 열린 마음이어야 하며 선교사는 만민구속의 사역을 수행하기 위해 보냄을 받은 사람이라고 할 수 있다.

(7) 마태복음 28 : 19-20

마 28 : 19을 읽어보자. "그러므로 너희는 가서 모든 족속으로 제자를 삼아 아버지와 아들과 성령의 이름으로 세례를 주고 내가 너희에게 분부한 모든 것을 가르쳐 지키게 하라."

여기 "모든 족속으로"라는 말은 창세기 12 : 3의 "땅의 모든 족속"이라는 말을 생각나게 하는 말이다. 여기 "가서"라는 말의 원뜻은 "출발한다 떠난다 넘어간다"라는 뜻이다. 그러므로 부활하신 주님의 눈도 문화와 언어와 지리의 장벽을 넘어 모든 족속에게 향하고 있었다는 것을 알 수 있다. 그리고 "모든 족속으로 제자를 삼아"라는 말씀에서 우리는 예수님의 뜻이 얼마나 분명한 것인지 알 수 있다.

(8) 사도행전 1 : 8

사도행전 1 : 8을 읽어보자. "오직 성령이 너희에게 임하시면 너희가 권능을 받고 예루살렘과 온 유대와 사마리아와 땅 끝까지 이르러 내 증인 되리라." 여기 "땅 끝까지"라는 말은 사 49 : 6

의 "땅 끝까지"라는 말을 생각나게 하는 말이다. 여기 예수님의 마음은 하나님의 마음과 같이 제자들에게 있지 않았고(제자들은 예루살렘 회복에 관심을 두었지만) 땅끝의 모든 족속에게 두신 것을 알 수 있다. 그리고 증인의 사명을 수행하기 위해서는 성령의 능력이 필요하다고 말씀하셨다. 제가 알기로는 성도들에 대한 성령님의 두 가지 중요한 일은 어떤 황홀한 신비적 체험을 하도록 하시는 것이 아니라 먼저 성도들로 하여금 말씀을 올바로 깨닫도록 하여 주시고(요 14 : 26) 그리고 예수님을 증거하는 증인이 되게 하여 주시는 것이라고 생각한다(요 15 : 26).

이처럼 하나님의 관심과 주님의 뜻은 어떤 택하신 사람들에게만 두신 것이 아니라 그 사람들을 통하여 천하만민이 구원을 얻는데 두었다고 하겠다.

(9) 사도 바울

사도 바울은 이러한 주님의 뜻을 잘 이해한 사람이었다. 아마 사도 바울도 처음 예수를 주님으로 영접하고 기쁨 가운데 거했을 때 그리고 신비로운 체험을 얻었을 때 그런 상태에 계속 머물기를 원하였는지도 모른다. 예수님을 처음 믿을 때는 그럴 수도 있다. 온 세상은 간 곳 없고 주님과 나만 보이고 그저 기쁨만 넘칠 때는 언제까지나 그대로 머물고 싶은 심정을 가진다.

그런데 바울이 곰곰히 기도하는 가운데 구약에 나타난 하나님의 심정, 그리고 주님의 마음을 생각해 보니 하나님의 원하시는 뜻이 다른 데 있음을 깨닫게 되었다. 그래서 바울에게는 획기적인 변화가 일어났다. 바울은 자기가 그와 같은 은혜의 기쁨에서 끊어져도 좋다고 고백했다. 심지어는 주님으로부터 끊어져도 좋다고 말했다. 이러한 말은 거짓말 같은 이야기이다. 그러므로 바울은 말하기를 내가 참말을 하고 거짓말을 아니한다고 했다(롬

9 : 1-3 참조). 하나님의 심정, 하나님의 궁극적인 뜻을 깨닫게 된 사도 바울은 이러한 하나님의 뜻이 궁극적으로 자기를 통해서 이루어진다면 자기는 그런 은혜와 주님에게서 끊어져도 좋다고 했는데 이것은 아주 믿기 어려울 정도로 엄청난 심정의 표현이었다.

사도 바울은 이와 같은 심정과 자기의 소명의식을 에베소서 3장 8절과 9절에서 다음과 같이 묘사했다. "모든 성도 중에 지극히 작은 자보다 더 작은 나에게 이 은혜를 주신 것은 측량할 수 없는 그리스도의 풍성을 이방인에게 전하게 하시고 영원부터 만물을 창조하신 하나님 속에 감취었던 비밀의 경륜이 어떠한 것을 드러내게 하려 하심이라." 지극히 작은 자보다 더 작은 자기에게 은혜를 주시고 복음의 사역을 맡겨주신 것은 오직 그리스도의 풍성함을 이방인에게 증거하게 하시려는 것이 하나님의 뜻이라는 것을 확신하고 있었다.

바울은 예수님이 자기를 부르신 후 아나니아를 통해 하신 말씀을 평생토록 거듭거듭 되새기며 살아갔다. "이 사람은 내 이름을 이방인과 임금들과 이스라엘 자손들 앞에 전하기 위하여 택한 나의 그릇이라 그가 내 이름을 위하여 해를 얼마나 받아야 할 것을 내가 그에게 보이리라"(행 9 : 15-16). 사도 바울은 또한 이방인들을 위한 선교의 사역을 수행하면서 이사야에게 하신 하나님의 말씀이 바로 자기에게 하시는 말씀인 것으로 깨닫고 선교를 했다. 행 13장에 보면 바울이 이방인들에게로 향하면서 다음과 같이 말했다. "주께서 이같이 우리를 명하시되 내가 너로 이방의 빛을 삼아 너로 땅 끝까지 구원하게 하리라 하셨느니라 하니 이방인들이 듣고 기뻐하여 하나님의 말씀을 찬송하며 영생을 주시기로 작정된 자는 다 믿더라"(행 13 : 47-48).

이방인 선교를 위하여 부름받았다는 바울의 확신은 바울에게 무서운 힘과 정열을 불어 넣어 주었다. 환난과 역경이 아무런 문제도 되지 않았다. 행 14장에 보면 유대인들이 바울을 돌로 쳐서 죽은 줄로 알고 성 밖에 내어 버린 일이 있었다. 바울은 벌떡 일어나 성에 들어갔다가 바로 그 다음날 선교여행을 다시 떠나는 것을 볼 수 있다. "유대인들이 안디옥과 이고니온에서 와서 무리를 초인하여 돌로 바울을 쳐서 죽은 줄로 알고 성 밖에 끌어 내치니라 제자들이 둘러섰을 때에 바울이 일어나 성에 들어갔다가 이튿날 바나바와 함께 더베로 가서 복음을 그 성에서 전하여 많은 사람을 제자로 삼고 루스드라와 이고니온과 안디옥으로 돌아가서…"(행 14 : 19-21). 바울은 그리스도의 남은 고난을 자기 육체에 채우는 것을 기뻐한다고 고백하면서 선교하다가(골 1 : 24) 결국 그의 생명을 순교의 제물로 바쳤던 것이다.

(10) 빌립보 교회

신약시대의 교회들 중 하나님의 심정을 바로 깨달은 교회가 있었는데 빌립보 교회가 바로 그 교회였다. 빌립보 교회는 바울이 제일 처음 유럽에 세운 교회이다. 비두니아라는 곳으로 가려고 할때 성령이 이를 허락하지 아니했다. 밤에 환상 중에 마게도냐 사람 하나가 나타나서 바울에게 청하여 말하기를 "마게도냐로 건너와서 우리를 도우라"(행 16 : 9)고 했다. 그래서 바울은 마게도냐의 첫 성인 빌립보에 가서 기도처가 있는가 하여 강가에 나가서 복음을 전했는데 천 장사를 하는 루디아라고 하는 여자가 마음 문을 열고 예수를 믿게 되었고 루디아는 그의 집을 기도처로 제공하였고 후에 이 기도처가 빌립보 교회가 된 것이다.

바울은 평생 이 첫 열매가 된 빌립보 교회를 잊을 수가 없었다. 늘 그리스도의 심장으로 그들을 사랑한다고 하였다. 그들 보기를 간절히 사모한다고 하였다. 빌립보서를 읽으면 사도 바울의 인간적인 사랑과 애정이 넘치는 그런 표현이 많이 나오는 것을 볼 수 있다. 물론 빌립보 교회가 바울이 세운 첫번째 교회라고 하는데도 그 이유가 있었겠지만 빌립보 교회만큼 하나님의 뜻을 이해하고 하나님 중심으로 나아간 교회도 드물었기 때문이었다. 바울이 얼마동안 빌립보에서 목회하다가 빌립보 교회가 완전히 자라기도 전에 또다시 복음을 전하기 위하여 다른 곳으로 떠나게 되었다. 그런데 빌립보 교회는 처음부터 사도 바울의 선교사역을 돕기 시작하였다. 빌립보 교회는 교회가 시작되면서부터 선교 사업을 시작한 교회였다.

빌립보서 1장 5절부터 읽어보자. "첫날부터 이제까지 복음에서 너희가 교제함을 인함이라……나의 매임과 복음을 변명함과 확정함에 너희가 다 나와 함께 은혜에 참예한 자가 됨이라." 빌립보 교회는 교회가 시작되면서부터 선교사업을 시작하여 바울이 복음을 위하여 매임을 당하였을 때에도, 복음을 전할 때에도, 복음을 확정할 때에도 함께 참예하여 바울을 진심으로 도왔던 것이다. 빌립보서 4장 14절부터 16절까지 계속하여 보면 좀더 자세히 알 수 있다. "그러나 너희가 내 괴로움에 함께 참예하였으니 잘하였도다 빌립보 사람들아 너희도 알거니와 복음의 시초에 내가 마게도냐를 떠날 때에 주고 받는 내 일에 참예한 교회가 너희 외에 아무도 없었느니라 데살로니가에 있을 때에도 너희가 한 번 두 번 나의 쓸 것을 보내었도다." 복음을 위해 고난을 당하는 바울의 고난에 함께 참예하였던 것이다(고후 11 : 9 참조). 그 가운데도 특히 선교비를 도왔다는 말씀이 16절부터 18절까지 있는데 사도 바울은 이를 하나님이 받으실 만한 "향기로운 제물"이요 "하나님을 기쁘시게 한 것"이라고 말하였다. 그것도 한두 번 뿐만이 아니라 여러 번 보냈다. 에바브로디도를 통해 멀리 로마의 옥중에 있는 사도 바울에게까지 전하였다.

이처럼 선교사역에 동참하는 것은 하나님 앞에 "향기로운 제물"이 되는 것이다. 즉 향기로운 제물, 하나님이 기뻐 받으시는 예배가 되는 것이다. 빌립보 교회가 넉넉한 가운데 이같은 선교사업을 한 것이 아니다. 어려운 중에 이같은 귀한 일을 한 것이다. 어느 정도 어려운 형편이었느냐, 극한 가난이라고 말하였다.

"형제들아 하나님께서 마게도냐 교회들에게 주신 은혜를 우리가 너희에게 알게 하노니 환난의 많은 시련 가운데서 저희 넘치는 기쁨과 극한 가난이 저희로 풍성한 연보를 넘치도록 하게 하였느니라 내가 증거하노니 저희가 힘대로 할 뿐 아니라 힘에 지나도록 자원하여…"(고후 8:1-3). 교회설립 초기부터 극한 가난 가운데서 "힘에 지나도록" "자원하여" 선교사역을 위하여 힘쓴 교회가 빌립보 교회였다. 이같은 빌립보교회에 비하면 오늘날 한국의 많은 교회들은 어떻게 하고 있는가? 교회를 좀더 크게 지어놓고, 교육관을 지어놓고 이것 저것을 하여놓고 그 다음에 선교사업을 하여야 되겠다고 하는 교회가 대부분인 것 같다. 아마 빌립보 교회처럼 교회가 설립되면서 교회예산의 일부를 선교사업을 위해 계획하는 교회가 많지 않은 것같다. 좀 오래 되고 규모가 크다는 교회일수록 못한다. 그러나 요즘 새로이 시작하는 교회들 가운데 선교에 힘쓰는 교회들이 나타나고 있다. 교회 전체예산의 10% 정도는 선교사업에 돌려야 되겠고 나아가 20, 30, 50%까지라도 선교사업비로 쓸 수 있도록 하여야 할 것이다. 4절에 보면 "이 은혜와 성도 섬기는 일에 대하여"라고 했는데 초대교회는 선교와 구제 이 두가지 일에 모든 힘을 기울였던 것을 알 수 있다. 그런데 이상하게도 요사이 교회 경비를 보면 구제와 선교는 매우 약한 것을 볼 수 있다. 교회가 본질적인 일, 중요한 일에는 관심을 기울이지 않고 겉치레하는 데 더 많은 관심을 기울이고 있는 것 같다.

이제까지 우리는 첫번째로 왜 선교를 해야만 하는지 그 문제에 대하여 생각해 보았다. 먼저 우리의 실용주의적인 관심과 신앙이 문제라고 했다. 나 하나가 복받고, 나 하나가 마음에 기쁨과 만족을 얻기 위하여 교회에 나온다면 그건 부끄러운 일이라고 했다. 산기도나 부흥회에 참석할 때도 내가 어떤 신비한 체험을 얻어 만족을 누리고 그리고 남에게 인정을 받고 과시해 보려는 생각을 가진다면 이는 잘못된 것이라고 했다. 우리의 관심이 나에게 집중될 때 이것은 부끄러운 일이다.

우리의 신앙의 촛점을 하나님의 뜻과 영광에 두어야 할 것이다. '하나님의 뜻이 무엇인가' '하나님은 내가 어떻게 살 것을 바라시는가?' 이와 같은 관심과 소원을 가지고 올바른 기도를 해야 할 것이다. '이러 이러한 것을 저에게 꼭 주시옵소서' 하는 내 자신이 내세운 조건적인 기도나 태도보다 하나님이 원하시는 것이 무엇인가를 겸허하게 깨닫기 원하며 또 깨달은 바 대로 살기를 간절히 소원할 때에 하나님은 성결케하여 주시고 능력을 주시고, 사랑을 주시고 또 주를 위해 모든 것을 희생할 수 있는 믿음을 주시는 것이다.

왜 선교를 하여야 하는가? 하나님의 마음과 심정이 흑암에서 죽어가는 잃어버린 영혼 하나 하나를 천하보다 귀하게 여기시는 사실을 우리가 성경을 통해서 밝히 보기 때문이다. 그리고 우리를 택하시고 축복하시는 궁극적인 목적도 바로 천하만민 중 잃어버린 자들을 찾아 구원하는데 있음을 성경을 통해 밝히 보기 때문이다.

2. 선교는 무엇을 어떻게 할 것인가?

앞서 우리는 선교를 하지 않으면 안될 이유를 분명히 알게 되었다. 그렇다면 이제「무엇을」「어떻게」하여야 될 것인지에 대해 생각해보고 끝으로 선교사가 될 사람은 어떤 자격을 갖추어야 하며 어떻게 준비하여야 할 것인지에 대해 생각해 보기로 하겠다.

1. 선교란 무엇인가?

십여 년 전부터 한국교회에서는「선교」라는 말이 일종의 유행어처럼 사용되어 오고 있다. 그래서 한 동안은 교계 신문만 보면 무슨 선교대회, 무슨 선교단체, 무슨 선교사업 등 그저 처음부터 끝까지 선교로 시작되어 선교로 끝나는 듯한 느낌까지 들었다. 이처럼 교회가 선교에 관심을 갖게 되었다는 사실은 대단히 반가운 일이지만 한편 어리둥절하게 되는 경우도 있다. 이런 일도 선교라고 할 수 있을까? 의문을 가지게 되는 경우가 많다. 그러므로 선교를 하기는 해야 되겠는데「무엇을」「어떻게」해야 하는가? 라는 문제가 등장하게 된다.

(1) 자유주의 선교관

현대의 자유주의 신학자들은 선교의 본질이「영혼을 구원하는 일이나 교회를 설립하는 일에 있지 않다」라고 못을 박고 있다. 영혼구원을 본질로 삼는 선교는 구시대에 속한 것으로 치부한다. 한 사람의 종교를 부정하고 기독교 신앙을 강요하는 것은 제국주의 시대에 속한 정복운동으로 간주하며 개인의 인격을 무시하는 비신사적 행위로 규정한다. 교회설립을 주요 과업으로 삼는 선교도 교파주의와 개교회 중심주의의 결과로 나타난 잘못된 선교라고 단정하며 현대의 선교는 오히려 교회의 울타리를 헐고 세상 속으로 들어가는데 있다고 주장한다.

자유주의 선교신학자들은 선교의 본질이 정복운동에 있다기보

다는 대화와 상호 이해에 있으며, 교회설립보다는 사회적, 정치
적 및 경제적 구조악을 제거하여 이 땅 위에 평화를 가져오는데
있다고 정의를 내린다. 물론 사회적, 정치적, 경제적 구조악이
제거되어야 하고 이것을 위하여 우리 교회가 정력을 기울여야 되
는 것은 사실이다. 사회적 불의를 보고도 못 본 척하고, 정치적
불의를 보고도 그저 벙어리처럼 아무 말도 못한다면 이건 잘못된
일이다. 우리가 혁명의 수단은 정당화하지 않지만 나의 생각으로
는 고난을 각오하고라도 정치적인 불이나 사회적인 불의에 대해
날카롭게 얘기하는 것이 우리 기독교인들의 살아있는 양심이라
고 본다.

  우리가 이렇게 생각할 수 있다고 해서 그것 자체를 선교라고
할 때는 주저할 수밖에 없다. 선교의 목적이 영혼 구원이라기 보
다 노동자가 착취를 받고 있는 경제적 구조를 뜯어고치고, 여성
이 학대를 당하는 사회적 구조를 여성 해방 운동을 벌여 개조하
고, 흑인이나 소수인이 인권을 유린당하고 있으면 그들을 위해
인권옹호운동을 벌이는 것이 현대의 선교이며 바로 그와 같은 운
동들 가운데 성령이 역사한다고 주장하는 것은 무엇인가 목표에
서는 벗어난 것이라고 말할 수 있다.

  또 다른 종교에 대해서 말하기를 불교도를 개종시켜 기독교인
으로 만들거나 일본의 신도교도들을 개종시켜 기독교인을 만드
는 것이 선교가 아니라 선교사들이 하여야 할 일은 그들과 대화
를 통하여 피차 이해하고 협력하여 이 땅 위에 아름다운 사회를
이룩하는 일에 힘써야 한다고 말하며 이것이 곧 선교라고 말한
다. 대화, 이해, 협력 등 이러한 것을 통해서 조화를 이루고 평화
로운 사회를 이룩한다는 것인데 실제로 태국과 같은 곳에서는 미
국의 선교사들과 불교의 승려들이 같이 살면서 협력해서 일하고
있다. 우리나라의 신학자들 가운데서도 "불교인도 우리가 체험

하는 것과 같은 구원의 기쁨을 체험하고 있으며 따라서 그들도 구원을 얻을 수 있다"고 말하는가 하면 "꼭 성경에 나타난 예수만이 구주가 아니라 동양에서는 보살이 구주가 될 수도 있다"라고 말하며 구원의 보편성을 주장하기도 한다. 다원화된 사회에서 기독교만이 구원의 진리를 가지고 있다고 주장하는 것은 잘못된 태도라고 지적한다. 익명의 그리스도개념, 계시의 보편성, 구원의 보편성을 내세우는 현대 에큐메니칼 선교신학은 비기독교적 지성인들에게 큰 호감을 주고 있다. 그래서 기독교 신학자와 불교학자들이 같이 강연회도 하고 대화도 하는데 이런 일들이 현대의 선교라고 크게 광고하고 있다.

　미국의 호프만(Hoffman)이라는 선교학자는 "기독교는 이제는 영혼들을 그리스도에게 인도하는 십자군 운동이나 정복운동으로 보아서는 안된다. 현대의 선교는 타종교와의 인도적인 대화를 통하여 서로 주고 받으며 가르치고 배우는 일에 힘써야 할 것이다"라고 말했다. 이『대화』라는 주제의 모임이 얼마전 W. C. C. 주최로 방콕에서 열렸었는데 아뭏든 오늘날 교회의 젊은이들에게 아주 호감을 주는 말중의 하나가 대화이다. 그러나 여기서 말하는「대화」를 통한「화해」는 십자가의 피를 통한 화해가 아니라 인도주의적인 대화를 통한 화해를 말하는 것이다. 그래서 호프만은 계속해서 말하기를 대화 후에 비기독교인이 자기 종교를 유지하기를 원할 때에는 기독교인은 신사적으로 양보하여야 할 뿐 아니라, 한걸음 더 나아가서 그들이 자기 종교에 더욱 더 충실하게 되는 것을 우리들이 중심으로 바라고 있다는 사실을 알려야 한다고 말한다. 상대방에게 어떤 마음의 상처도 주지 않고 대화를 나누어야 한다고 한다. "아, 당신은 불교 그대로 믿겠습니까? 그러면 잘 믿고 성숙한 인간으로 우리가 서로 서로 협력하여 복된 사회를 건설해 봅시다." 이렇게 신사적인 선교사가 되어야 한다는 것이다.

  십여 년전 일이다. 일본에 파송된 미국의 선교사들이 모여서 "오늘날 일본에서 할 일이 무엇인가?"라는 물음에 대해 서로 의논한 결과 결론을 내렸는데 그 결론은 "우리가 현재 일본에서 할 일은 신도교인(神道敎人)들을 더 좋은 신도교인들로 만드는 데 있다"라는 것이었다. 제가 미국에 있을 때 핫토리라는 일본의 유명한 교회 지도자가 미국의 I.V.F.선교 집회에 와서 만여 명이 모인 미국 대학생들을 향하여 말하기를 "우리 일본은 여러분과 같은 선교사가 필요합니다. 그러나 얼마전 일본에서 '선교사가 할 일이란 신도교인들을 더 좋은 신도교인으로 만드는 것'이라고 결정한 그런 선교사들은 우리에게 필요치 않습니다"라고 부르짖는 소리를 들은 적이 있다.

  지난 1976년 11월 29일부터 30일까지 서울의 유스호텔에서 열렸던 「한국 N.C.C. 자유선교대회」의 선언은 다음과 같았다. "흔히 생각해 온 대로 선교란 교회의 설립, 세례, 개인영혼의 구원을 위주로 한 것인가? 역대 교회와 신학은 그렇게 생각해 온 것도 사실이다. 그러나 오늘날 성서 신학자들이 재발견한 사도행전과 바울서신의 메시지는 그런 것도 아니다…선교가 개인구원과 교회 확장을 유일한 의무로 삼아서는 안된다. 땅위의 샬롬을 가져오게 하는 것이 곧 선교다.…제도적인 교회의 울타리를 넘어서 세상 속에서의 사회정의, 인간화를 위한 선교적 노력은 오늘 하나님께서 요청해오시는 선교 명령이다."

  이처럼 자유주의 지도자들은 '무엇을 어떻게 하여야 하느냐?'라는 선교의 본질적인 질문에 있어 영혼구원이나 교회설립으로 보지않고 대화나 구조악 제거를 통한 샬롬건설로 보고 있다. 그래서 이들은 구체적으로 어떻게 행동할 것인가에 대해 말하기를 문맹자에게 글을 가르쳐라, 도랑을 메꿔 길을 만드는 일을 해라,

여성해방운동을 해라, 인권운동을 해라, 노동자들의 이익을 증진하는 운동을 해라, 정치적인 독재국에서는 독재자를 무너뜨리기 위한 혁명운동을 벌여라 라고 하며 이것이 현대에 나타난 선교라고 말한다.

(2) 보수주의 선교관

그러나 이와는 달리 또 다른 일부 아주 극단적인 보수주의자들 가운데는 선교를 영혼구원운동으로 옳게 보면서도 영웅주의적인 정복운동으로 오해하는 경향이 있다. 즉 미개한 민족을 깨우쳐 서구적인 문화를 심어주어야 한다고 생각한다. 영혼을 구원하기는 하는데 자신은 하나의 우월한 문화인으로서 그들의 문화를 고치고, 그들의 생활양식을 고치고, 좀 서구적인 고등한 생활양식을 인식시켜야 되겠다고 생각한다.

또한 사람을 대할때 섬김의 대상으로 보지 않고 정복의 대상으로, 하나의 노획물로 보는 정복주의적 태도를 찾아볼 수 있다. 개인의 전 인격의 귀중함과 사회생활의 의미를 무시한다. 영혼만을 중요하게 생각하고 문화적 활동의 가치를 부정한다. 이와 같은 이원론적 선교관 역시 잘못된 선교관이라고 하겠다. 그러면 선교는 무엇을 어떻게 하는 것인가? 우리는 다시 성경으로 돌아갈 수밖에 없다.

(3) 예수님의 선교관

그러므로 최초의 선교사이신 예수님이 하신 일이 무엇이며 그리고 제자들에게 명하신 일이 무엇인가를 생각해 봄으로 선교는 무엇을, 어떻게 하여야 되는 것인가에 대한 명확한 대답을 얻을 수 있게 된다.

누가복음 19장 10절에 "인자의 온 것은 잃어버린 자를 찾아 구원하려 함이니라"고 말씀하였다. 예수님이 이 세상에 오신 목적은, 즉 예수님의 최초의 선교사로 이땅에 오신 목적은 '잃어버린 자를 찾아 구원'하는 것이었다. 그렇기 때문에 예수님은 그의 제자들을 보내실 때에도 "나도 너희를 보내노라." "너희는 가서 모든 족속으로 제자를 삼아…"라고 말씀하셨다. 다시 말하면 예수님이 인간의 몸을 입고 이 세상에 오신 것은 잃어버린 자를 찾아 구원하시기 위함이었고 이 목적을 이루시기 위해 제자들을 보내셨다. 보냄을 받은 제자들은 문화, 언어, 지리적인 장벽을 넘어서 먼 곳까지 가서 십자가와 부활을 선포하고 이방인들을 개종시키고 그들을 모아 교회를 세웠다. 여기서 우리는 선교사가 하여야 할 세가지 일을 발견하게 된다.

첫째, 선교사는 찾아가는 것이다.

여러가지 장벽을 넘어서 찾아가는 것이다. 민족이 다르고, 언어가 다르고, 풍습이 다르고, 기후가 다르고, 문화가 달라도 이 모든 것을 넘어서 찾아가는 것이 선교이다.

둘째, 잃어버린 자를 개종시키고 구원하는 일이다.

그 구원은 전인격적인 구원임을 강조하고 싶다. 예수님이 베푸신 구원을 영혼구원에만 그친 것이 아니라, 육체적인 병도 많이 고쳐 주셨고, 죽은 자를 살리셨고, 마음이 상한 자에게는 기쁨을 주신 전인격적인 구원이었다. 우리가 사람을 볼 때에 영혼으로만 보면 이상하게 되는 수가 있다. 어부가 노획물인 고기만을 보는 식으로 전도와 선교가 영혼의 구원이라는 것만 강조할 때 마귀에게 속했던 사람을 냉큼 집어다가 하나님께 가져오는 노획물로 보기가 쉽다는 말이다. 그렇게 될 때에 그 사람도 하나님의 형상대로 지음받은 인격적인 존재라고 하는 것을 잊어버리게 되는 수가 있다.

다시 말해서 선교사는 잃어버린 영혼을 찾아 구원하기 위하여

갈 때에 그를 사탄의 권세로부터 해방시키는 그런 결심과 함께 그도 하나님의 형상을 닮은 사람들이므로 그들을 섬기고 받들어야겠다는 자세가 필요하다. "인자의 온 것은 섬김을 받으려 함이 아니라 도리어 섬기려 하고…"(막10 : 45). "나는 마음이 온유하고 겸손하니…"(마 11 : 29). 이와 같이 예수님은 제자들에게 섬기는 일과 겸손을 강조했다. 십자가에 못박히시기 위하여 예루살렘으로 올라가시는 예수님을 뒤따르는 제자들이 서로 다투며 따라갔다. 누가 더 높으냐 하는 문제로 다투고 있었다. 그때에 예수님은 제자들을 꾸짖으시며 크고자 하는 자는 섬기는 자가 되어야 한다고 했다. 그리고 계속해서 "인자의 온 것은…섬기려 함이니라"고 말씀했다(막 10 : 32-45).

누가복음 22장에 보면 예수님과 마지막 만찬을 나누는 자리에서 제자들이 또 다투었다. 누가 더 크냐하는 문제로 다투었다. 그때에 예수님은 "앉아서 먹는 자가 크냐, 섬기는 자가 크냐 앉아 먹는 자가 아니냐 그러나 나는 섬기는 자로 너희 중에 있노라"(눅 22 : 27)고 말씀했고 베드로를 향하여 "시몬아, 시몬아, 보라 사단이 밀 까부르듯 하려고 너희를 청구하였으나 그러나 내가 너를 위하여 네 믿음이 떨어지지 않기를 기도하였노니 너는 돌이킨 후에 네 형제를 굳게하라"(눅 22 : 31-32)고 말씀했다. 그러자 베드로는 펄쩍뛰면서 자기는 예수님과 함께 감옥에도 가고 심지어 죽는 데도 함께 갈 준비가 되어 있다고 외쳤다.

그러나 베드로는 실패했다. 예수님을 배반하여 세번이나 사람들 앞에서 부인했다. 왜, 베드로가 실패할 수밖에 없었는가? 왜, 사탄이 밀 까부르듯 하려고 제자들을 청구하였는가? 겸손할 줄 모르고 서로 높다고 다툴 때에 이와 같은 일이 일어난 것이다.

그러나 선교사로서의 예수님은 섬기는 자로 우리를 찾아오셨다. 그런데 이와 같은 예수님의 선교 태도와는 달리 자기는 영혼을 구원하는 선교사라는데만 훈련되고, 익숙해지고, 집착이 되면 이와 같은 섬기는 자의 겸손이 사라지고 남을 쉽게 판단하고 정죄하기 쉽게 된다. "아, 이 사람은 구원을 받지 못할 사람이구만!" 공산주의자가 자기 주장을 선전하고 설득하다가 동의하지 않으면 "아, 이건 반동분자다!"라고 딱 낙인을 찍어 버리듯이 선뜻 포기하거나 심지어 정죄하는 일까지 하게 된다.

그러나 예수님은 그렇지 않았다. 예수님은 정죄하실 수도 있는 분이시었지만 그렇게 하시지 않았다. 끝까지 참고 견디시며 섬겨야 되는 선교사의 모습을 우리에게 보여주셨다. 슬픔을 당한 자는 위로하시고, 주린 자에게는 먹을 것을 주시고, 강도를 만나 피를 흘리며 쓰러져 있는 자를 만나면 (내가 바로 마귀에게 매를 맞고 쓰러져 있을 때 주님께서 찾아오셔서 치료하여 주시고 살려주신 것처럼) 돌보아 주라고 가르쳐 주신 예수님은 한 인간을 보실 때 전인격적인 존재로 보시며 섬기는 자로서의 본을 보여주셨다. 예수님께서 우리가 상상할 수 없는 하나님과 인간 사이의 높은 장벽을 넘어오신 것처럼 선교사는 아무리 험하고 어려운 장벽이라 할지라도 넘어가야 할 것이다. 또한 예수님이 그리 하셨던 것처럼 믿지 않는 한 인격이 회개하고 돌아올 때를 기다리며 안타까운 사랑의 눈물을 계속 흘릴 수 있어야 할 것이다. '요건 마귀다' '요건 우리 것이다.' 이런 태도는 선교사로서의 태도가 아니다. 예수님처럼 끝까지 섬기는 자의 자세로 전 인격을 구원하기 위하여 받들어 섬기는 것, 이것이 선교사의 할 일이며 태도라고 본다.

셋째, 교회를 세우고 성도들을 가르치고 교육시키는 일이 선교이다.

예수님은 그의 선교 대위임령 속에서 "너희는 가서 모든 족속으로 제자를 삼아 아버지와 아들과 성령의 이름으로 세례를 주고 내가 너희에게 부분한 모든 것을 가르쳐 지키게 하라"(마 28 : 19-20)고 하셨다. 즉 개종과 세례와 교육을 실시하라고 명했는데 이는 교회설립을 전제하는 명령이라고 생각된다. 베드로가 예수님에 대한 바른 신앙을 고백했을 때 예수님은 그와 같은 신앙고백 위에 그의 교회를 세운다고 말씀했는데 (마 16 : 18), 이는 그리스도에 대한 신앙이 고백되는 곳에 그리스도의 교회가 설립될 것을 미리 말씀하신 것이라고 사료된다.

이같은 선교의 모습은 제자들의 활동과 사도 바울의 선교활동에서 잘 볼 수 있다. 바울은 1차, 2차, 3차 전도여행을 하면서 교회를 세웠다. 과거 선교는 자기교파 확장에 더 치중한 듯한 인상을 주는데 오늘날 많은 선교학자들이 이를 반성하고 교파가 아니라 그리스도의 교회를 세워야 한다고 주장한다. 이러한 주장은 전적으로 옳은 것이지만 사실 선교 현지에서는 여러가지 어려운 문제들이 있다. 교파를 초월한다고 하여 아무 교파하고나 손을 잡을 수는 없는 것이고 개혁주의적인 신앙에 입각한 초교파적 협력을 하여야 할 줄 안다. 교파문제와 관련하여 인간적인 요소를 죽이고 하나님 중심, 성경 중심으로 기도하고 교회를 세운다면 별 문제가 없을 것이라고 본다.

사도 바울은 자기를 시기하고 반대하는 사람들이 교회를 세운다는 소식을 듣고 기뻐했다. 빌립보서 1장 18절에 보면 "내가 기뻐하고 또한 기뻐한다"고 했다. 순수한 예수의 이름이 전파되고 교회가 세워질 때 비록 그들이 바울을 미워하고 시기하는 사람들이었다 하여도 바울은 기뻐했다. 선교사로서 아량있는 태도를 바울은 우리에게 보여 준 것이다. 그러니까 선교사가 되는 일은 참으로 어렵다. 목사도 물론 어렵지만 선교사는 더 어렵다. 영웅주의적 우월감과 배타적 경쟁의식을 가지고 선교지에 나가서 교파확장 운동에 힘쓰는 선교사들이 적지 않다. 그러나 바울

이 보여준 선교사상은 자기는 멸시와 오해와 배척을 받아 죽으면
서도 그리스도의 교회만을 세우는 것을 기쁨으로 삼는 사람의 모
습이었다.

넷째, 하나님의 영광을 나타내는 것이 선교의 궁극적인 목적이다.

예수님의 선교 사역을 한마디로 특징지운다면 「하나님 중심적
사역」이라고 말할 수 있다. "내가 하늘로서 내려온 것은 내 뜻
을 행하려 함이 아니요 나를 보내신 이의 뜻을 행하려 함이니
라"(요 6 : 38). "나는 내 영광을 구치 아니하나"(요 8 : 50). 사
도 바울의 선교사역 역시 하나님의 영광을 나타내고자 하는 일념
에 불탄 「하나님 중심적 사역」이었다고 할 수 있다. 하나님이
원하시는 일인 유대인의 회개와 이방인 선교가 이루어 질 수만
있다면 자기 자신이 그리스도에게서 끊어져도 좋다고 고백할 정
도로 바울은 하나님 중심사상에 사로잡혀 있었다(롬 9 : 1-3).

선교사의 가슴을 뜨겁게 만들어야 할 간절한 소원은 자기 이름
이나 교회의 이름이나 교파의 깃발을 높이 나타내고자 하는 소원
이 되어서는 안될 것이다. 하나님의 뜻이 이루어지고 하나님의
나라가 확장되고 하나님의 이름이 영광을 받는 일만을 기뻐하는
하나님 중심사상에 사로잡혀야 할 것이다.

선교는 무엇을, 어떻게 할 것인가라는 물음에 우리는 이렇게
요약해서 대답할 수 있을 것이다.

선교는 찾아가는 것이다. 그 다음에는 그리스도의 십자가와 부
활을 전하므로 사람들을 구원하는 일인데 섬기는 자의 자세로 인
격전부를 돕고 구원을 얻도록 하는 것이다. 또 선교는 교회를 세
우고 말씀을 계속적으로 가르쳐 지키게 하는 것이다. 그리고 모
든 선교의 활동은 하나님의 영광을 나타내고 하나님의 뜻을 이루

는데 그 궁극적인 목적을 두어야 할 것이다.

3. 선교사가 갖추어야 할 자격

얼마전 저는 선교에 관심을 가지고 앞으로 선교사가 되기 위하여 모였다는 젊은이들의 모임에 참석한 일이 있었다. 기도를 하는데 여기 저기서 '할렐루야! 할렐루야! 아멘! 아멘!'하면서 열심히 기도하고 있었다. 기도가 끝난 후 저는 기타를 가지고 있는 선교사 지망생이라는 한 여학생에게 어느 교회에 나가느냐고 물어 보았다. 그랬더니 의외로 아직 교회는 나가지 않는다는 것이었다. 그래서 어떻게 선교사가 되려고 하느냐고 물었더니 자기는 기타를 잘치기 때문에 이것을 통해 선교사가 될 소질이 있다고 생각한다는 것이었다. 저는 이같은 대답을 듣고 깜짝 놀랐다.

또 얼마 전에 중공선교에 관심이 있다는 한 청년을 만나서 이야기를 나누게 되었는데 그 청년의 말이 자기는 지금 고등학교 교사로 국어와 한문을 가르치고 있는데 이제 대만에 2년동안 장학생으로 가서 중국어를 공부한 후 앞으로 길이 열리면 중공의 선교사로 갈 계획이라는 것이었다. 그래서 저는 그렇다면 신학공부를 먼저 해야 되지 않겠느냐고 물었더니 자기는 평신도 선교사가 되려고 하기 때문에 신학공부는 안해도 된다는 것이었다.

저는 목사 중의 목사가 선교사라고 생각한다. 그래서 많은 사람들이 '평신도 선교사'라는 말을 하지만 저는 '평신도 선교사'라는 말을 믿지 않는다. 그 이유는 대부분의 사람들이 선교가 무엇이며 또 선교사가 되려면 최소한 어떤 자격을 갖추어야 될지를 잘 모르면서도 선교를 말하고, 선교사가 되겠다고 말하기 때문이다.

1. 어떻게 선교사가 될 수 있는가?

어떤 사람은 사도 바울이 드로아에서 환상을 보고 마게도냐 선교의 소명을 갖게 된 것처럼 어떤 환상적인 소명을 받아야 선교사가 될 수 있다고 말한다. 하나님이 음성으로 들려주시든지, 꿈을 통해 보여 주시든지, 아니면 시각 또는 청각적인 감각을 통해 어떤 구체적인 선교의 소명을 주셔야 선교사가 될 수 있다는 것이다. 그래 일년 기도하고, 이년 기도하고, 십년 기도하고, 그러다가 선교사로 나가지 못하고 그대로 집에서 기다리고만 있는 사람이 있다. 환상적인 구체적 소명이 오지를 않으니까 나가고 싶어도 나갈 수가 없는 것이다.

또 다른 극단적인 예로는, 앞서 말한 기타에 소질이 있어 선교사로 나가려고 한다는 여학생처럼 '모든 기독교인은 선교사이다'라는 생각을 하는 사람이 있다. 모든 기독교인은 선교사이기 때문에 선교에 대한 특별한 소명이 따로 필요 없다는 것이다. 그래서 말하기를 "비행기표를 사라. 어디로 가고싶으냐?" 저 남미로 가고 싶으냐? 가서 그리스도인으로 거기서 한 일년 살아라. 그 임재(presence) 자체도 선교이다. 대화를 할 수 있으면 대화를 하고 또 한 일년 더 있을 수 있으면 더 있어라. 그것이 선교사의 사명을 다하는 것이다"라고 하며 선교라는 것을 아주 쉽게 생각하는 사람도 있다. 스티븐 네일(Stephen Neill)은 말하기를 "모든 사람이 선교사라면 아무도 선교사가 아니다"라고 했다. 즉 모든 그리스도인이 선교사라고 말한다면 그것은 선교에 대한 멸시요, 몰이해요, 무시이기 때문에 그건 아무도 선교사가 아니라는 말과 같다는 뜻이다.

선교사가 되는데 있어 환상적인 특별한 소명이 있어야 선교사가 될 수 있다는 생각이나 기분내키면 누구나 다 선교사가 될 수 있다는 생각은 둘다 극단적인 생각으로 옳지 못한 것이다. 그렇다면 어떤 사람이 선교사가 될 수 있는가?

첫째, 일반적인 소명을 받아야 된다.

일반적인 소명이란 죄인을 부르는 주님의 음성이다. 마태복음 11장 28절에 "수고하고 무거운 짐 진 자들아 다 내게로 오라"고 말씀하셨고 또 요한복음 7장 37절에 "목마르거든 내게로 와서 마시라"고 말씀하셨는데 이는 다 죄인을 향해 주님이 안타깝게 부르시는 음성이다.

이러한 주님의 음성을 듣지도 못하고 기타를 좀 잘 친다고 해서, 중국말을 좀 할 수 있다고 해서 선교사가 될 수 있는 것은 아니다. 일반적인 소명을 먼저 받아야 된다. 다시 말해서 진정한 회개, 진정한 개종의 체험이 없이는 불가능하다는 말이다.

둘째, 복음사역에의 부름(소명)을 받아야 된다.

이것은 풀타임(full time) 사역을 말하는 것입니다. 마가복음 11장 16절에서 20절에 보면 시몬 베드로가 고기를 잡고 있는데 예수님이 "나를 따르라!"고 말씀하시니까 그물을 버리고 좇아갔다. 자기를 위해 하던 것을 모두 다 중단하고 예수님을 따랐다. 이렇게 자기의 모든 것을 버리고 주님의 일만을 위하여 나서는 것이 복음사역에의 헌신이다.

나는 「선교소명」이라는 말을 쓰기를 꺼려한다. 어떤 학자가 "선교소명이란 것은 없다"고 말하였는데 물론 이 말에도 예외는 있지만 나는 항상 이 말에 동감한다. 하나님의 하시는 일을 사람의 어떤 이론이나 어떤 주장으로 제한할 수는 없다. 하나님이 어떤 사람을 어떤 곳의 선교사로 보내시려고 하실 때에는 하나님께서 구체적으로 부르시고 인도하실 수 있다.

그러나 성경에 나타난 대로 하나님께서 사람을 부르실 때 먼저 주님을 따르라고 말씀하신다. '너는 이 다음에 선교사가 되기 위해서 나를 따르라' 이렇게 말씀하시지 않았다. 그저 주님을 따르라고 했다. 하나님께서 자신의 모든 생을 바치라고 했다. 하나님의 일을 하기 위하여 바치라고 했다.

그러므로 이와 같이 먼저 하나님 앞에 자신의 모든 것을 드리며 오직 주님만을 따르는 단계를 거치지 않고 그저 예수를 믿은지 몇달이 되지도 않은 사람이 집회 석상에서 '저는 선교사로 헌신하고자 합니다' 하고 약속을 하는 것은 좀 조심해야 될 일이라고 본다. 선교사로 헌신하기 이전에 먼저 진실된 그리스도인이 되어야 하며 자기의 삶 전체를 복음사역을 위해 하나님께 드리고자하는 결심의 단계를 거쳐야 한다. 필요한 과정도 거치지 않고 너무 쉽게 그리고 너무 성급하게 선교헌신을 할 때 너무 인위적인 헌신을 하게 될 위험성이 있다.

내가 서울 시내에 있는 어떤 교회의 교육목사로 시무할 때에 몇몇 고등학생들과 대학생들이 선교에 헌신을 하고 얼마 후에 아주 고민을 하고 있는 것을 보았다. 어떤 과정과 순서를 거치지도 않고 아주 쉽게 선교에 대한 헌신을 하여 놓고보니 자기가 목사가 될 것 같지도 않고 선교에 대하여 알고 보니 어려운 점도 많고 하니까 고민을 하게 된다.

그래서 나는 너무 어릴적부터 선교에 대한 헌신을 하도록 하고 또 그러한 어린 학생들을 따로 모아서 선교사가 될 훈련을 시키는 것은 인위적인 작업이라고 생각한다. 아무리 중요한 일이라도 인위적으로 할 때 중세 수도원주의의 잘못을 범할 수 있다. 그러나 어릴적부터 선교에 대한 중요성을 인식시키고 또 이에 대한 꿈을 키워 주는 일은 필요한 일이며 이와는 좀 다른 문제라고 생각한다.

문제는 먼저 복음사역에 대한 소명이 있어야 한다는 말이다.

나의 일생을 복음사역을 위해 하나님께 바칠 때 그리고 성령님의 인도하심에 예민해질 때에 목회의 마당으로 또는 선교의 밭으로 순간순간「인도」를 받게 된다.

사도 바울이 선교에 대한 소명을 받았느냐, 아니면 목회에 대한 소명을 받았느냐 하고 질문한다면 그가 복음사역에 헌신했을 때 때로는 목회의 일터로 때로는 선교의 일터로「인도」함을 받았다고 대답할 수밖에 없을 것이다. 이것이었느냐, 저것이었느냐 하는 것을 우리가 이론적으로 판단할 수가 없다. 다만 복음 사역에 온전히 헌신할 때 하나님께서는 그의 계획과 필요에 따라 이렇게 인도하실 수 있고 저렇게 인도하실 수도 있다고 본다.

그러므로 목사님들께서 이렇게 해야한다고 생각한다. '하나님께서 당신을 사랑하고 계시는 것을 믿습니까? 그리스도께서 당신의 죄를 대신하여 죽으신 것을 믿습니까? 그렇다면 주님을 영접하십시오'. 그 다음에 '하나님께서 원하시면 당신의 젊음과 생명을 주님께 바치기를 원합니까?'라고 말할 수 있을 것이다.

미국의 무디선생이 1886년 마운트 헐먼에서 부흥회를 인도하는 가운데 100명의 선교 헌신자가 나와 그로 말미암아 세계선교운동이 일어나게 되었는데 그때에 선교 헌신자들에게 서약을 받기를 '하나님이 원하시면…'이라는 말이 꼭 들어가도록 하였다. 즉 "하나님이 원하시면" 내가 복음을 위해서 어디든지 가기로 서약을 한다는 그런 내용이었다. 이처럼 하나님께 맡겨야지 하나님께로부터 선교에 대한 보다 확실한 소명을 받기도 전에 나는 어느 곳의 선교사로 가겠다고 말한다면 그것은 교만과 무지에서 나오는 경우가 될 수도 있는 것이다.

베드로는 주님이 원수들에게 잡히시던 날 밤에 예수님을 세번이나 모른다고 부인했다. 베드로가 바로 몇시간 전에 나는 주와 함께 옥에도 주와 함께 죽는데도 갈 준비가 되어 있다고 큰 소리치던 사람이었다는 것을 알아야 된다. 자기의 결심, 자기의 결단만 가지고는 불안하기 그지 없고 자기 스스로 무엇인가 할 수 있다고 생각하고 시작하면 베드로처럼 실패할 수밖에 없는 것이다.

그러므로 먼저 복음사역에 대한 소명이 있어야 한다. 개종후 주님의 음성이 자꾸 들려올 때 그런 부름이 온다. 그것은 풀타임 사역이다. 전무하는 것이다. 다른 일하면서 복음전파에 힘쓰는 것은 그리스도인으로 전도하는 일이지 목사나 선교사의 사역이라고 할 수는 없다. 나는 평신도 목사나 평신도 선교사라는 말을 믿지 않는다고 했다.

셋째, 그리스도의 주권에 대한 분명한 인식이 있어야 된다.

선교사가 되려고 하는 사람에게는 무엇보다도 그리스도의 주권에 대한 분명한 인식이 필요하다. 즉 '주님은 나의 주인이십니다. 나의 생명의 주관자이십니다. 나의 일생을 설계하고 인도하시는 분은 주님이십니다.' 라는 고백이 있어야 한다. 이런 고백이 없이 이럴까 저럴까 한다고 하면 아직 선교사로서의 준비가 되지 않은 것이라고 하겠다. '나는 주님의 소유물입니다. 내 육체도, 재능도, 마음도, 영혼도 모든 것이 다 주님의 것입니다'라는 인식이 굳어져야 한다. 항상 '주여! 당신은 내가 무엇을 하시기를 원하십니까?' 주님이 말씀하시면 나는 듣겠습니다. 주님이 명하시면 나는 순종하겠습니다.'라고 고백하는 삶이 곧 하나님의 주권에 꽉 사로잡힌 사람의 삶이다. 이것이 개혁주의의 특징 중의 하나이다. 내 감정이 동하면 움직이는 것은 신비주의요, 경건주의요, 인본주의이다.

사도 바울에게는 자기의 삶이 하나님의 손에 꽉 잡혀있다는 인식이 아주 강했다. 그래 이역 만리 어떤 곳에 가서 그 나라 사람들이 박해를 하여도 자기는 하나님의 손에 붙들리어 여기까지 왔다고 믿었기 때문에 아무런 동요가 없었다. 하나님의 주권에 대한 인정의 생활을 조금씩 조금씩 맛을 보고 체험을 해 나갈 때에 신앙생활에 있어 참 기쁨을 체험할 수 있다. 선교사가 되려고 하는 사람에게 있어서는 반드시 이 하나님의 주권에 대한 인식이 확고해야만 된다. 이러한 단계가 없이, 선교사가 되려고 하면서도 내 취미 내 주장이 계속 작용한다면 그건 곤란한 것이다.

넷째, 하나님의 뜻에 대한 이해가 필요합니다.

하나님의 뜻을 알 수 있는 길은 두가지인데 그것은 성경말씀과 성령의 조명이다. 성경을 읽을 때에 하나님의 뜻을 이해할 수 있고 그것이 내 마음속에 와 닿는 것은 성령님이 조명하시어 나를 가르치시기 때문이다. 이같은 성령의 조명이 없이 그저 성경을 읽는다고 할 때 공허한 사색으로 끝나버리는 수도 있다.

성경을 읽을 때에 두 가지를 깨닫도록 하여야 하는데 먼저 '하나님의 뜻이 무엇일까?'하는 것과 다음은 '나에 대한 하나님의 뜻은 무엇일까?' 하는 것이다. 성경에 나타난 하나님의 뜻과 하나님의 심정에 대해서는 위에서 이미 다루었다. 그 다음으로 나에 대한 하나님의 뜻을 분별하는 것이 중요하다. 나에게 주신 달란트와 은사가 무엇인가? 이 문제에 있어서 사도 바울이 말한 지체의 원리가 적용된다. 나에게 손의 기능을 주셨는가 또는 발의 기능을 주셨는가? 자기에게 주신 은사와 기능을 알아내는 것이 중요하다.

이것을 알기 위해서는 시간과 훈련이 필요하다. 사람마다 하나님께서 나에게 향하신 특별한 뜻을 보다 구체적으로 알기를 원한다. 이렇게 개인 개인에 대한 하나님의 특별한 뜻을 알려면 반드시 선행되어야 할 일이 있는데 그것은 하나님의 일반적인 뜻에 먼저 순종하는 일이다. 하나님은 하나님의 일반적인 뜻에 대한 순종의 자세가 되어 있는 사람에게만 개인에 대한 하나님의 특별한 뜻을 알려주신다.

그런데 대부분의 사람들은 이러한 원리를 알지 못하고 '제가 이리 가야 될까요? 아니면, 저리 가야 될까요?'하고 하나님의 일반적인 뜻에 대한 이해나 순종을 덮어 놓고 특별한 뜻만을 자꾸 알려달라고 한다. 이와 같은 것은 무당이 점치는 심리와 같다고 하겠다.

이러한 태도로는 하나님의 뜻을 알 수가 없다. 하나님의 일반적인 뜻에 순종하여 자신의 생애를 기꺼이 드릴 수 없다면 하나님의 특별한 뜻을 알기는 불가능한 것이다.

다섯째, 훈련이 필요하다.

선교사가 되려면 최소한 3년 정도의 신학공부를 통한 훈련이 필요하다. 예수님의 제자들도 3년동안 예수님과 함께 생활하면서 훈련을 받았는데 어떤 사람들은 이런 훈련을 무시한 채 그저 뜻만 정하고 마음에 결심만 단단히 하면 되는 줄 알고 있다. 그래 어떤 사람은 신학교를 입학해서 한 학기쯤 하고는 유학을 가버리고 또 어떤 사람은 '그저 평신도로 가서 선교하면 되지요'하고 훈련을 받지 않고도 선교사가 될 수 있는 것처럼 말을 한다.

성경을 알지 못하고 어떻게 성경을 가르치는 선교사가 되겠다고 하는지 이해할 수가 없다. 경험이 많은 목사도 교인들을 참되게 지도하기 어려운데 아무런 경험도 없이 훈련도 없이 선교를 한다고 한다면 대단히 어려운 문제가 많을 것이다.

내가 알고 있는 위클리프 선교회는 참 훌륭한 선교회이다. 성경이 아직 번역되지 않은 곳에 가서 그 나라 방언으로 성경을 번역하는 일을 하고 있는데 이 일이 얼마나 크고 귀한 일인지 모른다. 그런데 내가 생각할 때 좀 이상하기도 하고 좀 유감스러운 점이 있다. 그것은 이 위클리프 선교회에서 일하고 있는 분들이 신학을 공부하지 않은 분들이 대부분이라고 하는 점이다. 얼마전 그 선교회의 부총재가 왔었는데 - 거기서 예수님이 총재이시기 때문에 부총재만 있음 - 이야기를 나누면서 신학교 졸업생들을 훈련해야 되지 않겠느냐고 말했다. 신학교 졸업생들 중 위클리프 선교회에 지원하는 사람이 별로 없기 때문이라고 대답했다. 성경을 번역하는 일을 언어학만 잘하는 평신도라도 할 수 있다고 말할 수도 있겠지만 어딘가 모르게 불안하고 부족한 느낌을 버릴 수가 없다.

그렇기 때문에 선교사가 되려면 최소한 3년 과정의 신학을 졸업하고 그 후에 특수 훈련을 받아야 한다고 생각한다. 그래서 나는 우리 신학교 학생 가운데 3년을 공부하고 졸업하자마자 곧 선교사로 떠난다고 하면 웃곤 한다.

여섯째, 열매가 있어야 한다.

선교사가 되려면 신학교의 3년 과정과 그후 특수훈련을 받은 후 가장 어려운 지역에 찾아가서 최소한 6개월간이나 1년동안 실제적인 전도사역에 종사하는 가운데 열매를 맺어 보아야 한다. 신학교 졸업하자 마자 소위 선교사가 되어 선교지로 떠나는 것을 볼때 마음에 무거움을 느끼지 않을 수 없다. 선교하는 것이 그렇게 쉬운 것이 아니다. 필리핀의 김모 선교사도 처음에 많은 좌절에 빠지곤 했다고 한다. 철저한 훈련과 열매를 보고 가야 한다. 총회 선교부가 이것을 정책적으로 실시해야 할 것이다. 그런데 지금 현재 선교부는 졸업하자마자 한 사람 보내고 또 졸업하자마자 한 사람 보내고 또 개교회들도 그렇게 하는 형편이다. 개인 형편이나 개교회의 사정 때문에 철저한 훈련과 열매도 없는 사람들을 서둘러 선교사로 보낸다면 이는 심각한 문제를 자아낼 것이다.
 지금 강원도에서 개척하는 신학생들이 몇 명 있다. 그 이야기를 들으면 아주 감격스럽다. 얼마 전 한 학생이 찾아와서 이야기하는 가운데 앞으로 선교사 될 사람들은 꼭 강원도에 와서 몇 달 동안씩이라도 개척 전도의 경험을 가지는 것이 필요하다고 생각한다는 말을 했다. 선교지에 나아가기 전에 제일 어려운 곳에 가서 일을 해보아야 한다. 그래서 열매가 나타나야 한다. 열매는 하나님이 자기를 사용하신다는 보증이므로 확신과 감격과 기쁨을 가져다 준다.
 그리스도인들이 생활하는 가운데 확신이 없고 기쁨이 없고 만족이 없는가? 중요한 방법을 하나 나의 체험에 근거해서 말씀드린다. 물론 성경과 기도를 통해서도 기쁨과 확신을 어느 정도 얻을 수는 있지만 그것으로는 부족하다. 주님의 일을 하고 열매가 나타나는 것을 볼 때 쓸모 없는 나를 통해서도 하나님이 일하시는 것을 발견할 때 우리에게는 말할 수 없는 기쁨과 감격과 확신이 생기는 것이다. 열매의 체험을 가지고 선교지에 나아가 일할 때 세상이 그를 반대해도 무서운 용기와 확신을 가지고 일할 수 있게 된다.

　일곱째, 지교회의 확인이 있어야 한다.
 선배와 목사님들과 노회와 지교회의 확인이 있어야 한다. 몇몇 사람이 모여 '우리가 선교의 동지가 되어 후원할 터이니 너는 선교사로 가라고 하며 선교사로 파송하는 경우가 있는데 이것을 나는 좋은 방법이 아니라고 본다.
 선교사는 교회가 파송하여야만 한다고 본다. 사도 바울과 바나바도 교회가 파송하였다. 이처럼 교회가 선교사를 파송하여야 하는 이유는 교회가 선교사로 가고자 하는 사람을 가장 잘 알 수 있고 올바른 판단을 내릴 수 있기 때문이다.

내가 얼마전 어느 교회 장로님에게 이런 말을 들은 일이 있다. 장로님 교회에 선교사로 파송하기로 결정된 분이 있는데 '나는 선교사로 나갈 사람이다' 그리고는 교회의 심방도 하지 않고 맡은 일도 충실하게 하지 않고 그저 우쭐해 가지고 있어서 참 야단이 났다는 것이었다. 이처럼 앞으로 한 일년만 있으면 선교사로 파송되게 된다고 하여 교회 일을 소홀히 하고 영어공부나 좀 하다가 가겠다고 한다면 그런 사람은 선교사로서의 적격여부를 재고해 볼 필요가 있다고 본다.

이러한 경우 지교회의 판단과 확인이 필요하기 때문에 저는 반드시 교회가(노회와 총회를 포함) 선교사를 파송하고 또 파송된 후에도 선교 활동에 대한 계속적인 지시와 그 열매에 대한 확인이 필요하다고 본다. 사도 바울도 선교여행을 하고 돌아와서는 지교회인 안디옥교회에 꼭 보고를 하였고 그 다음에 본 교회인 예루살렘교회에 보고했다.

여덟째, 성령님의 인도하심에 민감해야 된다.

사도행전 16장에 나타난 사도 바울이 본 마게도냐 청년에 대한 환상은 사도 바울에 대한 선교의 소명이라기 보다는 성령님의 「인도」하심이라고 볼 수 있다.

그저 한곳에 정주하여 선교하려고만 생각해서도 안되고 또 돌아다니려고만 생각해서도 안되고 늘 그 지역의 필요성과 성령님의 인도하심을 따라서 움직일 수 있어야 된다고 본다. 이처럼 하나님의 인도하심에 민감하려면 항상 열린 마음이 필요하며 깨끗한 마음이 필요하다. 하나님의 뜻을 알기 위하여 항상 하나님께 향하여 열린 마음이 필요하다.

어떤 신학자가 말하기를 아버지와 어머니가 아기와 함께 자다가 아기가 울면 아버지는 듣지 못하지만 어머니는 금방 듣고 일어나는 것처럼 어떤 사람은 성령님의 인도하심을 곧 듣고 알아차리지만 어떤 사람은 듣지 못한다고 했다. 선교사는 어머니가 자다가도 아기의 울음소리를 곧 알아 듣는 것처럼 성령님의 인도하심에 늘 민감하고 그 뜻을 곧 알아차릴 수 있어야 한다.

아홉째, 앞으로는 팀 미션(team mission)이 필요하다.

만약 파키스탄과 같이 황막하고 어둠이 꽉찬 곳에 선교사를 파송한다고 할 때 한 사람만 보내는 것보다는 서로 협력하며 일생을 바치기로 결심한 두 가족 또는 세 가족 등으로 팀(team)을 이루어 파송하게 되면 훨씬 더 효과적이라는 말이다.

그런데 우리 한국사람에게 조금 문제가 있다. 모두가 다 그런 것은 아니지만 한 사람을 보내면 일을 잘 하는데 두 사람을 보내면 서로 싸우느라 일을 제대로 하지 못하는 것이다. 이러한 문제들은 앞으로 우리가 꼭 고치도록 하여야 할 것이다.

현재 칼리만탄이라는 섬에 보낼 선교사만 해도 이백여 명이 필요하다고 한다. 이러한 곳에 몇 사람이 함께 훈련을 해가지고 함께 가서 서로 힘을 합해 일한다면 좋은 성과를 거둘 수 있으리라고 생각한다.

지금까지 개인이 선교사가 되기 위하여는 먼저 일반적인 소명이 필요하고, 복음사역에의 소명이 필요하고, 주님의 주권을 인정해야 되고, 하나님의 뜻을 알아야 되고, 성경과 성령의 조명을 통해 나를 향한 하나님의 특별한 뜻이 무엇인지 알아야 되고, 훈련을 받아야 되고, 열매를 맺어야 되고, 지교회의 인정을 받아야 되고, 교회의 파송을 받아야 되고, 성령의 인도하심에 민감하여야 된다고 하였다. 이처럼 선교사 되기 위하여는 많은 준비와 훈련이 필요한 것이다.

맺 음 말

　선교는 곧 하나님의 뜻이요 원하시는 일이기 때문에 하여야 된다고 하였다.
　하나님께서 아브라함을 부르신 것도 선교를 위한 것이었으며 예수님께서 열 두 제자를 부르시고 택하여 세우시고 그들을 가르치시고 훈련시키신 것도 흑암 중에 있는 천하 만민에게 복음의 빛을 비추어 구원을 얻게 하시기 위함이었고 십자가에 달리어 죽으시고 장사한지 사흘만에 부활하시어 하늘에 오르시기 전에 마지막으로 제자들에게 간곡히 부탁하신 말씀도 바로 땅끝까지 이 복음의 빛을 전하라는 선교이었기 때문에 우리는 선교를 하여야만 한다. 오늘의 나를 택하여 부르시고 구원에 이르게 하신 것도 바로 이 선교적 사명을 감당케 하시기 위함이라고 하였다.
　선교는 또한 사회 구조악만을 제거하는 일이나 이방종교와의 대화와 협력을 통해 세상적인 평화와 화목을 이루려는 것도 아니고 문화적으로 우월한 민족이 미개한 민족사회에 우수한 문화를 이식하는 것도 아니라고 하였다.
　선교는 그리스도의 십자가와 부활을 통하여 영혼을 구원하되 섬기는 자로서 피선교자의 전인격을 존중하며 하나님의 형상대로 지음 받은 그들이 회개하고 돌아올 때까지 끝까지 참고 사랑하며 돌보는 것이라고 하였다.
　이러한 선교를 하기 위한 선교사가 되기 위하여는 먼저 선교사가 되기 전에 참된 그리스도인이 되어야 하며 하나님께서 자기에게 원하시는 특별한 뜻이 무엇인지 분명히 깨닫고 이에 순종하여 자기의 모든 것을 버리고 헌신하는 것이 필요하다고 했다. 또 선교사가 파송되기 전에 반드시 최소한의 교육과 훈련이 필요하며 교회가 파송하고 성령님의 인도하심을 따라 복음사역에 헌신하여야 한다고 하였다.

　이처럼 우리가 선교를 하여야 할 이유는 분명한 것이기 때문에 우리는 선교의 본질에 대해 더욱 더 깊이 연구하고 훌륭한 선교사들을 많이 키워 세계에 파송함으로 하나님 앞에 복음의 빚진 자로서의 한국교회가 그 복음의 빚을 갚아야만 될 때라고 본다.

참고도서

1. 일반적인 것

Bavinck, J. H, *An Introduction to the Science of Missions.* Nutley, N.J.: Presbyterian and Reformed Publishing Co., 1964.

Eastman, A. T. *Chosen and Sent : Calling the Church to Mission.* Grand Rapids: Eerdmans, 1971.

Lapham, H. A. *The Bible as a Missionary Handbook.* Cambridge: Heffer, 1925.

Love, J. P. *The Missionary Message of the Bible,* New York: Macmillan, 1941.

May, P. "Toward a Biblical Theology of Missions," *Indian Journal of Theology*(1959), 21−28.

Peters, G. W. *A Biblical Theology of Missions,* Chicago: Moody Press, 1972.

Warren, M. A. C. *The Gospel of Victory,* London: S.C.M. Press, 1955.

2. 구 약

Martin-Achard, R.A. *Light to the Nations : A Study of the Old Testament Conception of Israel's Mission to the World.*

Edinburgh: Oliverand Boyd, 1962.

Martin-Achard, R.A. "Israel's Mission to the Nations," I.R.M. 51 (1962), 482 —484.

Wright, G.E. "The Old Testament Basis for the Christian Mission." In *The Theology of the Christian Mission.* Ed. by G.H. Anderson. New York: McGraw-Hill, 1961.

3. 중간 시대

Bamberger, B. J. *Proselytism in the Talmudic Period.* New York: Ktav Publishing Co. 1968.

Derwachter, R. M. *Preparing the Way for Paul: The Proselyte Movement in Later Judaism.* New York: Macmillan, 1930.

4. 신 약

Barth, K. "An Exegelical study of Matthew 28:16—20. In *The Thoology of the Christian Mission.* Ed. by G. H. Anderson, New York: McGraw Hill, 1961.

DeRidder, R. R. *The Dispersion of the People of God: The Covenant Basis of Matthew 28:18—20 against the Background of Jewish, Pre-Christian Proselytizing and Diaspora, and the Apostleship of Jesus.* Kampen: J.H. Kok, 1971.

Du Press, J. "Mission Prospective in the Book of Revelation"*Evangelical Quarterly* 42 (1970), 152—167.

Fuller, R. H. *The Mission and Achievement of Jesus.* London: SCM Press, 1954.

Green, M. *Evangelism in the Early Church.* Grand Rapids: Eerdmans, 1970.

Hahn, F. *Mission in the New Testament*. London: SCM Press, 1965.
Harman, A.M. "Missions in the Thought of Jesus." *Evangelical Quarterly* 41 (1969), 131—142.
Moulton, H.K. *Mission of the Church : Studies in the Missionary Worlds of the New Testament*. London: Eptworth Press, 1959.
Munck J. *Christ and Israel; an Interpretation of Romans 9—11*. Philadelphia: Fortress Press, 1967.

찾아보기 : 主題

(ㄱ)

개종자(proselyte) ··············64
교회중심주의 ··············174
구속(redemption) ··········42, 220
구속론적 주제 ··············165
구심적(centripetal) ··········57
그리스도현현 ················183
기독교인의 존재 ··········168

(ㄷ)

대위임령 ··················83-86
동일시의 원리 ··············84
디아스포라(Diaspora) ···58, 63, 64

(ㄹ)

로잔 세계복음화대회 ········128

(ㅁ)

묵시문학 ····················165
미드라쉬 ····················172
미시오데이 ··················232

(ㅂ)

바울의 선교전략 ············127
방콕대회 ················202, 224
보수주의 선교관 ············280

보편주의(universalism) ······43, 51

(ㅅ)

선교사상 ······················26
성육신 ························70
세계주의 ····················165
속사도시대 ··················140
쉐마(shema) ··················64

(ㅇ)

예수님의 선교관 ············280
오순절 ······················114
요나서 ··················171, 267
우상들(idols) ··················9
우상숭배 ····················146
원심적(centrifugal) ············63
이스라엘 중심적
　　(Israel-centered) ··········35
인간화(humanization) ··········42

(ㅈ)

자유주의 선교관 ············276
자립(self-supporting) ········141
자립교회 ····················158
자전(self-propagating) ···141-143
자치(self-governing) ······141, 142
재정정책 ················157, 158

제 2의 인종(second race) ········63
종교적 공동체 ················169
종의 노래들 ··················167
종족의 단위들 ················186
종족 중심주의
　(ethnocentrism) ············174
지방주의 대 세계주의 ········179
집중전도 ····················142

(ㅊ)

찬양의 주제 ··················171
70인경(LXX) ··················65

특수주의(particularism) ········51
팀 미션(team mission) ········297

(ㅍ)

프랑크프르트 선언문 ········232

(ㅎ)

하나님을 경외하는 자들
　(God-fearer) ············64, 175
하나님의 왕국 ················177
하나님 중심적으로 ············13
한국 N.C.C. 자유선교대회 ······279
할례문제 ····················145

(ㅌ)

찾아보기 : 地名·人名

(ㄱ)

겐지켄(H.W.Gensichen) ···161, 169
고레스 ························50
골로새 ······················135
구루트(A de Groot) ········161, 163
그레함 스크로기
　(Graham Scroggie) ············93

(ㄷ)

도드(C.H. Dodd) ··············248
두란노서원 ··················134
디아나(Diana)신전 ············133

(ㄹ)

라오체(Laotze) ················72
라이트(G.E. Wright) ············164
로울리(H.H. Rowley) ············43
롤란드 알렌
　(Roland Allen) ········128, 154
리델보스(H.N. Ridderdos) ······21

(ㅁ)

막센 ························207
무디 ························290
미스코테(Miskotte) ············173

미카엘 그린
　(Michael Green) ···············128
미켈 ·····························210

(ㅂ)

바빙크(J.H. Bavinck) ············161
보쉬(David Bosch) ···············179
불라우(J. Blauw) ······161, 166, 169
불트만 ···························189
배클리(Bächli) ·············164, 169
빌립보 ····················133, 272

(ㅅ)

샤르뎅 ···························248
순드클러(Sundkler) ········166, 179
슈비크켐(D. Van Swigchem) ···196
스트라보(Strabo) ·················62
스티븐 네일(Stephen Neill) ······287

(ㅇ)

아덴 ·······················134, 144
아이크로트(W. Eichrodt) ······164
아폴로니아(Apollonia) ·········133
안디옥 ·············125, 133, 138
알버트 슈바이처 ··················21
암비폴리스 ······················133
에베소 ·················133, 135, 136

위클리프 선교회 ···············293
이그나즈 메이바움
　(Ignlz Maybaum) ···············167

(ㅋ)

칼 바르트 ·······················189
캄벨 모르간
　(Campbell Morgan) ············52
켈수스(Celsus) ···················118

(ㅌ)

테니(Tenney) ·····················66
터툴리안(Tertullian) ············87

(ㅍ)

폰 라드(Rad) ··············162, 164
필로(Philo) ·······················66
필립스(J.B. Phillips) ···············97

(ㅎ)

하니부호 ························240
하르낙(Harnack) ············23, 179
하안(Hahn) ············169, 180, 183
핫토리 ··························279
헨드리쿠스 베르코흐
　(Hendrikus Berkof) ···167, 177, 189
호프만(Hoffman) ···············278

찾아보기 : 聖句

창 세 기 1:1 ·················10
　　　　10:20 ················48
　　　　12:1—3 ········72, 263
　　　　12:1 ·················52
　　　　12:3 ············11, 269
　　　　22:16—18 ········264
　　　　22:18 ················11
　　　　26:4 ················265
　　　　28:14 ···············265
　　　　32:12 ···············265
출 애 굽 기 12:38 ···············57
　　　　19:4—6 ········53, 235
　　　　32:12 ················12
레　위　기 26:8 ···············144
민　수　기 9:14 ················57
신　명　기 6:4, 5 ···············64
　　　　10:17 ···············47
　　　　13:5 ················165
　　　　32:8 ············48, 51
여 호 수 아 7:9 ·················12
열 왕 기 하 5:1—3 ··············14
시　　　편 2:8 ·················83
　　　　22:27 ···············62
　　　　24:1 ·················10
　　　　33:13 ················10
　　　　67:2 ·················13

　　　　86:9 ············49, 60
　　　　103:19 ··········50, 51
　　　　145:17 ···············47
이　사　야 2:2—4 ············255
　　　　35:4—6 ············103
　　　　42:6 ·················57
　　　　49:6 ·······57, 62, 265
다　니　엘 7:1—29 ············165
　　　　7:13—14 ··········184
아　모　스 7:9—10 ············164
요　　　나 1:2 ·················267
　　　　4:1—2 ·············171
스 가 랴 4:6 ·················152
마 태 복 음 1:5 ·················58
　　　　1:21 ·················79
　　　　3:16 ·················86
　　　　4:4 ··················78
　　　　4:23 ············79, 85
　　　　6:24 ·····78, 125, 156
　　　　7:28—29 ············111
　　　　10:1 ············94, 98
　　　　10:9—10 ···········157
　　　　10:23 ················80
　　　　10:24—25 ···········91
　　　　11:20—24 ···········70
　　　　11:28 ·····91, 118, 288

	13:36 ……………97		7:22-23 …………65
	13:38 ……………78		7:37 ……………288
	15:21-28…………75		8:31-32 …………79
	16:18 ……258, 284		8:50 ……………285
	16:28 ……………21		12:32 ……80, 123, 194
	18:20 …………123		14:3 ……………107
	21:33-44…………22		14:18 ……………115
	21:43 ……………35		15:24…………70, 103
	23:15…………64, 175		16:8 ……………154
	24:14 ……178, 255		16:12-15 ………189
	28:6 ……………113		17:18 ………194, 195
	28:19 ………83, 186		20:19…………98, 123
	28:20 ……115, 123		20:21 …84, 93, 195, 268
	28:19-20 ……10, 269		20:19-23…………83
마 가 복 음	9:2-13 …………177		20:28 ……………99
	10:45 ………181, 282	사 도 행 전	1:3 ……………79, 83
	11:16-20 ………289		1:6-8 ………83, 192
	16:15 ……………83		1:8…………86, 93, 94, 114, 152, 269
누 가 복 음	1:1-4 ……………92		2:7……………110
	4:16-21 …………77		2:33……………96
	4:21 …………177, 178		2:37-38…………122
	14:15-24…………22		2:38 ………90, 105
	19:10 ……………281		3:10 ……………110
	19:11-27…………23		3:19-21…………108
	21:27 ……………107		4:27-28 ……82, 102
	24:46-47 ………192		4:33 ………108, 112
요 한 복 음	4:2 ……………89		6:8-10 …………112
	4:42 ……………177		6:9 ……………63
	6:38 ……………285		

309

8:4	88, 110, 116	로 마 서 1:3	69, 73
8:6	111	1:14	118, 197
8:14-25	97	1:16	119, 124, 136, 152, 154
11:19-20	31	1:18	227
11:19-21	88	1:21-25	49
11:21	125	2:5	122
11:26	133	2:14-15	38
13:15	137	2:17-24	176
13:46	138	2:28-29	146
13:47-48	271	5:20	120
13:47	168, 266	8:2	111, 152
14:22	125	8:38-39	115
14:28	129	9:1-5	149
15:7	109	9:1-3	276, 286
15:21	66	9:2-3	139
16:6-7	29	10:14	109
16:9	272	10:14-15	119
16:33	122, 140	10:17	109
17:30-31	108	11:13	136
17:32	153	14:18	148
18:9-10	29	15:15-24	131
19:10	135	15:19-24	132, 143
19:19-20	116	15:29	124
20:21	120	고린도전서 1:23	119
20:28	155	3:6	131
21:19	30	3:10-15	138
22:21	131	8:13	147
26:10	117, 125	9:1-7	157
28:30-31	199		

	9:16 ·············197		1:21 ········106, 112,
	9:17 ·············138		1:27 ················35
	12:3 ·············114		2:5−11 ·······86, 185
	15:55−56··········86		3:7 ················145
고린도후서	5:14················72		4:14−16···········274
	5:17ff ········106, 221		4:17 ··············158
	8:1−3 ············274	골로새서	1:4················123
갈라디아서	1:6−9 ············145		1:19················72
	1:16 ···············195		1:28 ··········89, 91
	1:16−17···········149	데살로니가전	1:5················141
	2:8 ················136		1:8················142
	3:28 ···············118		2:19−20···········107
	3:29 ···············136	디모데전서	2:4················48
에베소서	3:17··········106, 115	디모데후서	3:15················41
	4:13················91	디도서	2:11··············178
빌립보서	1:5················273	히브리서	7:26················84
	1:6················141		10:7 ··············150
	1:12 ···············151		12:14···············46
	1:15−17···········147	베드로전서	4:17················47
	1:18 ··············285	요한일서	1:1················110

선교의 성서적 기초

초판 1쇄 / 1983년 10월 10일
초판 5쇄 / 1992년 4월 15일
재판 1쇄 / 1997년 3월 20일
재판 3쇄 / 2007년 7월 30일

엮은이 / 김 명 혁
펴낸이 / 이 승 하
펴낸 곳 / 성광문화사

121-011 서울 마포구 아현동 95-1
☎ (312)2926・8110, (363)1435
FAX・(312)3323
Email sk1435@chollian.net

출판등록번호 / 제 10-45호
출판등록일 / 1975. 7. 2
책 번호 / 248
파본은 교환해 드립니다.

값 15,000원

ISBN 978-89-7252-259-1 93230
Printed in Korea